Handbuch
Nähen für zu Hause

HANDBUCH

Nähen für zu Hause

JULIA BUNTING

Impressum

Übersetzung: Suzanne Bürger, München;
Gabi Lichtner, Berlin
Lektorat: Rolf H. Kramer, Redaktionsbüro Kramer,
Weißenfeld/München
Umschlaggestaltung: Petra Theilfarth
Coverfoto: Jonas von der Hude/Schoener Wohnen/Picture
Press

2. Auflage 2011

© der deutschen Ausgabe 2010 frechverlag GmbH,
70499 Stuttgart

Titel der Originalausgabe:
Home-Décor – Sewing Techniques Bible

© 2010 by Quarto Inc.
The Old Brewery, 6 Blundell Street,
London N7 9BH

ISBN 978-3-7724-6076-0
Best.-Nr. 6076
Printed in China

Inhalt

Einleitung

Seit ich in den 1980er-Jahren diese Stoffe mit den kleinen, zarten Blumendrucken entdeckt habe, hat es mich zum Selbernähen von Wohndekoration hingezogen. Inzwischen bietet der Markt eine unerschöpfliche Vielfalt an Stoffdesigns, deren Schönheit und Vielseitigkeit mich bis heute immer wieder aufs Neue begeistern.

Früher gab es fast nur schwere, gefütterte Vorhänge, die Schutz vor Kälte und Zugluft bieten sollten und oftmals den ganzen Raum optisch beherrschten. Mit besseren Fensterisolierungen entwickelte sich ein weniger formeller, modernerer Stil und Vorhänge wurden zum Designelement. Da viele zeitgemäße Fensterdekorationen mit erstaunlich wenig Stoff auskommen, können Sie Ihrem Heim heutzutage schon für wenig Geld Glamour verleihen – und Stile und Farben öfter mal wechseln.

In diesem Buch finden Sie eine Fülle von grundlegenden und praktischen Informationen über Wohndekoration allgemein, detaillierte Schritt-für-Schritt-Anleitungen für zahlreiche Projekte sowie die hierzu erforderlichen Nähtechniken.

Ich freue mich, dass ich meine über Jahre gesammelten Erfahrungen an Sie weitergeben kann und wünsche Ihnen bei Ihren Deko-Projekten recht viele Erfolgserlebnisse. Bei genauem Ausmessen und Zuschneiden und sorgfältiger Stoffauswahl wird Ihnen kaum etwas misslingen!

Julia Bunting

Aufbau des Buches

Die in den ersten Kapiteln enthaltenen Informationen dienen als Einstieg und Rüstzeug für die erfolgreiche Anfertigung der Projekte, die in den darauf folgenden Kapiteln beschrieben werden. Gegen Ende des Buches finden Sie eine Fülle inspirierender Vorschläge und Ideen, die Ihnen bei der Auswahl der richtigen Stile und Stoffe helfen.

Fensterdekorationen
S. 60-115

Der Schwierigkeitsgrad gibt an, ob sich das Projekt eher an Anfänger (1) oder Fortgeschrittene (2) wendet

Der Einleitungstext erläutert die wesentlichen Aspekte des jeweiligen Projektes

Jedes Projekt wird in einfachen Schritt-für-Schritt-Anleitungen dargestellt

Deutliche Abbildungen zeigen die wichtigsten Arbeitsphasen

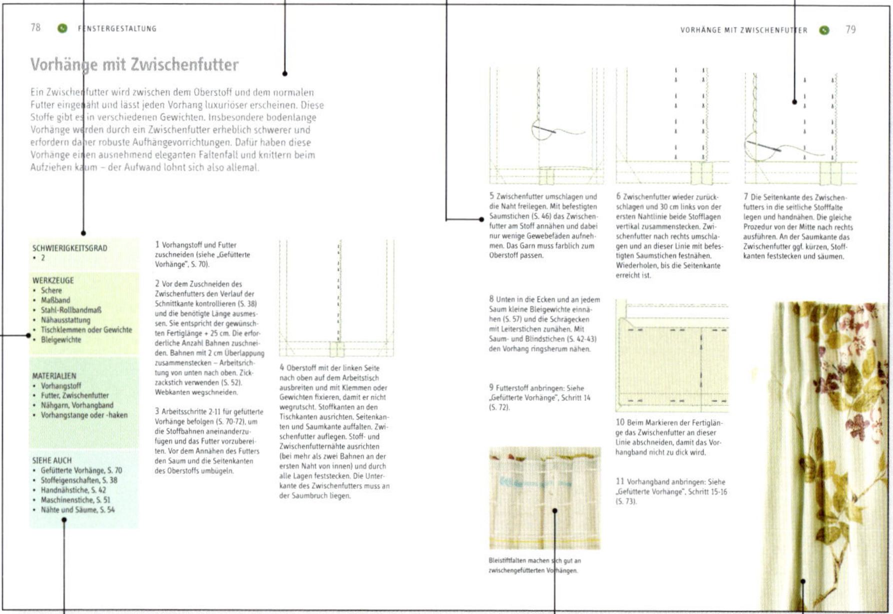

---

78 FENSTERGESTALTUNG

VORHÄNGE MIT ZWISCHENFUTTER 79

Vorhänge mit Zwischenfutter

Ein Zwischenfutter wird zwischen dem Oberstoff und dem normalen Futter eingenäht und lässt jeden Vorhang luxuriöser erscheinen. Diese Stoffe gibt es in verschiedenen Gewichten. Insbesondere bodenlange Vorhänge werden durch ein Zwischenfutter erheblich schwerer und erfordern daher robuste Aufhängevorrichtungen. Dafür haben diese Vorhänge einen ausnehmend eleganten Faltenfall und knittern beim Aufziehen kaum – der Aufwand lohnt sich allemal.

SCHWIERIGKEITSGRAD
· 2

WERKZEUGE
· Schere
· Maßband
· Stahl-Rollbandmaß
· Nähausstattung
· Tischklemmen oder Gewichte
· Bleigewichte

MATERIALIEN
· Vorhangstoff
· Futter, Zwischenfutter
· Nähgarn, Vorhangband
· Vorhangstange oder -haken

SIEHE AUCH
· Gefütterte Vorhänge, S. 70
· Stoffeigenschaften, S. 38
· Handnähstiche, S. 42
· Maschinenstiche, S. 51
· Nähte und Säume, S. 54

1 Vorhangstoff und Futter zuschneiden (siehe „Gefütterte Vorhänge", S. 70).

2 Vor dem Zuschneiden des Zwischenfutters den Verlauf der Schnittkante kontrollieren (S. 38) und die benötigte Länge ausmessen. Sie entspricht der gewünschten Fertiglänge + 25 cm. Die erforderliche Anzahl Bahnen zuschneiden. Bahnen mit 2 cm Überlappung zusammenstecken – Arbeitsrichtung von unten nach oben. Zickzackstich verwenden (S. 52). Webkanten wegschneiden.

3 Arbeitsschritte 2-11 für gefütterte Vorhänge befolgen (S. 70-72), um die Stoffbahnen aneinanderzufügen und das Futter vorzubereiten. Vor dem Annähen des Futters den Saum und die Seitenkanten des Oberstoffs umbügeln.

4 Oberstoff mit der linken Seite nach oben auf dem Arbeitstisch ausbreiten und mit Klemmen oder Gewichten fixieren, damit er nicht wegrutscht. Stoffkanten an den Tischkanten ausrichten. Seitenkanten und Saumkante aufklappen. Zwischenfutter auflegen. Stoff- und Zwischenfutterkante ausrichten (bei mehr als zwei Bahnen zuschlagen und 30 cm links von der ersten Naht von innen) und durch alle Lagen feststecken. Die Unterkante des Zwischenfutters muss an der Saumbruch liegen.

5 Zwischenfutter umschlagen und die Naht freilegen. Mit befestigten Saumstichen (S. 46) das Zwischenfutter am Stoff annähen und dabei nur wenige Gewebefäden aufnehmen. Das Garn muss farblich zum Oberstoff passen.

6 Zwischenfutter wieder zurückschlagen und 30 cm links von der ersten Nahtlinie beide Stofflagen vertikal zusammenstecken. Zwischenfutter nach rechts umschlagen und an dieser Linie mit befestigten Saumstichen festnähen. Wiederholen, bis die Seitenkante erreicht ist.

7 Die Seitenkanten des Zwischenfutters in die seitliche Stoffalte legen und handnähen. Die gleiche Prozedur von der Mitte nach rechts ausführen. An der Saumkante das Zwischenfutter ggf. kürzen, Stoffkanten feststecken und säumen.

8 Unten in die Ecken und an jedem Saum kleine Bleigewichte einnähschlagen (S. 57) und die Schrägecken mit Leiterstichen zunähen. Mit Saum- und Blindstichen (S. 42-43) den Vorhang ringsherum nähen.

9 Futterstoff anbringen: Siehe „Gefütterte Vorhänge", Schritt 14 (S. 72).

10 Beim Markieren der Fertiglänge das Zwischenfutter an dieser Linie abschneiden, damit das Vorhangband nicht zu dick wird.

11 Vorhangband anbringen: Siehe „Gefütterte Vorhänge", Schritt 15-16 (S. 73).

Bleistiftfalten machen sich gut an zwischengefütterten Vorhängen.

Querverweise auf Techniken an anderen Stellen im Buch

Hervorhebung von Details

Zum Schluss wird gezeigt, wie das fertige Stück aussieht

Alle Werkzeuge und Materialien, die Sie für das Projekt benötigen

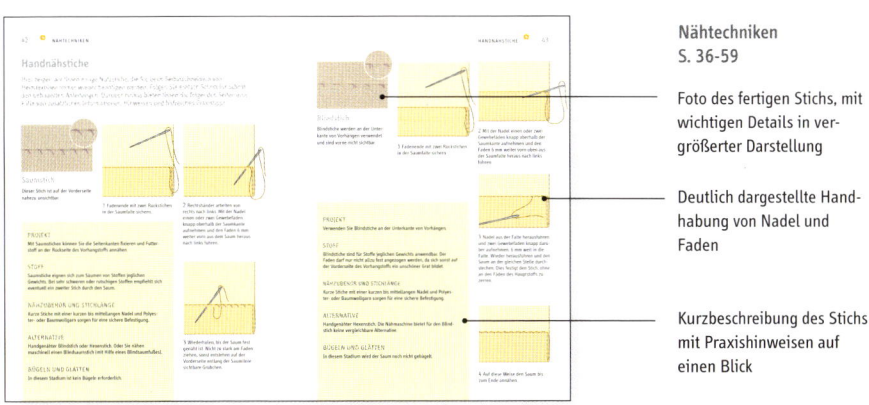

Nähtechniken
S. 36-59

Foto des fertigen Stichs, mit wichtigen Details in vergrößerter Darstellung

Deutlich dargestellte Handhabung von Nadel und Faden

Kurzbeschreibung des Stichs mit Praxishinweisen auf einen Blick

Design-Leitfaden
S. 194-217

Erläuterungen zu den verschiedenen Designvarianten

Schwierigkeitsgrad, Hinweise zum Abmessen, geeignete Stoffarten

Anregungen für weitere Gestaltungsalternativen

Zusätzliche Hinweise mit hilfreichen Expertentipps

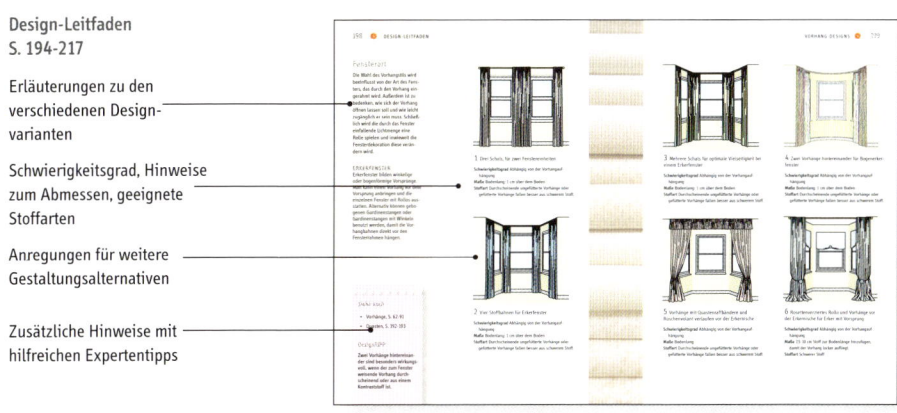

Stoffverzeichnis
S. 218-245

Stoffe werden nach Gewicht unterteilt – leicht, mittel und schwer

Verarbeitungshinweise und praktische Empfehlungen für jedes Stoffgewicht

Die wichtigsten Stoffarten mit Beispielen, Anwendungsmöglichkeiten und Empfehlungen

Werkzeuge und Hilfsmittel

Legen Sie vor Arbeitsbeginn stets die notwendigen Werkzeuge und Hilfsmittel bereit und sorgen Sie für eine ausreichend große Arbeitsfläche, gutes Tageslicht und Zugang zu Stromanschlüssen. Ein Bügelbrett in der Nähe der Arbeitsfläche kann Ihnen viel Zeit ersparen. Kaufen Sie die beste Qualität, die Sie sich leisten können – mit billigen Arbeitsgeräten werden Sie nicht lange Freude haben. Auf den folgenden Seiten finden Sie die wichtigsten Arbeitsmittel, die in Ihrer Grundausstattung nicht fehlen dürfen.

Werkzeuge

Ob es um die für einen Stoff bestgeeignete Schere oder um das optimale Aufhängesystem geht – das richtige Werkzeug ermöglicht ein flottes Arbeiten und wirkt sich auf das Endergebnis aus.

Nähmaschinen

Die heutigen Nähmaschinen unterscheiden sich erheblich von den alten handbetriebenen Geradstichmaschinen, mit denen unsere Mütter gearbeitet haben. Dank moderner Computertechnologie können heute zahlreiche Stiche programmiert werden – dadurch wird das Nähen von Nutz-, Zier- und Stickstichen zum Kinderspiel. Die Funktionsweise ist bei allen Modellen im wesentlichen gleich.

1 Spulerspindel Wickelt den Faden rasch und gleichmäßig auf die Unterfadenspule.

2 Garnrollenhalter Liegt waagrecht oder senkrecht und hält die Garnspule.

3 Fadenführungen Sie sorgen dafür, dass der Faden von der Garnrolle bis zur Nähnadel korrekt verläuft.

4 Nähnadel Ist mit einer Schraube fixiert und leicht auswechselbar.

5 Spulenkapsel Liegt in einer Halterung unter der Stichplatte. Der Unterfaden wird unter Spannung abgegeben und verbindet sich mit dem Oberfaden zu einem Stich.

6 Stichplatte Bildet eine flache Oberfläche über der Spulenkapsel und deren Halterung, mit einer Aussparung für die Transporteure. Die Nadel stößt durch ein Loch nach unten und erfasst dort den Unterfaden.

7 Nähfuß Wird abgesenkt, um den Stoff beim Nähen festzuhalten.

8 Transporteure Die Zähnchen fassen den Stoff und schieben ihn um jeweils eine Stichlänge vorwärts.

9 Stichauswahl Die Auswahl der gewünschten Stiche erfolgt über Tasten, Einstellräder oder einen Touch-Screen.

10 Handrad Mit dem Handrad lässt sich die Nadel manuell absenken bzw. anheben.

11 Fußpedal Zum Steuern der Nähgeschwindigkeit. Manche Maschinen verfügen zu diesem Zweck über einen Ein/Aus-Schalter oder einen Schiebeschalter.

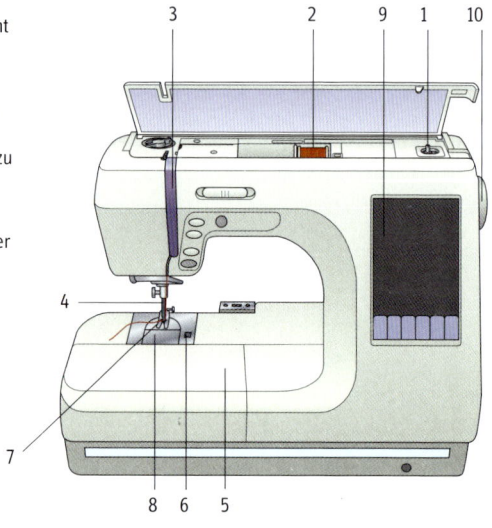

Overlockmaschine

Diese Maschinen erfreuen sich seit einigen Jahren steigender Beliebtheit, da sich damit profimäßige Nahtabschlüsse sowie wunderschöne Säume und Kanten arbeiten lassen. Auch moderne Stretchstoffe lassen sich damit problemlos nähen.

1 Garnrollenhalter Die meisten Overlockmaschinen besitzen vier solcher Halter. Die beiden linken versorgen die Nadeln, die beiden anderen die Greifer.

2 Fadenführungen Halten die Fäden auf dem korrekten Weg, bis sie die Nadeln bzw. Greifer erreichen.

3 Spannungsregler Sorgen für die jeweils richtige Fadenspannung. So entstehen die verschiedenen Stiche, z. B. Overlock, Flatlock oder Rollsaum.

4 Nadeln Eine Overlock hat üblicherweise zwei Nadeln, die für das Nähen mit allen vier Fäden verwendet werden. Für breite Drei-Faden-Overlocknähte wird nur die linke Nadel benötigt, für schmale nur die rechte Nadel.

5 Greifer Führen die Oberfäden unter die Nadeln, wo sie sich um die Unterfäden schlingen und Stiche bilden.

6 Schneidmesser Schneiden den überstehenden Stoff ab, bevor die Stiche um die Schnittkante genäht werden.

7 Handrad Lässt sich zum Anheben bzw. Absenken der Nadeln per Hand drehen.

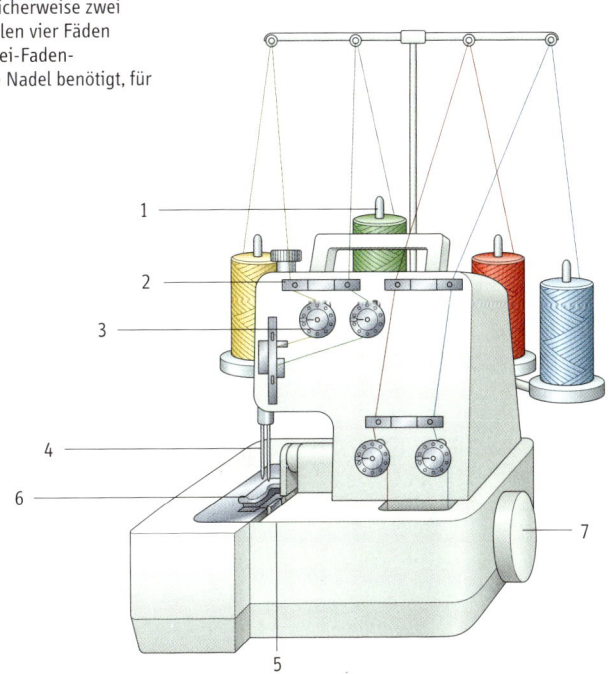

Nähfüße und Maschinenzubehör

Bei den meisten Nähmaschinen sind bereits einige Nähfüße als Zubehör beigelegt – normalerweise ein Standardfuß, ein Reißverschlussfuß und ein Knopflochfuß. Für bestimmte Einsatzzwecke gibt es jedoch noch zahllose Spezialausführungen.

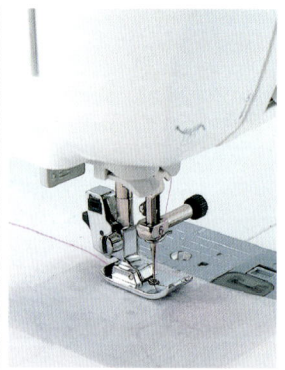

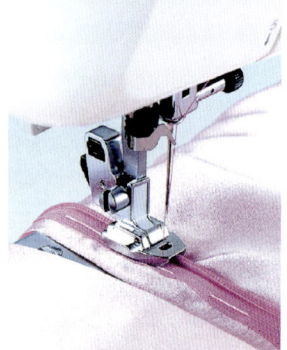

GERADSTICHFUSS

Einsatzzweck: Geradstiche (besonders für feine Stoffe)

Profi-Tipp: Die normale Stichplatte (großes Loch) durch eine Geradstichplatte (kleines Loch) ersetzen. Dadurch wird der Stoff näher an der Nadel gehalten, sodass er sich nicht so leicht nach unten schieben und möglicherweise zu Blockierungen führen kann.

FUSS FÜR VERDECKTE REISSVERSCHLÜSSE

Einsatzzweck: Zum Einnähen verdeckter Reißverschlüsse

Profi-Tipp: Reißverschluss erst mit dem Standardfuß fixieren, dann die Zähnchen in den Spezialfuß einführen. Dieser verläuft genau unter den Zähnen und der Reißverschluss verschwindet unsichtbar in der Naht.

OBERTRANSPORTFUSS

Einsatzzweck: Für lange Nähte und Säume von Stretchstoffen, bei mehreren Stofflagen, Patchwork

Profi-Tipp: Einer der nützlichsten Füße überhaupt. Er gleitet leicht über den Stoff und verhindert ein Ausdehnen oder Längsverrutschen der Nähte. Unerlässlich, um große Muster oder Patchworkteile akkurat zusammenzufügen, und zum Aufsteppen von Futterstoff.

ROLLSAUMFUSS (SCHMALSÄUMER)

Einsatzzweck: Für schmale Rollsäume
Profi-Tipp: Kantennah eine Reihe Geradstiche steppen und versäubern. Die Kante in den Fuß einführen, der sie einrollt und festnäht. Gerad- oder Zickzackstich verwenden. Gibt es in verschiedenen Breiten.

ÜBERWENDLINGFUSS

Einsatzzweck: Zum leichten Versäubern offener Kanten
Profi-Tipp: Der Steg, über den sich die Nadel hin und her bewegt, verhindert das Wandern der Nähkante. Überstand wegschneiden und die Schnittkante unter den Finger führen. Für vorprogrammierte Überwendling- oder Zickzackstiche.

KRÄUSELFUSS

Einsatzzweck: Für Rüschen und Fältchen
Profi-Tipp: Einen langen Geradstich einstellen und den zu kräuselnden Stoff nach oben legen. Die andere Stofflage (rechte Seite unten) durch die Fußführung führen. Die untere Stofflage wird gekräuselt und an die obere Lage gesteppt.

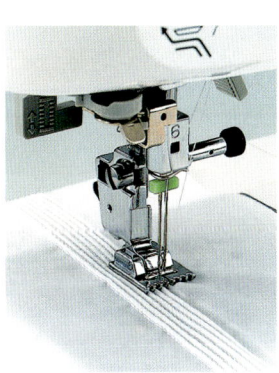

BIESENFUSS

Einsatzzweck: Mit der Zwillingsnadel entstehen dekorative schmale Fältchen
Profi-Tipp: Wird eine Faltenreihe unter die Fußrillen geführt, kann gleich daneben eine weitere Parallelreihe genäht werden.

TRANSPARENTFUSS

Einsatzzweck: Für optimale Sicht und Führung beim Nähen (Applikationen, Stickerei etc.)
Profi-Tipp: Oft hat der durchsichtige Fuß an der Unterseite eine breite Rille, sodass er behutsam über Zierstickereien gleitet.

10 hilfreiche Praxis-Tipps

1
Standort

Maschine an einen gut beleuch-
teten Ort auf einen großen Tisch
stellen, um ausreichend Arbeitsfläche zu haben. Auf eine geeignete Sitzhöhe achten, in der sich
bequem nähen lässt.

2
Maschinenpflege

Maschine von Schmutz und
Staub frei halten. Fusselan-
sammlungen können den
Mechanismus blockieren oder
sich unter den Nähstichen fest-
setzen.

3
Nadeln

Nadeln häufig auswechseln. Stets
die für den jeweiligen Stoff geeignete Nadel benutzen, damit keine
Stiche übersprungen oder Gewebefäden verletzt werden.

7
Spulen

Spulen stets sorgsam und gleichmäßig aufwickeln. Zu schnell
aufgewickelte Fäden führen zu
Nahtverzug; bei ungleichmäßiger
Aufwicklung ist die Fadenspannung zu gering oder es gibt
Fadenbruch.

8
Fadenenden sichern

a) In ein Nadelöhr einfädeln und
vernähen, b) mit einem geeigneten Mittel verschmelzen oder
festkleben c) verknoten oder d)
mittels Rückwärtsstichen an
Nahtanfang und -ende.

9
Lange Fadenenden

Falls die Maschine Fadenenden
nicht automatisch abschneidet,
die Fadenenden hinter der Nadel
ausreichend lang nach hinten
führen, sonst rutschen sie bei
Nähbeginn aus dem Öhr heraus.

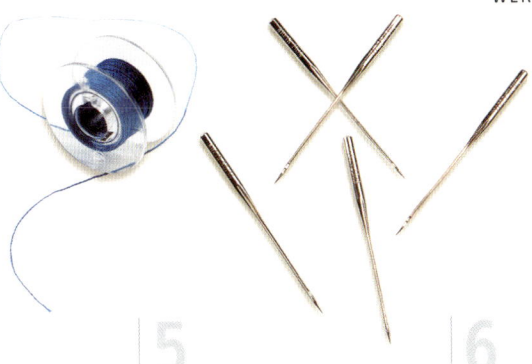

4

Nähgarn

Immer einen Qualitätsfaden verwenden – gleichmäßig gesponnen und mit langen Fasern, die gut durch die Führungen gleiten und ein Minimum an Fusseln bilden.

5

Nähfüße und Zubehör

Maschinenfüße, die für spezielle Nähaufgaben entwickelt wurden, erleichtern und beschleunigen die Arbeit und verbessern das Endergebnis.

6

Probenaht

Vor Beginn eines Projektes immer eine Probenaht ausführen, um die optimale Stichlänge und -breite zu finden. Jeder Stoff näht sich anders und erfordert eventuell Anpassungen.

10

Geschwindigkeit

Gleichmäßige Stiche erfordern eine gleichmäßige Nähgeschwindigkeit. Das ist bei Deko-Projekten besonders wichtig – wird zu rasch oder „ruckartig" genäht, sehen die Stiche nicht akkurat aus.

Messwerkzeuge

Damit ein Projekt gelingt, muss vorher alles präzise
aus- und abgemessen werden – das gilt auch für das
Zuschneiden des Stoffes, bevor Sie die Schere zur Hand
nehmen. Für die meisten Wohndeko-Projekte benötigen Sie folgende Auswahl von Messhilfen:

1 STAHL-ROLLBANDMASS
Wahrscheinlich das wichtigste
Hilfsmittel in der Nähausstattung.
Mit diesem flexiblen Maßband
lassen sich nicht nur Fenster, sondern auch Stoffe für Vorhänge
und Rollos akkurat ausmessen. Es
eignet sich zum Messen sowohl
gerader, als auch gekrümmter
Flächen.

2 SAUMLINEAL
Praktisch und handlich für kleine
Maße. Es ist beidseitig mit Markierungen versehen und vereinfacht das Einfalten von Säumen,
das Markieren von Knopflöchern
und das Anzeichnen von Stepp-
nähten.

**3 MASSBAND (AUS
BESCHICHTETEM GEWEBE)**
Ein gutes Maßband ist mindes-
tens 150 cm lang, leiert nicht aus
und verheddert sich nicht. Die
Messstriche müssen genau am
Anfang des Bandes beginnen. Es
gibt auch Maßbänder von 3 m
Länge.

4 NÄHMASS
Eine praktische Messhilfe speziell
für Falten, Säume und Biesen.

5 ZOLLSTOCK
Ob aus Holz oder Metall, mit
einem Zollstock lassen sich längere Stoffbahnen von Ballen am
besten abmessen. Besonders hilfreich zum Markieren von geraden
Längen für Kissen etc.

Schneidwerkzeuge

Scheren gibt es in vielen Ausführungen, die jeweils für bestimmte Aufgaben geeignet sind. Achten Sie auf gute Qualität und schleifen bzw. ersetzen Sie die Klingen bei Bedarf. Wählen Sie für jeden Arbeitsgang das geeigneten Schneidwerkzeug.

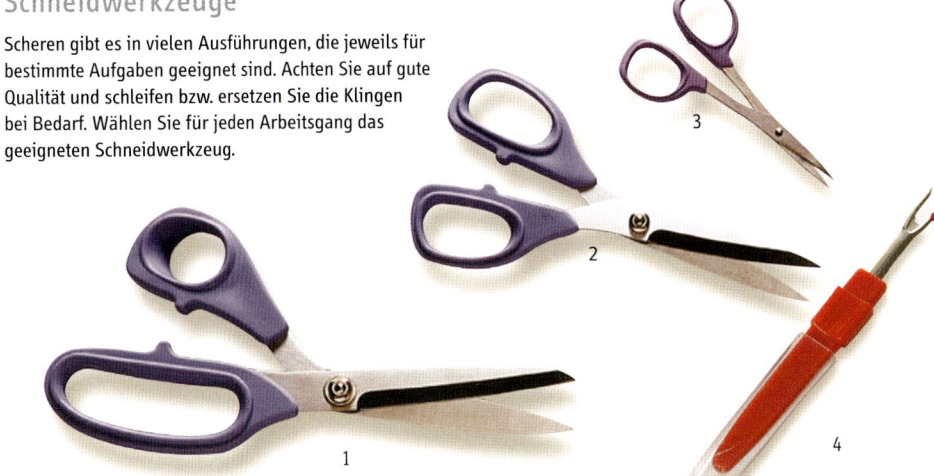

1 SCHERE

Mit dieser langen, scharfen Schneiderschere können Sie Stoffe zügig und mit sauberen Kanten zuschneiden. Bei Scheren mit abgewinkelten Griffen liegt die untere Kante flach auf dem Tisch auf, während die obere durch den Stoff schneidet, ohne ihn dabei anzuheben. Wählen Sie Scheren aus rostfreiem Stahl! Diese Scheren nur für Stoff verwenden, nie für Papier, sonst stumpft die Klinge ab und zieht beim nächsten Stoffzuschnitt Fäden. Es gibt auch Scheren mit Softgriffen und für Linkshänder.

2 PAPIERSCHERE

Unerlässlich: Eine Schere, mit der ausschließlich Papier geschnitten wird. Wer Schnittmuster mit einer Stoffschere schneidet, erhält später beim Stoffschneiden unsaubere Schnittkanten. Papierscheren brauchen nicht spitz zu sein.

3 STICKSCHERE

Diese Schere mit kurzen, spitzen Klingen ist sehr hilfreich. Mit den Spitzen lassen sich einzelne Stiche auftrennen und schwer zugängliche Stellen erreichen.

4 NAHTTRENNER (PFEILTRENNER)

Damit lassen sich Nähte rasch und einfach auftrennen: Auf einer Stoffseite jeden dritten Stich aufschneiden, Stoff wenden und Faden von der anderen Seite herausziehen. Nützlich auch zum Aufschneiden von Knopflöchern: Eine Nadel quer über ein Knopflochende stecken und das Knopfloch von dem andere Ende her bis zur Stecknadel auftrennen.

5 FADENSCHERE

Sie gehört gleich neben die Nähmaschine und dient nur zum Fadenabschneiden.

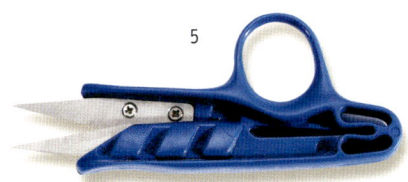

Stoffe bügeln und glätten

Ein Bügeleisen ist unverzichtbar – Sie können damit Nähte auseinanderbügeln, Stoffkanten und Säume dauerhaft umfalten, an Kissenbezügen scharfe Kanten erzielen oder Vorhang- und Rollo-Stoffe glätten.

TROCKENBÜGELEISEN

Kann bei Bedarf auch mit einem feuchten Tuch oder einer Spritz-flasche verwendet werden. Aber Vorsicht – einige Stoffe können Wasserflecke bekommen, die sich nicht entfernen lassen.

DAMPFBÜGELEISEN

Der Dampf aus dem kleinen Was-sertank wird auf den Stoff gepresst, damit sich dieser rasch und mühelos glätten lässt. Kom-fortabel in der Handhabung.

BÜGELSTATION

Verfügt über ein großes Wasserre-servoir, mit dem das Bügeleisen über einen Schlauch verbunden ist. Der Dampfdruck ist höher als beim Dampfbügeleisen.

BÜGELTUCH

Als Schutz der Stoff-oberfläche vor starker Bügelhitze ist Nesselstoff (Baumwollkattun) sehr gut geeignet. Es gibt auch durch-sichtige Gitternetz-Bügeltücher aus Kunststoff.

BÜGELBRETT

Ein großes Bügelbrett kann als zusätzliche Arbeitsfläche dienen, um Raffhalter, Volants oder Schab-racken zu bearbeiten. Achten Sie auf ein höhenverstellbares Unter-gestell – das Bügeln von Vorhän-gen kann recht zeitraubend sein und eine bequeme Arbeitshöhe verhindert Rückenschmerzen

Nähnadeln und Stecknadeln

Wer stets die richtige Nadel wählt, kann sich viel Ärger ersparen. Ungeeignete Maschinennadeln verursachen herausgezogene Fäden, übersprungene Stiche oder können sogar brechen.

1 BUNT-/GLASKOPF-
STECKNADELN
Eigentlich für jede Näharbeit hilfreich – zudem haben sie den Vor-
teil, dass man sie nach dem Herun-
terfallen schnell wieder findet.
Rutschen aus locker gewebten
Stoffen nicht leicht heraus und lassen sich selbst durch dicke Stofflagen stoßen, ohne die Finger zu
verletzen. Achtung – Plastikköpfe
schmelzen beim Bügeln!

2 QUILTSTECKNADELN
Mit ihrer längeren Spitze durch-
dringen sie problemlos mehrere
Stofflagen.

3 EXTRAFESTE BUNTKOPF-
STECKNADELN
Lange und kräftige Nadeln mit
großem Kopf, die bei Buckram
(Steifband) und Schabrackeneinla-
gen zum Einsatz kommen. Halten
auch dicke Stofflagen zuverlässig
zusammen.

4 FLACHKOPFSTECKNADELN
Besonders lang und mit blütenför-
migen Köpfen – ideal für locker
gewebte Stoffe wie Spitze, Netz
und andere hauchfeine Stoffe.

5 SICHERHEITSNADELN
Immer dann verwenden, wenn
Stecknadeln herausrutschen könn-
ten. Auch zum Durchziehen von
Elastikfäden durch Tunnelzüge.

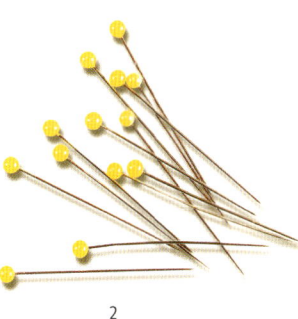

HANDNÄHNADELN

Je nach Zweck, Stoff und Garn stehen Ihnen zahlreiche unterschiedliche Handnadeln zur Verfügung. Hier eine Auswahl, die das Schneidern von Heimtextilien erleichtert.

Nähnadeln
Feine, mittellange Nadeln mit kleinem Öhr für allgemeine Näharbeiten. Größere, dickere Ausführungen dienen zum Absteppen von Buckram an den Oberstoff.

Halblange Nähnadeln
Dünne, spitze Nadeln mit kleinem Öhr, geeignet für feine Näharbeiten und kurze Stiche.

Durchziehnadeln
Dicke Nadeln mit stumpfer Spitze zum Durchfädeln von Elastikfäden oder Gummilitzen durch Tunnelzüge.

NÄHMASCHINENNADELN

Auch diese Nadeln gibt es je nach Stoffart in den verschiedensten Ausführungen.

1 Standard-/Universalnadeln
Für allgemeine Näharbeiten. Die Spitze ist scharf genug, um Stoffgewebe zu durchstechen und stumpf genug, um sich zwischen die Fäden von Strickgeweben zu drängen. Niedrige Größenangabe = feinere Gewebe.

Mikrofasernadeln (Microtex)
Spezialnadel für Seide und Mikrofaserstoffe. Die scharfe Spitze durchdringt gewebte Stoffe.

Kugelspitznadeln
Vor allem für Strickware geeignet. Die abgerundete Spitze zerteilt die Maschenfäden nicht, sondern schiebt sie auseinander.

2 Quiltnadeln (Steppnadeln)
Mit ihrer extralangen Spitze durchdringen diese Nadeln problemlos mehrere Stofflagen.

Steppnadeln
Haben ein größeres Öhr und eine ausgeprägtere Hohlkehle als Standardnadeln und können somit zwei Fäden oder auch dickere Knopfloch-, Stepp- oder Stickgarne aufnehmen.

Jeansnadeln
Besonders spitz und kräftig; können dicke, feste Gewebe wie Denim, Leinwand oder Polsterstoffe durchdringen.

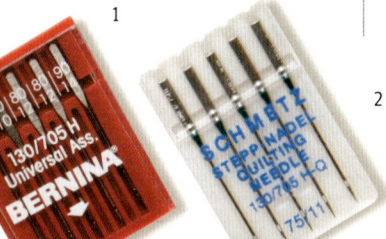

1

2

1 FINGERHUT

Der simple Fingerhut – ob aus Metall oder Plastik –
gehört in jede Nähausstattung. Er wird beim Handnähen auf den Mittelfinger aufgesetzt. Er schützt die
Finger und dient dazu, Nadeln durch dicke Stoffe zu
stechen, dicke Stoffe zusammenzustecken und Gardinenhaken in gefältelte Oberkanten einzuführen.

2 TISCHKLAMMERN ODER GEWICHTE

Zum Festhalten besonders schwerer oder sehr rutschi-
ger Stoffe, die auf der flachen Arbeitsfläche beim
Zuschneiden nicht von alleine liegen bleiben. Alternativ lässt sich der Stoff auch mit Gewichten beschweren.

Markierhilfen

Beim Schneidern von Heimtextilien sind Markierhilfen unerlässlich –
ob zum Anzeichnen der Positionen von Falten und Plissees oder zum
Markieren der Oberseite beim Zuschneiden mehrerer Stoffbahnen. Jedes
Stoffteil immer oben markieren, damit der Flor bzw. der Strich in der
gleichen Richtung läuft.

3 SCHNEIDERKREIDE

Ein altbewährtes Hilfsmittel, das
sich später leicht ausbürsten
lässt. Schneiderkreide gibt es
dreieckig, als Kreiderad oder
– verschiedenfarbig   in Stift-
form. Die Kanten bzw. Stifte stets
scharf halten und Farben verwenden, die auf dem Stoff gut sichtbar sind.

4 AUSWASCHBARE STIFTE

Die (meist blaue) Tinte dieses
Markierstiftes lässt sich mit einem
feuchten Tuch entfernen. Vorher an
einem kleinen Stoffrest testen,
ob das Wasser den Stoff nicht
beschädigt.

5 SELBSTLÖSCHENDE STIFTE

Die (meist rosa) Markierungen
verschwinden innerhalb ca.
48 Stunden. Auch hier erst
ausprobieren, ob die Markierung
auf dem gewünschten Stoff gut
sichtbar ist und sich tatsächlich
verflüchtigt.

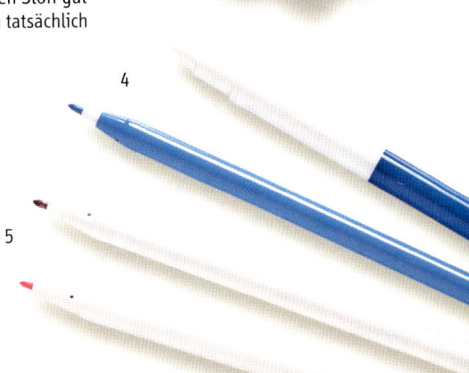

Aufhängesysteme

Aufhängesysteme sind all die Vorrichtungen, mit denen Vorhänge und Rollos an einem Fenster befestigt werden. Man unterscheidet rein funktionale und dekorative Teile. Erstere sind zumeist unverzichtbar, während letztere als Designelemente zusätzlich den Raumstil mitprägen.

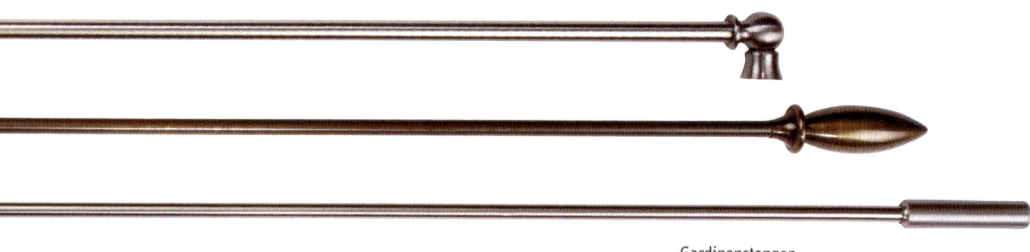

Gardinenstangen

Schienen und Stangen

Schienen verschwinden meistens hinter einer Schabracke oder Blende. Verborgene Stangen können unterschiedliche Funktionen haben. Mit schwenkbaren Stangen lassen sich Gardinen auch an nach innen öffnenden Fenster- flügeln oder Fenstertüren anbringen. Abge- winkelte oder gebogene Stangen passen in eine Erkernische. Hier kommt es einzig auf die praktische Funktionalität an.

Kunststoffschienen eignen sich für leichte und mittelschwere Gardinen, Stahl- oder Alu- miniumschienen für schwerere Vorhangstoffe. Es gibt sie auch mit Schnurzug, mit dem sich ein Vorhang besonders leicht öffnen bzw. schließen lässt.

Schmückendes Zubehör gibt es in einer unüberschaubaren Stil- und Materialvielfalt. Dabei ist neben der Fensterdekoration selbst auch die Raumarchitektur mitzuberücksich- tigen.

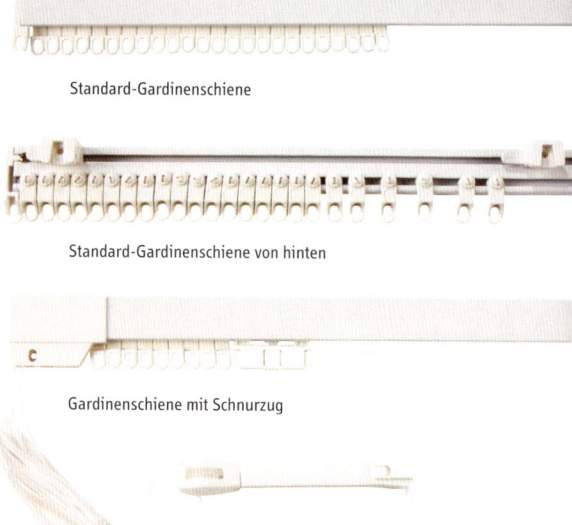

Standard-Gardinenschiene

Standard-Gardinenschiene von hinten

Gardinenschiene mit Schnurzug

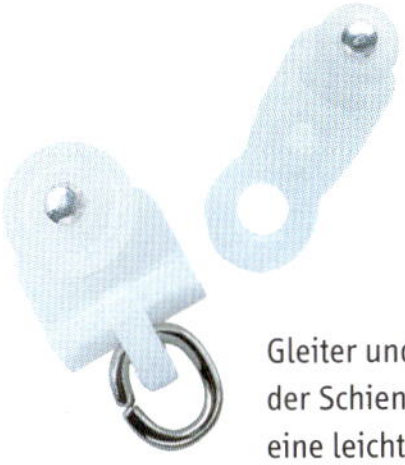

Gleiter und Röllchen laufen in der Schiene und ermöglichen eine leichte Handhabung. Es gibt auch geräuschdämmende Ausführungen.

Einige moderne Systeme wirken wie Stangen, sind aber Schienen.

Für schwere, boden-lange Vorhänge empfehlen sich Metallschienen.

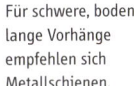

Vorhangstangen

Holzstangen – gebeizt, lackiert oder vergoldet – gibt es in zahllosen Varianten, von Barock bis hypermodern. Auch die Auswahl an Metallstangen erstreckt sich vom rustikalen Landhausstil bis zu poliertem Chrom. Die gleiche Vielfalt gilt für Endknöpfe, die in allen Größen und Ausführungen verfügbar sind – gerne auch aus einem kontrastierenden Material, z. B. Glas oder Stein.

Endknöpfe setzen meist einen starken Designakzent und sind auf den Raumstil abzustimmen.

Die zur Stange passenden Halterungen werden in die Wand gedübelt.

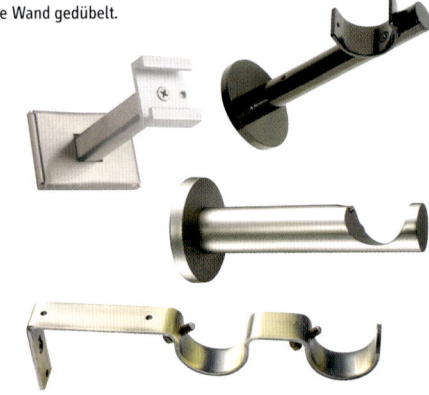

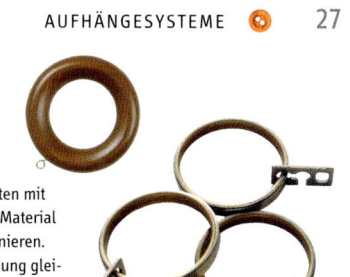

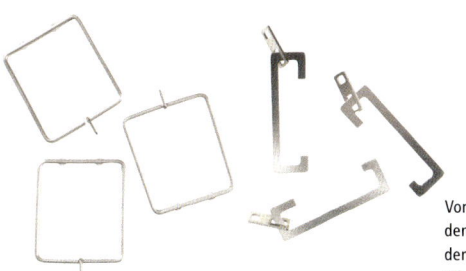

Diese modernen eckigen Ringe passen über Vierkantstangen (siehe unten links).

Vorhangringe sollten mit dem Stil und dem Material der Stange harmonieren. Mit Nylonauskleidung gleiten sie besonders leicht und leise.

Mit einer Seil- oder Ringklammer lassen sich zarte Vorhänge oder eine einfache Stoffbahn im Nu aufhängen.

Die Farbe der Gardinenringe harmoniert mit der Einrichtung oder betont bestimmte Raumelemente – wie hier die Raffhalter und den Teppich.

Leisten, Kopfschienen und Seitenzüge

Für Faltrollos gibt es drei Hebemechanismen.

1 Holzleiste, Ringschrauben und Schnüre – die einfachste und preiswerteste Methode.

2 Alu-Kopfschiene mit Schnurzug – mit beweglichen Schnurführungen und einer Schnurbremse (rechts oder links).

3 Das Seitenzug-System umfasst bewegliche Schnurspulen, eine Antriebswelle und eine Endloskette (rechts oder links). Dies ist die teuerste Variante, aber sie eignet sich auch für schwere Stoffe und vermittelt einen besonders schönen Gesamteindruck.

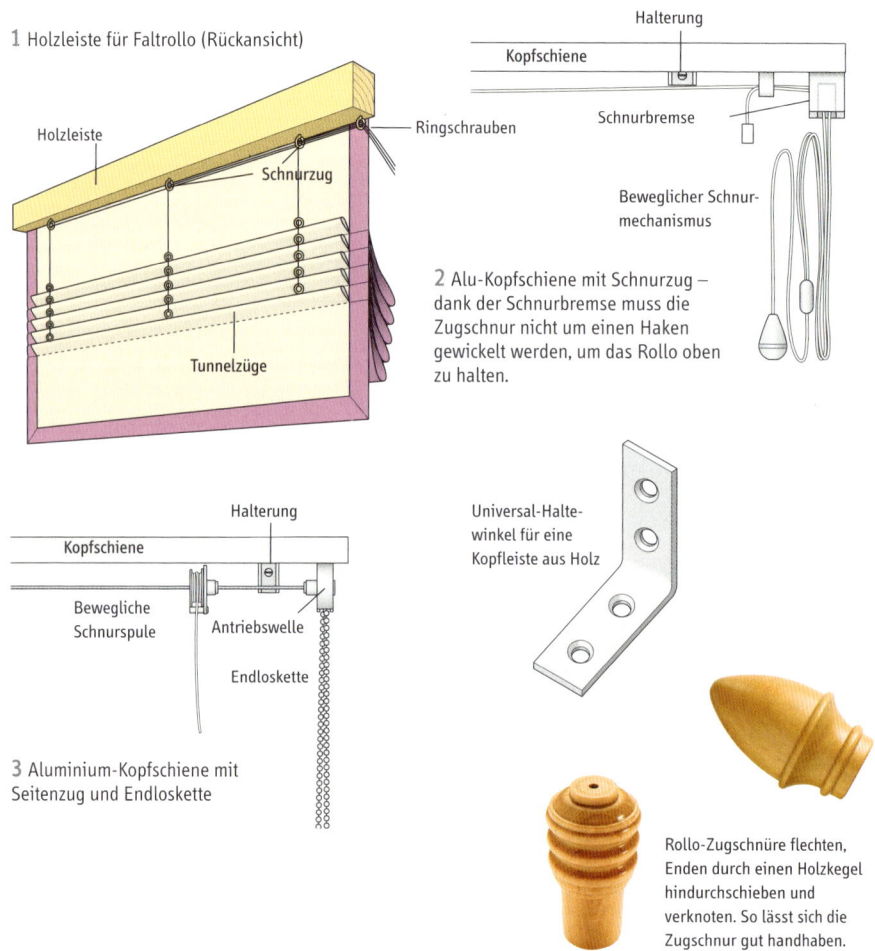

1 Holzleiste für Faltrollo (Rückansicht)

Holzleiste

Schnurzug

Tunnelzüge

Ringschrauben

Halterung

Kopfschiene

Schnurbremse

Beweglicher Schnurmechanismus

2 Alu-Kopfschiene mit Schnurzug – dank der Schnurbremse muss die Zugschnur nicht um einen Haken gewickelt werden, um das Rollo oben zu halten.

Halterung

Kopfschiene

Bewegliche Schnurspule

Antriebswelle

Endloskette

3 Aluminium-Kopfschiene mit Seitenzug und Endloskette

Universal-Haltewinkel für eine Kopfleiste aus Holz

Rollo-Zugschnüre flechten, Enden durch einen Holzkegel hindurchschieben und verknoten. So lässt sich die Zugschnur gut handhaben.

Schabracken und Volants (Querbehang)

Schabrackenbretter aus Holz werden mit Haltewinkeln über dem Fenster und der Gardinenschiene anmontiert. Der Schabrackenstoff lässt sich daran mit Klettverschluss befestigen.

Volants bzw. Querbehänge können ebenfalls mit Klettverschluss angebracht werden oder in einer zweiten Schiene verlaufen, die sich an der Vorhangschiene einhaken lässt.

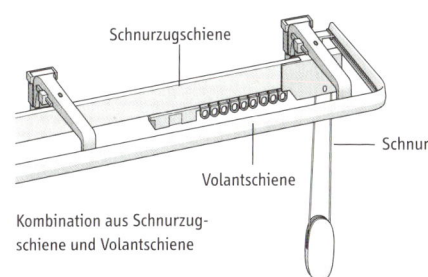

Kombination aus Schnurzug-
schiene und Volantschiene

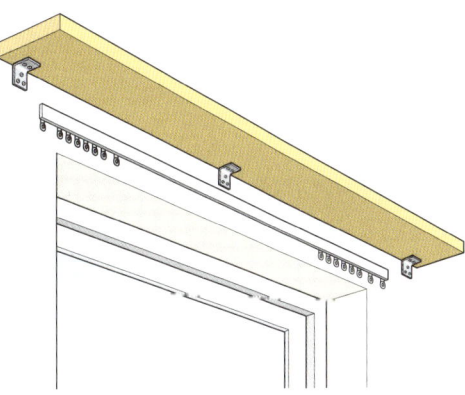

Schabrackenbrett aus Holz

Der Schabrackenstoff sollte gut versteift
werden, damit die Blende formstabil
und glatt bleibt.

Stoffe

Heimtextilien gibt es in einer unüberschaubaren Fülle an Mustern, Texturen, Qualitäten, Farben und Stoffarten. Sorgfältige Vorüberlegungen helfen bei der richtigen Auswahl, damit ein Projekt wirklich gelingt und all die Mühe und Arbeit nicht umsonst ist.

Zu den warmen Farben zählen Rot- und Gelbtöne, Ocker, Terrakotta und Olivgrün. Sie schaffen eine warme Atmosphäre und eignen sich gut für Räume, in denen viel los ist – z. B. Küche und Wohnzimmer.

Töne aus Blau, Blaugrün und Violett gehören zu den kalten Farben. Sie vermitteln Ruhe und Entspannung – eine gute Wahl für Bad und Schlafzimmer.

Neutrale Töne wie Weiß, Creme, Steingrau, Beige und Schwarz lassen sich mit anderen neutralen Farben (oben), aber auch mit warmen und kalten Tönen kombinieren. Intensivere Farben werden neutralisiert.

Stofffarbe

Für jedes Wohndekor-Projekt brauchen Sie eine Farbskala als Arbeitsbasis und das beste Ergebnis erhalten Sie, indem Sie Stoffmuster sammeln und im betreffenden Raum begutachten. Die Auswahl ist letztlich eine Sache des persönlichen Geschmacks, aber sich mit den verschiedenen Farben und ihren Wirkungen vertraut zu machen, kann nie schaden.

Stoffgewicht

Schwere Stoffe wie Samt und Baumwolle mit ausgeprägter Oberflächenstruktur eignen sich am besten für bodenlange, elegante Fensterdekorationen mit Vorhangköpfen, die den Stoff in tiefe Dreier- oder Kelchfalten legen.

Bei leichten Stoffen wie Chintz und Voile macht sich ein gekräuselter Vorhangkopf besser – das wirkt luftig und informell. Bei der Auswahl des Stoffes ist auch zu beachten, wie er sich verhält. Fällt er weich und fließend, sodass er einen hübschen Vorhang abgäbe – oder eher etwas steif, was ein Rollo nahe legen würde? Ein Futter verändert das Gewicht und damit den Fall eines Vorhangs. Einem sehr zarten Stoff lässt sich dadurch mehr Halt verleihen. Ein Zwischenfutter – eine wattierte Einlage zwischen Ober- und Futterstoff – verleiht einem Vorhang zusätzlich Schwere und Fülle und sorgt für einen opulenten Faltenwurf.

> **HINWEIS**
> Mehr Informationen über Stoffe – siehe Stoffverzeichnis, S. 218-245.

EINKAUFSFÜHRER

Das Selbernähen von Heimtextilien ist oft mit erheblichen Ausgaben verbunden und Fehlentscheidungen können teuer werden. Wenn Sie einen Stoff ausgewählt haben, empfiehlt es sich daher folgende Ratschläge zu beherzigen:

- **Vor der endgültigen Entscheidung** Kaufen Sie (oder leihen Sie sich) ein größeres Musterstück, damit Sie daheim sehen können, wie der Stoff vor Ort im Raumlicht wirkt. Kleine Musterstücke vermitteln oft keinen ausreichenden Eindruck.

- **Licht und Farbe** Im Laden eine längere Stoffbahn abwickeln, um die Wirkung der Farben und Muster zu beurteilen. Die tatsächlichen Farbwerte sieht man nur bei Tageslicht. Durchscheinende Stoffe bzw. Spitzen prüfend gegen das Licht halten.

- **Genau hinsehen** Sind Gewebemängel oder andere Fehlstellen erkennbar?

- **Hand anlegen** Raffen oder falten Sie den Stoff um zu überprüfen, ob Muster und Stoff zur gewünschten Fältelung oder Rüschung des Vorhangbandes passen.

- **Etikett beachten** Wie sich ein Stoff verhält, wird hauptsächlich von Fasergehalt, Gewebestruktur und Oberfläche bestimmt. Schauen Sie hierzu auf das Textiletikett.

- **Nicht knapsen** Kaufen Sie genügend Stoff, um das Projekt problemlos abschließen zu können. Eventuelle Farbunterschiede zwischen verschiedenen Stoffchargen können nachträgliche Anpassungen erschweren.

Textur

Wie das Licht auf einem Stoff spielt, hängt von dessen Oberflächenstruktur ab. Erst durch den unterschiedlich starken Kunst- oder Tageslichteinfall werden der Schimmer von Chintz, der Flor von Samt und der Glanz mancher Synthetikfasern zum Leben erweckt.

Muster

Kann eingewebt, aufgedruckt oder aufgestickt sein.

Eingewebte Muster bieten Brokat, Damast und Gobelin sowie die eher „alltagsüblichen" Streifen-, Karo- und Schottenstoffe.

Aufgedruckte Muster findet man zumeist auf flachen unstrukturierten Stoffen wie Seide, Baumwolle und Leinen.

Bestickte Stoffe (mit zumeist floralen Mustern) gibt es in großer Bandbreite, von traditioneller Krewellstickerei über Seidenstickerei bis zu maschinenbestickten Baumwoll- und Leinenstoffen.

Wer einen gemusterten Vorhang möchte, sollte beachten, dass so ein Stoff, wenn er später gefaltet hängt, ganz anders aussehen kann als im Musterbuch dargestellt. Streifen wirken dann weniger streng, kräftige Muster ruhiger – und sehr kleine Muster kommen vielleicht kaum mehr zur Geltung.

Verschiedenes Zubehör

1 NÄHGARN

Die Wahl des richtigen Garns ist sehr wichtig. Mit Polyestergarnen liegen Sie nie falsch – sie sind reißfest und in enorm vielen Farben verfügbar. Heftgarne aus Baumwolle reißen leicht und dienen nur zum vorübergehenden Fixieren. Sie lassen sich leicht aus einem Stoff entfernen, ohne ihn zu beschädigen. Feines Seidengarn ist für Seide bestens geeignet. Mit Transparentgarn genähte Stiche sind auf hauchfeinen Stoffen nahezu unsichtbar.

2 FUTTERSTOFF

Ein Futter lässt Vorhänge und Gardinen meistens schöner fallen und verlängert die Lebensdauer des Stoffes. Es schützt vor Sonnenlicht, absorbiert Kondensfeuchtigkeit und wirkt wärmeisolierend.

Der beliebteste Futterstoff ist Satin – ein dicht gewebter Baumwollstoff mit leichtem Glanz. Er wird meist in neutralem Weiß, Creme und Ecru angeboten, ist aber auch in vielen anderen Farbtönen erhältlich. Achten Sie beim Futterstoff auf eine gute Qualität, damit er nach dem Reinigen seine Form behält und der Vorhangsstoff immer gut zur Geltung kommt.

3 VERDUNKELUNGSSTOFF

Diese Stoffe sind in Weiß und Creme erhältlich und haben eine leicht gummierte, lichtundurchlässige Rückenbeschichtung. Besonders geeignet für Schlaf- und Kinderzimmer. Auch Faltrollos lassen sich damit abfüttern – im heruntergezogenen Zustand wird damit eine wirksame Verdunkelung erreicht.

Da diese Art von Futter das Gewicht eines Vorhangs erhöht, muss die Befestigungsvorrichtung besonders solide sein. Das Zusammennähen erfordert fortgeschrittene Nähkenntnisse. Ein Übertransportfuß kann die Arbeit erleichtern.

1

2

3

4 ZWISCHENFUTTER

Eine Einlage zwischen Oberstoff und Futter lässt einen Vorhang würdevoller erscheinen – er fällt besser und seine Falten wirken weicher. Faltrollos mit Zwischenfutter gewinnen an Struktur und Volumen. Zwischenfutterstoffe bestehen meist aus naturbelassener Baumwolle, es gibt sie aber auch aus preiswerterem Synthetik. Die Stoffe werden in verschiedenen Gewichten angeboten, je nachdem, wie opulent oder schwer ein Vorhang wirken soll. Domette-Vlies aus mittelschwerer gekämmter Baumwolle kann für Vorhänge wie für Rollos verwendet werden. Auch hier ist eine robuste Aufhängung erforderlich.

5 INNENKISSEN

Innenkissen gibt es mit vielerlei Arten von Füllungen: Federn, synthetische Fasern/Flocken, Kapok oder Schaumstoff (meist für Sitzkissen). Federkissen sind besonders bauschig und formstabil, allerdings können die Federn allergische Reaktionen auslösen. Hier kann ein zusätzlicher Innenbezug Abhilfe schaffen, damit keine Feder den Weg nach außen findet.

5

4

Vorhangkopf

Vorhang- bzw. Faltenbänder gibt es in großer Auswahl und aus vielen Materialien, passend für die verschiedenen Vorhangstoffe. Mithilfe von Zugschnüren, die über die gesamte Länge eines Bandes verlaufen, wird die Oberkante des Vorhangstoffes oder Volants auf die erforderliche Breite gerafft. An kleinen Schlaufen, die in regelmäßigen Abständen in das Band eingearbeitet sind, kann der Vorhang mittels Haken in der Schiene oder an der Stange aufgehängt werden.

Je nach Ausführung eines solchen Bandes lässt sich ein Vorhang auf diese Weise in einfache Kräusel-, Smok-, Zweier-, Dreier-, Bleistift- oder Quetschfalten legen.

TRANSPARENT-FALTENBAND

Besonders geeignet für hauchfeine Gewebe und leichte Netzstoffe. Befestigungsmöglichkeiten: Laufschiene, Stange oder Spanndraht. Breite: 50 mm. Material: 100 % Polyester. Stoffbedarf: Mindestens doppelte Fensterbreite.

UNIVERSALBAND

Dieses schmale Gardinenband ist für ungefütterte, gefütterte oder leichte Vorhänge gedacht. Befestigungsmöglichkeiten: Laufschiene oder Stange. Breite: 25 mm. Material: 70 % Baumwolle, 30 % Polyester. Stoffbedarf: 1,5- bis 2-fache Fensterbreite.

AUTOMATIKBAND FÜR DREIERFALTEN

Bildet elegante Dreierfaltengruppen in regelmäßigen Abständen. Es braucht kein Buckram (Steifband) in den Vorhang eingenäht zu werden. Breite: 88 mm. Material: 25 % Polyester, 75 % Polypropylen. Stoffbedarf: Doppelte Fensterbreite. Die Falten sehen nicht ganz so professionell aus wie von Hand genäht und erfordern einen speziellen Haken.

AUTOMATIKBAND FÜR KELCHFALTEN

Bildet klassisch-formelle kelchförmige Falten und wird wegen seiner Überbreite traditionell für bodenlange, opulente Vorhänge verwendet. Material: 68 % Polyester, 32 % Polypropylen. Breite: 138 mm. Stoffbedarf: Doppelte Fensterbreite.
Beim Positionieren des Bandes darauf achten, dass die Kelchfalten nicht zu nah an den Vorhangkanten liegen.

AUTOMATIKBAND FÜR BLEISTIFTFALTEN

Erzeugt einen akkuraten, eleganten Faltenfall. Befestigungsmöglichkeiten: Laufschienen, Stangen. Kann auch für Volants verwendet werden. Material: 55 % Polyester, 45 % Polypropylen. Breite: 75 mm, für sehr lange Vorhänge auch in 15 cm Breite erhältlich. Stoffbedarf: 2- bis 2,5-fache Fensterbreite.

BUCKRAM (STEIFBAND)

Steif appretierte Einlage aus Baumwolle. Wird in die Oberkante von Vorhängen und Quervolants eingenäht und sorgt für eine dekorative, formstabile Faltung. Die aufbügelbare Variante ist nicht ganz einfach zu handhaben. Die Aufhängung erfolgt mittels Metall-Einsteckhaken.

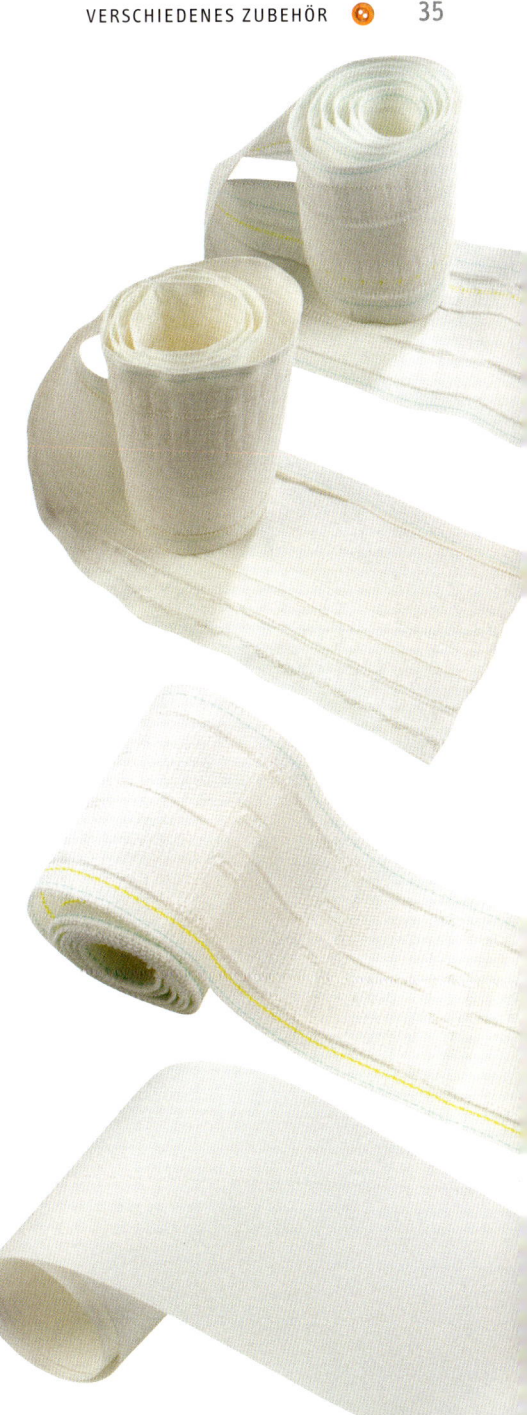

Nähtechniken

Der folgende Abschnitt behandelt wichtige Nähtechniken und Stiche, die Sie zur Durchführung der in diesem Buch beschriebenen Projekte benötigen. Darüber hinaus finden Sie jede Menge nützlicher Informationen über die Eigenschaften und die Handhabung verschiedener Heimtextilien.

Stoffeigenschaften

Für die Ermittlung des Materialbedarfs, aber auch beim Zuschneiden und beim Zusammenfügen von Stoffteilen spielen Muster und Fadenlauf eine wesentliche Rolle.

Fadenlauf

Vor dem Zuschneiden muss kontrolliert werden, ob der Stoff gerade liegt, damit der Vorhang oder das Rollo später nicht schief hängen. Die Quer-bzw. Schussfäden müssen im rechten Winkel zur Webkante verlaufen. Legen Sie den Stoff mit der Schnittlinie auf den Tisch und fixieren Sie den Rest des Stoffes so, dass er sich nicht verzieht oder herunterrutscht – gegebenenfalls mit Gewichten.

STOFFKANTE EINES EINFARBIGEN GEWEBES BEGRADIGEN

METHODE 1

Wenn Sie die Einzelfäden erkennen und an einem davon entlang von Webkante zu Webkante schneiden können, gehen Sie vor wie folgt:

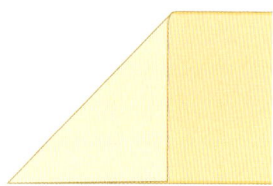

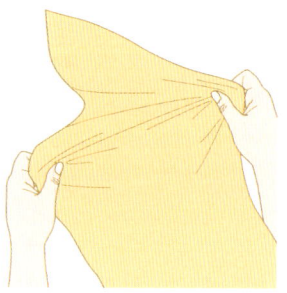

1 Nach dem Schnitt quer zum Fadenlauf den Stoff an der Tischkante anlegen. Liegt er nicht im rechten Winkel an, muss er in den „echten" Schrägfadenlauf gezogen werden (als „schräg" gilt jegliche Diagonalrichtung, die „echte" Schräglinie dagegen verläuft dort, wo sich Quer- und Längsfäden kreuzen).

2 Die diagonal gegenüber liegenden Stoffecken fassen und fest ziehen.

METHODE 2

Sehr feine Gewebe oder leichtgewichtige Baumwollstoffe können quer zum Fadenlauf aufgerissen werden:

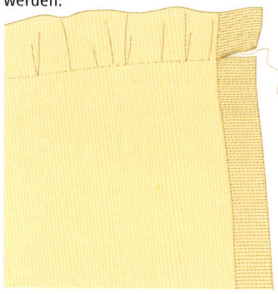

Etwa 2,5 cm tief in die Webkante einschneiden und den Stoff aufreißen. Lose Fäden wegschneiden. Sobald ein gerader Fadenlauf erkennbar wird, die aufgerissene, fransige Kante wegschneiden, sodass eine gerade, saubere Schnittkante entsteht.

ODER

Einen Schnitt in die Webkante machen, einen Faden fassen und herausziehen. Auf der danach erkennbaren Linie fadengerade entlang schneiden.

METHODE 3

Bei einem gemusterten Stoff müssen Sie dem Musterverlauf über die ganze Bahnbreite folgen, damit er durchgängig an die nächste Stoffbahn angefügt werden kann. Leichte Abweichungen vom geraden Fadenlauf sind hier zulässig.

Auf der rechten Stoffseite die Schnittlinie dem Musterverlauf folgend mit einem Markierstift oder mit Nadeln markieren.

METHODE 4

Viele moderne Heimtextilien haben eine thermofixierte Oberflächenbeschichtung mit fest verschweißten Fäden. In diesem Fall gehen Sie folgendermaßen vor:

Stoff auf dem Tisch ausbreiten und mit einem Geodreieck einen rechten Winkel finden. Diese gerade Linie mit dem Zollstock bis zur anderen Webkante fortführen und markieren.

WEBKANTEN

Dies sind die Seitenkanten eines Stoffes, die nicht ausfransen. Da sie oft extrem dicht gewebt sind, sollten sie nicht in die Berechnung der Schnittbreite einbezogen werden, damit sich die Nähte später nicht kräuseln. Sie können als gerade Orientierungslinie dienen, an der sich Kissenbezüge und Rollos ausrichten lassen. An Vorhangstoffen können die Webkanten in der Regel verbleiben, sollten dann aber alle 10-15 cm eingeschnitten werden. Manchmal sind Webkanten unerlässlich, damit ein Muster unterbrechungsfrei an ein anderes Stoffteil angesetzt werden kann.

Schnittlinie

Fertiglänge + Saumzugabe

Fertiglänge

Musterrapport 4

Musterrapport 3

Musterrapport 2

Musterrapport 1

Schnittlinie

Musterrapport

Manche gemusterten Stoffe müssen so zugeschnitten werden, dass das fertige Teil wie aus einem Stück wirkt, auch wenn es aus mehreren Teilen besteht. Der Rapport ist der Abstand zwischen den Mustern; er kann zwischen 2,5 cm bis zu 1 m betragen. Der häufigste Musterrapport liegt jedoch bei ca. 32 cm.

STOFFMENGE MIT RAPPORT BERECHNEN

Saumzugaben oben und unten addieren, Summe durch das Rapportmaß dividieren, auf die nächste volle Zahl aufrunden und diese mit dem Rapportmaß multiplizieren. Beispiel: Sollen zwei Vorhänge jeweils 203 cm lang hängen, dann addieren Sie pro Bahn 25 cm für die Saumzugaben, woraus sich eine Stofflänge von insgesamt 228 cm ergibt. Beträgt der Musterrapport 63 cm, dann muss jede Vorhangbahn 252 cm lang geschnitten werden (228 : 63 = 3,62 → 4 x 63 = 252). Wenn Sie dieses Maß mit der Zahl der erforderlichen Stoffbahnen multiplizieren, erhalten Sie den Gesamtstoffbedarf. Bei der Berechnung von Futterstoffen braucht der Musterrapport nicht einkalkuliert zu werden.

Ein gemustertes Teil wirkt am schönsten, wenn das Muster vom Bodensaum aus nach oben in Gänze zu sehen ist. Muster, die sich an der Oberkante nicht ganz entfalten, verschwinden am Vorhangkopf.

Bei langen Gardinen sollte das Muster allerdings knapp unterhalb des Vorhangkopfes beginnen, da es auf Augenhöhe besonders augenfällig ist.

Nähte

Zum Zusammenfügen zweier ungemusterter Stoffteile ist eine Nahtzugabe von 2,5 cm erforderlich. Ist die Webkante nicht allzu steif, kann sie miteinbezogen werden – mit Einschnitten alle 10-15 cm, damit sie nicht wellt. Bei gemusterten Stoffen ist die Webkante oft weiß und enthält aufgedruckte Waschhinweise sowie Angaben zur Stoffzusammensetzung. Ist sie unregelmäßig breit, treffen die Stoffkanten beim Aneinanderfügen nicht exakt aufeinander. Das ist weiter kein Problem, aber sollte eine Stoffkante mehr als 4 cm überstehen, sollte sie zurückgeschnitten werden.

Die beiden Stoffteile rechts auf rechts aufeinanderlegen und dann von unten nach oben mit Nadeln feststecken (siehe unten).

Bei einer ungeraden Zahl von Stoffbahnen werden an die Außenkanten jeweils halbe Bahnen angesetzt. Ist der Stoff weder zu schwer, noch zu voluminös zu handhaben, können die Stoffteile zunächst alle zusammengenäht und dann die mittlere Bahn der Länge nach in der Mitte durchgeschnitten werden. Dadurch wird sichergestellt, dass die halben Breiten stets akkurat an den Außenkanten ansetzen.

hinten

vorne

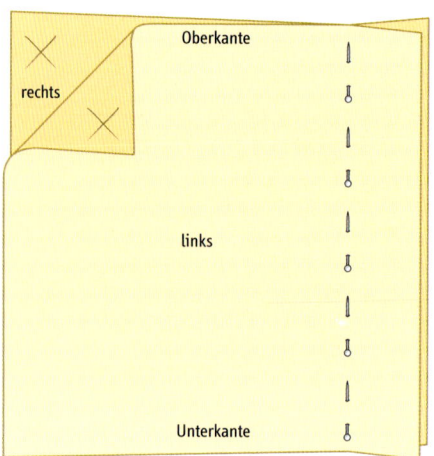

Oberkante

rechts

links

Unterkante

STOFF NACH DEM ZUSCHNEIDEN MARKIEREN

Beim Zuschneiden von Stoffbahnen sollten Sie jedes Teil vorne oben markieren, damit die Bahnen korrekt aneinandergesetzt werden. Florstoffe wie Samt oder Chenille haben eine feste Strichrichtung – werden zwei Teile verkehrt herum zusammengefügt, wirken sie farblich unterschiedlich. Um Fehler von vornherein auszuschließen, empfiehlt sich eine solche Markierung in jedem Fall – auch wenn ein Stoff keine bestimmte Strichrichtung aufweist. Sie können Nadel, Markierstift, Kreide oder farbiges Garn verwenden.

Mustergerechte Anpassung

Gemusterte Stoffbahnen aneinanderzunähen ist mit etwas mehr Aufwand verbunden.

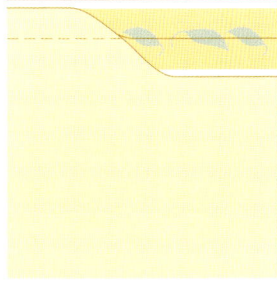  

1 Stoffteile kantengleich rechts auf rechts aufeinanderlegen, von unten nach oben arbeiten. Die Kante des oben liegenden Teils zurückfalten und auf dem anderen Stoffteil ein entsprechendes Musterelement finden. Stoffbruch mit den Fingern glatt falzen und wieder nach oben klappen.

2 Die Falzlinie mit Nadeln fixieren und Nahtzugabe aufklappen. Kontrollieren, ob der Musterverlauf stimmt und ggf. korrigieren. Beim nächsten Musterelement wiederholen. Stoffe zwischendurch zusammenstecken. Es bildet sich erkennbar eine gerade Linie (zum Steppen).

QUERSTREIFEN, KAROS UND GEOMETRISCHE MUSTER

NähtechnikTIPP

An den beiden Kanten ergeben sich gelegentlich verschieden breite Nahtzugaben, aber das setzt sich nach oben fort und ist kein Problem.

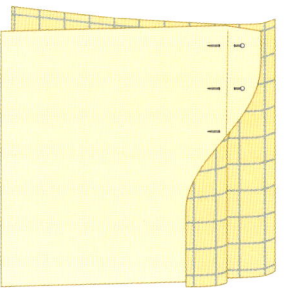

Die Stoffe im rechten Winkel zur Kante zusammenstecken (siehe oben). So wird der Musterverlauf fixiert und der Stoff kann sich beim Maschinennähen nicht so leicht verziehen. Vorsichtig über die Nadeln steppen und das Muster kontrollieren. Gegebenenfalls muss ein kurzes Stück aufgetrennt und erneut genäht werden. Webkante alle 10-15 cm einschneiden und die Naht auseinanderpressen.

Handnähstiche

Hier zeigen wir Ihnen einige Nutzstiche, die Sie beim Selbstschneidern von Heimtextilien immer wieder benötigen werden. Folgen Sie einfach Schritt für Schritt den bebilderten Anleitungen. Darüber hinaus bieten Ihnen die folgenden Seiten eine Fülle von zusätzlichen Informationen, Hinweisen und hilfreichen Praxistipps.

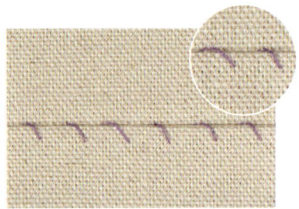

Saumstich

Dieser Stich ist auf der Vorderseite nahezu unsichtbar.

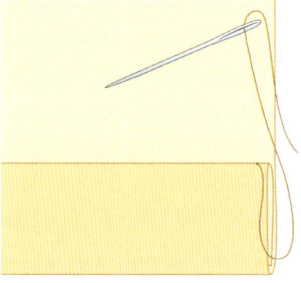

1 Fadenende mit zwei Rückstichen in der Saumfalte sichern.

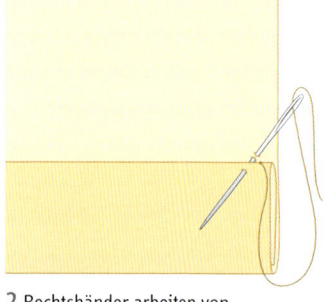

2 Rechtshänder arbeiten von rechts nach links. Mit der Nadel einen oder zwei Gewebefäden knapp oberhalb der Saumkante aufnehmen und den Faden 6 mm weiter vorn aus dem Saum heraus nach links führen.

PROJEKT

Mit Saumstichen können Sie die Seitenkanten fixieren und Futterstoff an der Rückseite des Vorhangstoffs annähen.

STOFF

Saumstiche eignen sich zum Säumen von Stoffen jeglichen Gewichts. Bei sehr schweren oder rutschigen Stoffen empfiehlt sich eventuell ein zweiter Stich durch den Saum.

NÄHZUBEHÖR UND STICHLÄNGE

Kurze Stiche mit einer kurzen bis mittellangen Nadel und Polyester- oder Baumwollgarn sorgen für eine sichere Befestigung.

ALTERNATIVE

Handgenähter Blindstich oder Hexenstich. Oder Sie nähen maschinell einen Blindsaumstich (mit Hilfe eines Blindsaumfußes).

BÜGELN UND GLÄTTEN

In diesem Stadium ist kein Bügeln erforderlich.

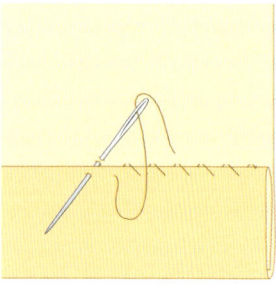

3 Wiederholen, bis der Saum festgenäht ist. Nicht zu stark am Faden ziehen, sonst entstehen auf der Vorderseite entlang der Saumlinie sichtbare Grübchen.

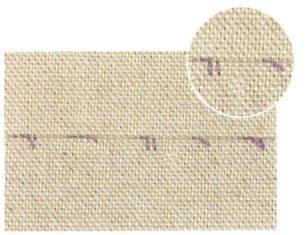

Blindstich

Blindstiche werden an der Unterkante von Vorhängen verwendet und sind vorne nicht sichtbar.

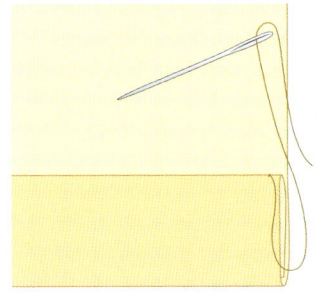

1 Fadenende mit zwei Rückstichen in der Saumfalte sichern.

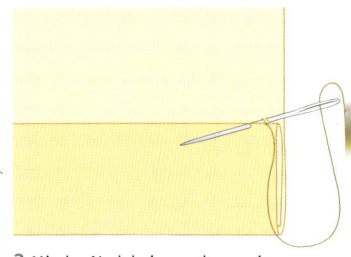

2 Mit der Nadel einen oder zwei Gewebefäden knapp oberhalb der Saumkante aufnehmen und den Faden 6 mm weiter vorn oben aus der Saumfalte heraus nach links führen.

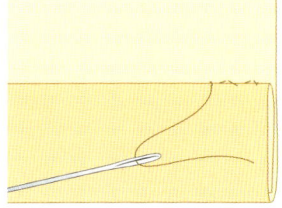

3 Nadel aus der Falte herausführen und zwei Gewebefäden knapp darüber aufnehmen. 6 mm weit in die Falte. Wieder herausführen und den Saum an der gleichen Stelle durchstechen. Dies festigt den Stich, ohne an den Fäden des Hauptstoffs zu zerren.

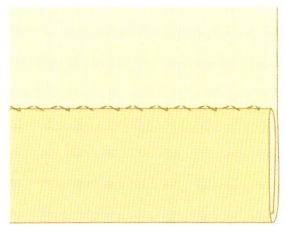

4 Auf diese Weise den Saum bis zum Ende annähen.

PROJEKT
Verwenden Sie Blindstiche an der Unterkante von Vorhängen.

STOFF
Blindstiche sind für Stoffe jeglichen Gewichts anwendbar. Der Faden darf nur nicht allzu fest angezogen werden, da sich sonst auf der Vorderseite des Vorhangstoffs ein unschöner Grat bildet.

NÄHZUBEHÖR UND STICHLÄNGE
Kurze Stiche mit einer kurzen bis mittellangen Nadel und Polyester- oder Baumwollgarn sorgen für eine sichere Befestigung.

ALTERNATIVE
Handgenähter Hexenstich. Die Nähmaschine bietet für den Blindstich keine vergleichbare Alternative.

BÜGELN UND GLÄTTEN
In diesem Stadium wird der Saum noch nicht gebügelt.

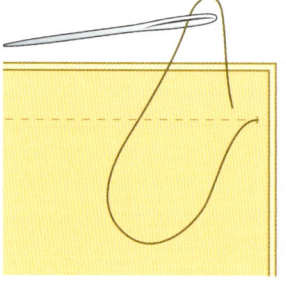

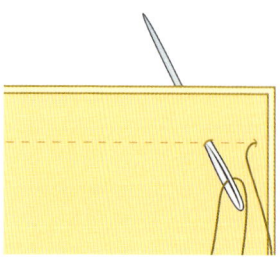

Heften/Reihen

Mit diesem Stich werden Stoffe vorübergehend zusammengehalten, ehe die Naht mit der Maschine gesteppt wird.

1 Den Faden auf der linken Stoffseite lose sichern, dann durch die Stofflagen nach oben stechen.

2 Nach 6-12 mm (Stichlänge) die Nadel durch die Stofflagen wieder nach unten führen.

PROJEKT

Heftstiche werden immer dann verwendet, wenn Stoffteile nur provisorisch zusammengehalten werden sollen und das Zusammenstecken mit Nadeln zu umständlich wäre. Mit einem kontrastfarbigen Faden können Sie sich das Herausziehen später erleichtern.

STOFF

Heftstiche eignen sich für Stoffe jeglichen Gewichts.

NÄHZUBEHÖR UND STICHLÄNGE

Eine mittellange Nadel und vorzugsweise ein loses Baumwollgarn verwenden, das leicht reißt. Achtung – dunkelfarbiges Heftgarn kann auf hellen Stoffen abfärben!

ALTERNATIVE

Wenn Sie mit der Maschine heften wollen, die längstmögliche Stichlänge einstellen.

BÜGELN UND GLÄTTEN

Heftstiche werden nie gebügelt.

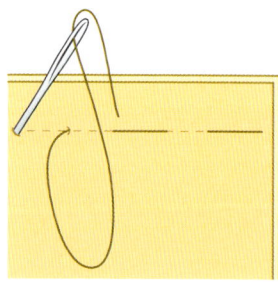

3 Auf diese Weise die Nadel auf der Vorder- und Rückseite in gleichmäßigen Abständen auf und ab führen.

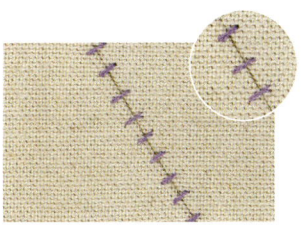

Leiterstich

Mit diesem Stich werden Saumkanten aneinandergefügt oder – insbesondere bei Vorhängen – die Diagonalnähte in abgeschrägten Ecken zusammengenäht.

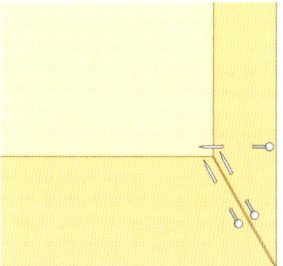

1 Die beiden abgeschrägten Nähte in der Ecke des Vorhangsstoffs feststecken, sodass sie sauber aufeinandertreffen.

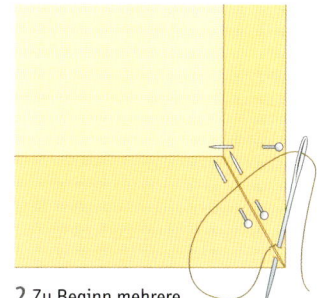

2 Zu Beginn mehrere kleine Stiche ausführen: Im Abstand von etwa 3 mm aus der linken Falte heraus und 3 mm von der Diagonale entfernt in die Hohlfalte rechts einstechen. Links aus dem gleichen Loch wie vorher nachstechen, dann rechts durch das gleiche Loch wie vorher nach unten. 3 mm weiter unten wieder links herauskommen. Einen doppelten Rückstich über die Ecke nähen.

PROJEKT

Der Leiterstich dient zum Zunähen abgeschrägter Ecken – sowohl an Vorhangsäumen, als auch nach dem Einnähen von Buckram (Steifband) in die Oberkanten von Vorhängen und Volants.

STOFF

Leiterstiche eignen sich für Stoffe jeglichen Gewichts.

NÄHZUBEHÖR UND STICHLÄNGE

Mit einer mittellangen bis langen feinen Nadel erzielen Sie das beste Ergebnis. Der Stoffüberzug von Gewichten wird mit winzigen, strammen Stichen befestigt. Geeignet ist ein feiner Polyester- oder Baumwollfaden.

ALTERNATIVE

Die Nähmaschine bietet keine Alternative für den Leiterstich – er kann von der Vorhangrückseite aus nur von Hand genäht werden.

BÜGELN UND GLÄTTEN

Auf der Rückseite behutsam flachbügeln.

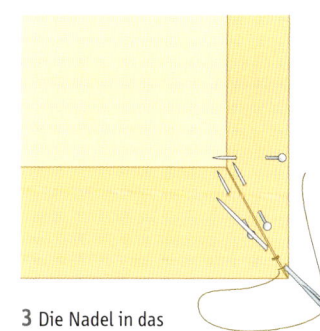

3 Die Nadel in das gleiche Loch auf der rechten Seite stechen, dann unterhalb der Nahtkante nach oben und 6 mm oberhalb des ersten Stichs links herausführen.

4 Bis zum Ende der Diagonalnaht fortführen. Fadenende sichern und abschneiden. Seitenkanten zusammennähen.

Befestigter Saumstich

Mit diesem Stich können Zwischenfutterstoffe locker an den Oberstoff
angenäht werden – zum Beispiel
bei Vorhängen, Schabracken oder
Rollos.

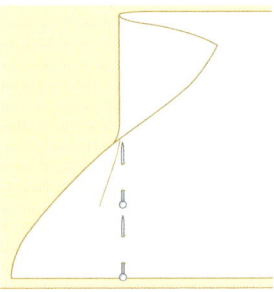

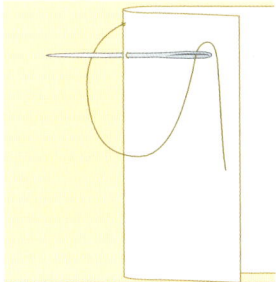

1 Den Stoff auslegen, linke Seite
oben. Das Zwischenfutter auflegen
und beide Stofflagen mit Nadeln
(senkrecht) feststecken.

2 Zwischenfutter zurückfalten und
Fadenende mit einigen Stichen am
Futter sichern. Arbeitsrichtung
abwärts in Richtung Saum. Jeweils
nur einige Fäden von Stoff und
Futter aufnehmen und die Nadel
oberhalb des Fadens durchführen.

PROJEKT

Mit diesem Stich werden bei Vorhängen, Volants und Schabracken
Oberstoff und Zwischenfutter aneinandergefügt.

STOFF

Diese Art von Saumstich ist für Stoffe jeglicher Art geeignet. Ein
Zwischenfutter verleiht dünnen Stoffen mehr Volumen und lässt
einen fertigen Vorhang würdevoller wirken. Bei der Verwendung
von Buckram (Steifband) an Vorhängen mit Zweier-/Dreierfalten
wird das Zwischenfutter 30 cm von der Oberkante entfernt angenäht und das Buckram-Band darunter geschoben.

NÄHZUBEHÖR UND STICHLÄNGE

Die 5-7,5 cm langen Stiche werden mit einer mittellangen bis langen Nadel ausgeführt.

ALTERNATIVE

Die Nähmaschine bietet keine Alternative für diesen Stich.

BÜGELN UND GLÄTTEN

In diesem Stadium ist kein Bügeln erforderlich.

3 Faden vorsichtig festziehen,
sodass sich eine Schlinge bildet.
Alle 5-7,5 cm einen Stich setzen.

4 Faden nicht zu straff ziehen,
damit sich auf der Vorderseite
keine Dellen bilden. Der Faden
sollte farblich zum Oberstoff
passen.

5 Diese vertikalen Nahtlinien in
30 cm-Abständen wiederholen. Die
Stecknadeln fixieren das Zwischenfutter bis zum Aufnähen des
Futterstoffs.

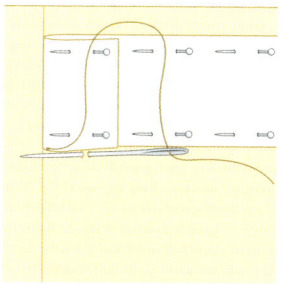

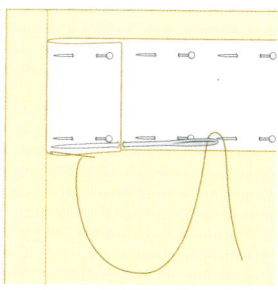

Hexenstich

Mit diesem Stich werden zwei Stofflagen zusammengefügt. Weil danach noch etwas Beweglichkeit gegeben ist, eignet er sich besonders für Säume und zum Annähen von Buckram (Steifband) an einen Vorhangstoff. Gearbeitet wird von links nach rechts, der Stichverlauf ist jedoch von rechts nach links.

1 Buckram (Steifband) oben auf dem Vorhangstoff positionieren. An der Unterkante von links nach rechts arbeiten. Einige Anfangsstiche in den Buckram setzen. Dann Nadel diagonal nach links unten führen und nach 1,2 cm einige Stofffäden aufnehmen. Nun die Nadel leicht schräg nach rechts führen und von rechts nach links in den Buckram stechen, fast parallel zu dessen Unterkante.

PROJEKT

Mit dem Hexenstich werden die Buckrambänder fixiert und die Zwischenfutterteile aneinandergefügt. Die Stofflagen 2,5 cm überlappen und mit langen Stichen in Abständen von etwa 2,5 cm durch beide Lagen hindurch zusammennähen. In den Saum einen größeren Stich setzen, vom Stoff aber nur wenige Fäden aufnehmen.

STOFF

Hexenstiche sind für Stoffe aller Art geeignet.

NÄHZUBEHÖR UND STICHLÄNGE

Zum Fixieren von Buckram eine lange mittelstarke Nadel verwenden. Die Stichlänge liegt zwischen 1,2 cm und 2,5 cm – je nach Stoff und Zweck.

ALTERNATIVE

Die Nähmaschine bietet keine direkte Alternative für den Hexenstich, allerdings lassen sich Zwischenfutterlagen auch mit dem Zickzackstich zusammennähen.

BÜGELN UND GLÄTTEN

Den Saum von links leicht flachbügeln – auf einem weich gepolsterten Bügelbrett, damit sich nichts abzeichnet.

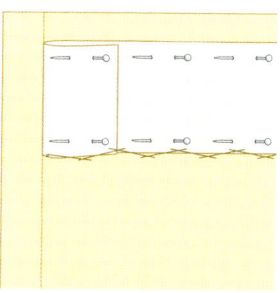

2 Auf diese Weise über die ganze Vorhangbreite nähen. Bei jedem Stich vom Stoff nur wenige, vom Buckram einige mehr Faden aufnehmen. Fadenende sichern.

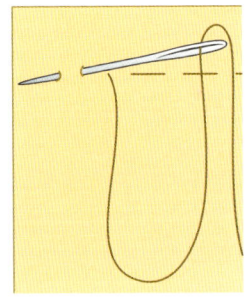

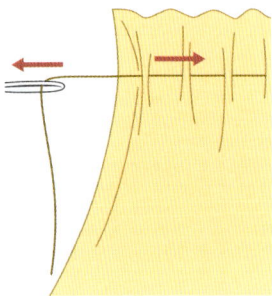

Kräuseln

Hierzu werden Vorstiche genäht und der Stoff anschließend auf die gewünschte Länge gerafft. Je kleiner die Stiche, desto kleiner die Kräuselfalten. Dickere Stoffe erfordern längere Stiche.

1 Fadenende auf der Naht sichern und eine Reihe von Vorstichen nähen. Bei dickeren Stoffen empfiehlt sich eine zweite Naht im Abstand von 6 mm, damit die Fäden beim späteren Zusammenziehen nicht reißen.

2 Die Fäden zusammenziehen, um den Stoff auf die gewünschte Länge zu bringen.

PROJEKT

Kräuselfalten kommen bei Heimtextilien häufig zum Einsatz – insbesondere bei Volants, Kissen- und Bettbezügen, als Rüschenbesatz bei Kissen oder Bordüre für Volants, Raffhaltern und Wolken-Raffrollos.

STOFF

Alle Stoffe lassen sich kräuseln, bis auf sehr dicke. Hier bieten sich Falten als Alternative an.

NÄHZUBEHÖR UND STICHLÄNGE

Mit einer mittellangen bis langen feinen Nadel geht die Arbeit rasch von der Hand, da Sie drei bis vier Stiche auf einmal nähen können. Bei einer einfachen Naht den Faden zur Sicherheit doppelt nehmen.

ALTERNATIVE

Kräusel werden normalerweise mit der Maschine genäht; hierzu den längstmöglichen Stich wählen. Zwei Reihen im Abstand von 6 mm nähen.

BÜGELN UND GLÄTTEN

Kräusel werden nicht gebügelt, das sie sonst platt gedrückt würden. Nach Fertigstellung des Projektes können die Kräuselfäden herausgezogen werden.

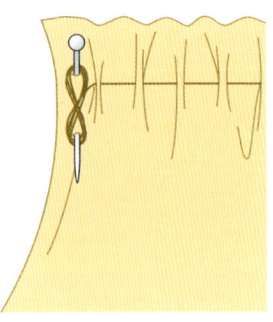

3 Die Fadenenden um eine senkrecht gesteckte Nadel schlingen. Kräuselfalten gleichmäßig verteilen.

Punktstich

Mit diesem Stich werden Stofflagen an einem Punkt zusammengenäht. Er kommt z. B. an Faltrollos unterhalb der Tunnelzüge zum Einsatz, um das Futter am Oberstoff zu befestigen.

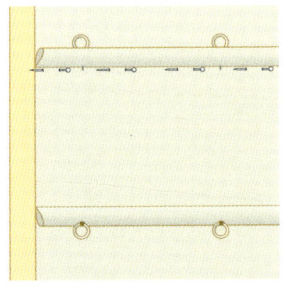

1 Die Stellen markieren, an denen ein Punktstich erforderlich ist (also die Stellen, an denen die Ringe für die Zugkordeln an den Stofftunneln festgenäht sind).

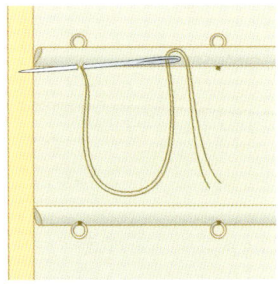

2 Faden (farblich passend zum Oberstoff) doppelt nehmen und das Ende verknoten. Den Stabtunnel anheben, die Nadel durch alle Lagen stechen und nach 3 mm links wieder herauskommen. Fünf- bis sechsmal wiederholen.

PROJEKT

Dieser Stich dient hauptsächlich zum Verbinden der Stofflagen an einem Faltrollo.

STOFF

Für Stoffe aller Art geeignet. Vorsicht beim Durchstechen der Stoffschichten, wenn Zwischenfutter vorgesehen ist.

NÄHZUBEHÖR UND STICHLÄNGE

Eine möglichst lange, dünne Nadel ist für diese Aufgabe am besten geeignet. Die Stichlänge richtet sich nach der Stoffdicke.

ALTERNATIVE

Für diese Art von Stich bietet die Nähmaschine keine direkte Alternative.

BÜGELN UND GLÄTTEN

Kein Bügeln erforderlich.

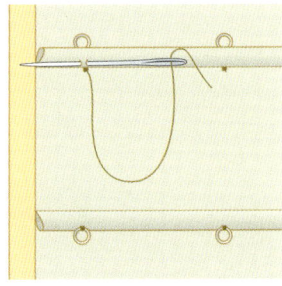

3 Zum Schluss einige winzige Stiche in die Unterkante des Stabtunnels setzen. Fadenenden abschneiden. An allen erforderlichen Stellen wiederholen.

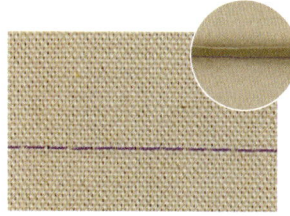

1 Die Stoffe rechts auf rechts zusammenstecken.

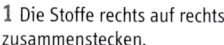

Rückstich

Dieser Stich wird vor allem für Arbeiten verwendet, bei denen die Nähmaschine versagt.

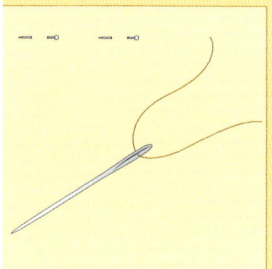

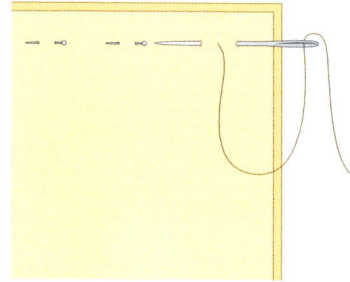

2 Arbeitsrichtung ist von rechts nach links. Faden auf der linken Stoffseite sichern. 6 mm vom Anfangspunkt entfernt Nadel nach oben bringen.

3 Im Abstand von 3 mm hinter dem Austrittspunkt nach unten stechen und die Nadel 3 mm links vom Austrittspunkt wieder nach oben führen.

4 Diesen Vorgang wiederholen, sodass jeder Stich am Ende des vorherigen ansetzt.

5 Auf diese Weise die ganze Stofflänge entlang nähen.

PROJEKT
Der Rückstich ist eine Alternative zum Nähen kurzer Nähte mit der Maschine.

STOFF
Für Stoffe aller Art geeignet.

NÄHZUBEHÖR UND STICHLÄNGE
Eine feine Nadel und Polyester- oder Baumwollfaden verwenden.

ALTERNATIVE
Geradstich auf der Maschine.

BÜGELN UND GLÄTTEN
Nahtzugaben mit der Spitze des Bügeleisens auseinanderbügeln.

Maschinenstiche

Die hier gezeigten Stiche sind auf allen modernen Nähmaschinen verfügbar. Es sind grundlegende Nutzstiche zum Säumen und Versäubern, aber auch zum Verzieren. Die Abbildungen und Beispiele helfen Ihnen die Maschine richtig einzustellen, damit die jeweiligen Stiche korrekt genäht werden.

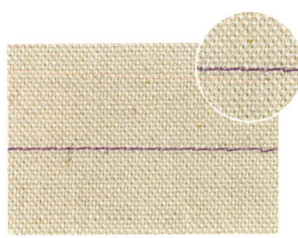

Geradstich

Mit dem Geradstich, einem der nützlichsten Stiche überhaupt, lassen sich die meisten Nähtechniken ausführen. Sie können damit z. B. Säume, Biesen und Kräusel arbeiten.

1 Bedienungsanleitung zur Hand nehmen und Maschine auf den Geradstich einstellen.

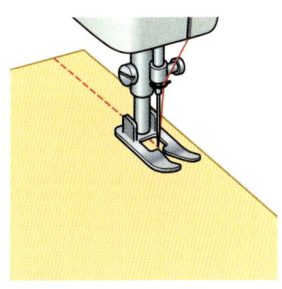

2 Die Naht an der gewünschten Position nähen. Nahtanfang und Nahtende jeweils mit 3-4 Rückwärtsstichen verriegeln.

PROJEKT

Geradstiche können Sie so gut wie immer verwenden – vom Säumen über das Annähen von Verzierungen bis zum Heften und Kräuseln.

STOFF

Für Stoffe aller Art und jeglichen Gewichts geeignet; eventuell eine größere Stichlänge einstellen.

NÄHZUBEHÖR UND STICHLÄNGE

Der Nadeltyp richtet sich nach der Art des gewählten Stoffes (S. 14-15). Feine, leichte Stoffe: Stichlänge 1,5 mm. Mittelschwere Stoffe: Stichlänge 2,5 mm. Schwere bzw. dicke Stoffe: Stichlänge 3 mm.

ALTERNATIVE

Als Handnähstiche bieten sich der Vorstich oder der Rückstich an.

BÜGELN UND GLÄTTEN

Nicht erforderlich.

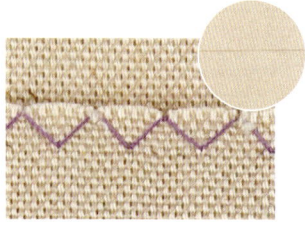

Zickzackstich

Stichbreite und -länge lassen sich flexibel an das jeweilige Projekt anpassen – zum Beispiel beim Versäubern von Stoffkanten oder beim Zusammennähen von Zwischenfutterstücken oder Vlieseinlagen.

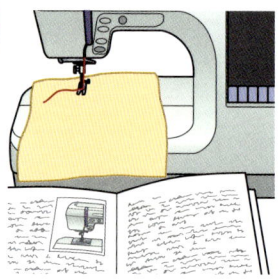

1 Zickzackstich in der erforderlichen Länge und Breite einstellen und auf einem Stoffrest eine Probenaht nähen. Bedienungsanleitung zu Rate ziehen

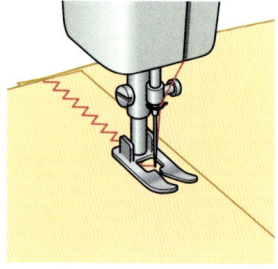

2 Stoff unter den Nähfuß schieben und – falls sich die Stoffkanten überlappen – im Zickzackstich über beide Stofflagen nähen.

PROJEKT

Breite Zickzackstiche eignen sich zum Versäubern von Stoffkanten und zum lockeren Annähen von Zwischenfutter.

STOFF

Für Stoffe aller Art und jeglichen Gewichts geeignet. Je nach Bedarf eine engere oder weitere Stichlänge einstellen.

NÄHZUBEHÖR UND STICHLÄNGE

Der Nadeltyp richtet sich nach dem Stoffgewicht. Die Größe des Zickzackstichs hängt von der jeweiligen Nähaufgabe ab.

ALTERNATIVE

Zum Versäubern von Stoffkanten bietet sich ein Überwendlingstich an – von Hand oder mit der Overlockmaschine.

BÜGELN UND GLÄTTEN

Nicht erforderlich.

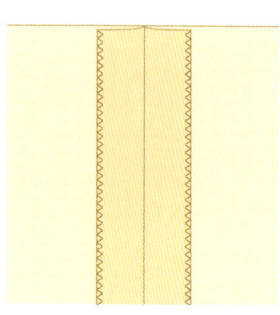

3 Zum Versäubern genau an der Kante entlang nähen, sodass die Stiche über den äußeren Stoffrand greifen.

Kräuseln

Kräuselfalten (Rüschen) lassen sich zwar auch von Hand anfertigen, aber mit der Maschine geht es viel schneller – besonders bei langen Stoffkanten.

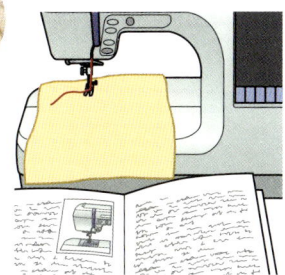

1 Die Maschine auf die größtmögliche Stichlänge einstellen oder in der Bedienungsanleitung unter „Kräuseln" nachschauen.

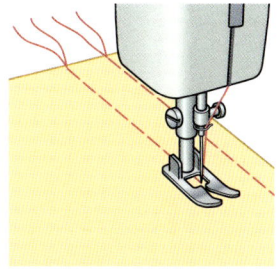

2 Vor dem Unterschieben des Stoffes sicherstellen, dass die Fadenenden mindestens 7,5 cm lang sind. Das erleichtert später das Zusammenziehen.

PROJEKT

Mit dieser Methode können Rüschenbesätze für Kissen, Volants und Bettbezüge angefertigt werden.

STOFF

Die besten Ergebnisse erzielen Sie mit leichten bis mittelschweren Stoffen.

NÄHZUBEHÖR UND STICHLÄNGE

Je nach Stoffgewicht eine Nadel zwischen Nr. 11 und 17 verwenden. Größtmögliche Stichlänge einstellen. Die Fadenspannung können Sie so regeln, dass sich der Oberfaden leicht ziehen lässt. Die Bedienungsanleitung zu Rat ziehen!

ALTERNATIVE

Kräuseln von Hand (S. 48).

BÜGELN UND GLÄTTEN

Die Rüschen selbst nicht bügeln, um sie nicht platt zu drücken. Nach dem Festnähen wird mit der Spitze des Bügeleisens lediglich aus dem unteren Stoffbereich nach oben in die Falten hinein gebügelt.

3 Innerhalb der Nahtzugabe eine Naht nähen, sodass die Stiche beim späteren Annähen des Kräuselteils an das Hauptteil nicht auf der eigentlichen Naht liegen. Dann 6 mm entfernt davon eine zweite Naht nähen. Die Fadenenden lang hängen lassen.

4 An den Oberfäden ziehen, um den Stoff zusammenzuschieben, bis er die gewünschte Länge erreicht hat. Fadenenden jeweils um eine Stecknadel schlingen. Rüschen gleichmäßig anordnen und ggf. mit einer Naht fixieren.

Säume und Nähte

Es gibt vielerlei Möglichkeiten, zwei Stoffstücke miteinander zu verbinden. Wählen Sie die für den jeweiligen Stoff und das gewünschte Ergebnis am besten geeignete Methode!

Einfache Naht

Dies ist die einfachste und vielseitigste Methode, zwei Stoffe zu verbinden.

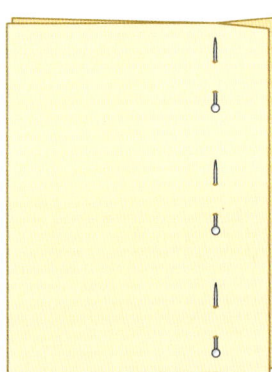

1 Die Stoffteile rechts auf rechts aufeinanderlegen und entlang der Nahtlinie zusammenstecken.

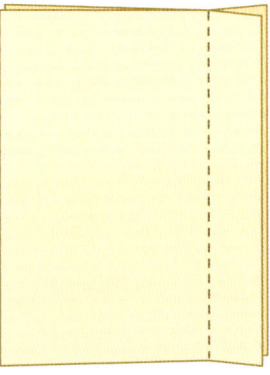

2 Maschine auf Geradstich einstellen, die Nahtlinie entlang nähen. Nadeln nacheinander entfernen oder ggf. vorsichtig darübernähen (siehe S. 41, Muster zusammenfügen).

PROJEKT
Mit dieser Naht werden zwei Stoffteile aneinandergefügt.

STOFF
Die einfache Naht ist für alle Arten von Stoffen geeignet.

NÄHZUBEHÖR UND STICHLÄNGE
Nadelgröße und Stichlänge richten sich nach der jeweiligen Stoffart.

ALTERNATIVE
Für lange Vorhangnähte gibt es keinen vergleichbar effektiven Handnähstich. Für kurze Strecken bietet sich der Rückstich an.

BÜGELN UND GLÄTTEN
Die Nahtzugaben mit der Spitze des Bügeleisens von links auseinanderbügeln. Dann umdrehen und die Naht von der rechten Seite leicht überbügeln. Bei zarten Stoffen ein Bügeltuch unterlegen!

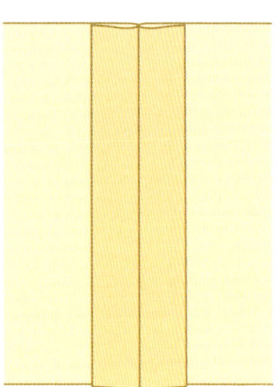

3 Zum Schluss die beiden Nahtzugaben auseinanderbügeln

Französische Naht

Vorne sieht diese Naht wie eine einfache Naht aus, hinten zeigt sie eine Falte. Eine elegante Methode, um eine gerade Naht zu versäubern, wenn keine Overlock verfügbar ist.

1 Stoffteile links auf links legen und 6 mm von der Kante entfernt mit Geradstich zusammennähen.

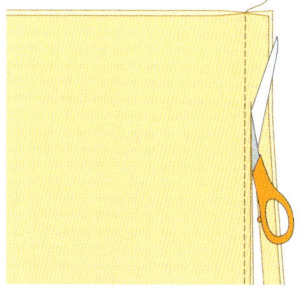

2 Die überstehende Kante auf etwa 3 mm zurückschneiden

PROJEKT

Nützliche Methode, falls die Rückseite des Stoffes sichtbar ist, oder wenn zum Versäubern keine Overlockmaschine verfügbar ist.

STOFF

Die französische Naht eignet sich bestens für leichte, zarte Gewebe, bei denen der Saum durch den Stoff sichtbar sein könnte.

NÄHZUBEHÖR UND STICHLÄNGE

Eine feine Nadel wählen – je nach Stoffgewicht eine Größe zwischen Nr. 9 und 11.

ALTERNATIVE

Die unversäuberten Stoffkanten mit Überwendling- oder Zickzackstich versäubern – sie bleiben dann allerdings sichtbar.

BÜGELN UND GLÄTTEN

Die Nahtfalte auf der linken Stoffseite zu einer Seite hin bügeln.

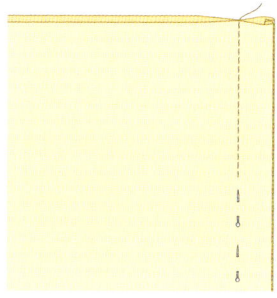

3 Naht umfalten, sodass die Stoffe rechts auf rechts liegen. 6 mm von der Faltkante erneut entlangsteppen, um die Schnittkanten einzuschließen.

NähtechnikTIPP

Bei mehreren Stoffschichten jede Nahtzugabe abgestuft zurückschneiden – dann liegen die Säume glatter.

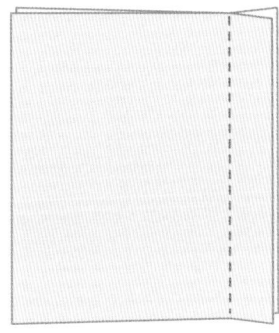

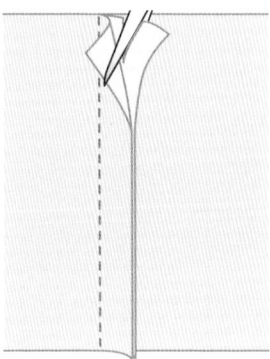

Doppelte Kappnaht

Mit dieser Nähtechnik werden die
offenen Kanten ineinandergefaltet
und mit einer zweiten Naht an den
Stoff angenäht. Besonders nützlich
für ungefütterte Projekte.

1 Stoffteile links auf links legen
und 16 mm von der Kante entfernt
zusammensteppen.

2 Die Nahtzugaben zur Seite
bügeln und die unten liegende
Kante auf etwa 3 mm zurückschneiden

PROJEKT

Eignet sich für alle Projekte mit ungefütterten Oberstoffen, da
diese Naht von beiden Seiten gut aussieht.

STOFF

Die doppelte Kappnaht kann bei allen Stoffarten verwendet wer-
den. Ausnahme: sehr schwere Stoffe. Hier bietet sich die einfache
Kappnaht an, weil sie weniger aufträgt. Es bleibt dann jedoch eine
Schnittkante, die versäubert werden muss.

NÄHZUBEHÖR UND STICHLÄNGE

Nadelgröße und Stichlänge hängen vom Stoffgewicht ab.

ALTERNATIVE

Ein ähnliches Erscheinungsbild bietet eine einfache Kappnaht oder
eine einfache Naht, bei der die Nahtzugabe auf eine Seite umgebü-
gelt und festgesteppt wird.

BÜGELN UND GLÄTTEN

Die Nahtfalte und später die fertige Naht mit dem Bügeleisen
glätten.

3 Die oben liegende Längskante
etwa 6 mm nach innen falten,
flachbügeln und knappkantig durch
alle Lagen festnähen.

1 Ein Stück Stoff (8 x 30 cm) ausschneiden.

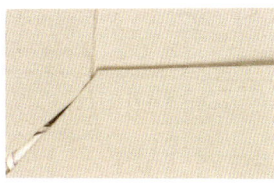

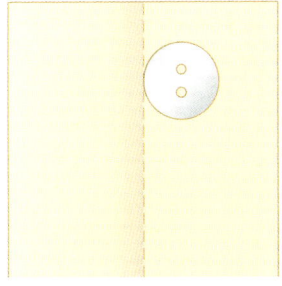 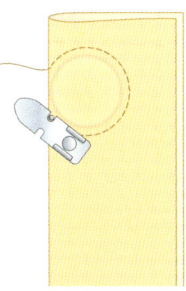

Bleigewichte

In die Saumkante eingelegte Gewichte lassen die Falten einer Gardine schöner fallen. Sie sehen aus wie Knöpfe mit zwei Löchern und es gibt sie in unterschiedlichen Größen, passend für das jeweilige Stoffgewicht. Sie sind sehr nützlich, denn nach dem Absteppen kann sich der Saum leicht verziehen, was selbst beim Wegschneiden der Webkante noch sichtbar ist. Mit diesen kleinen Gewichten – in die Saumecken oder in den Saum selbst mit eingenäht – fällt der Saum viel gleichmäßiger. Für schwere Vorhangstoffe gibt es größere Gewichte. Bei sehr feinen Gardinenstoffen können Sie die Gewichte auch mit Stoff überziehen.

2 Den Stoff längs zur Hälfte falten. Wieder aufklappen und das Gewicht an die Falte legen (mit den Löchern parallel dazu). Stoff erneut umlegen und mit einem Reißverschlussfuß (oder von Hand mit einem Rückstich) rund um das Gewichtstück herumnähen.

 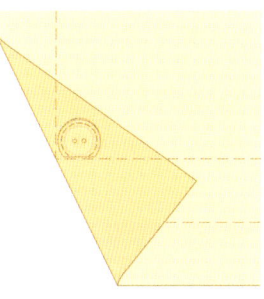

3 Auf diese Weise mehrere Gewichtstücke „einkleiden", im Abstand von jeweils 12 mm. Mit einer Rundum-Nahtzugabe von jeweils 3 mm ausschneiden.

4 Wenn Sie das Gewicht gegen das Licht halten, werden die Löcher sichtbar. Gewicht so drehen, dass die Löcher parallel zur unteren Saumkante liegen.

5 Mit einem Doppelfaden wie einen Knopf annähen. Die Kante des Bezugsstoffs sollte dabei 3 mm von den Faltkanten entfernt sein, damit in der Stoffecke keine Verdickung entsteht.

HAUCHFEINE STOFFE

Bei zarten Geweben empfiehlt sich als Beschwerung ein Bleiband (kleine Bleikugeln in einem Textilschlauch, Meterware), das sich auf jede Länge zuschneiden lässt. Es wird in die Saumfalte eingelegt und in regelmäßigen Abständen mit ein paar Stichen am Oberstoff fixiert.

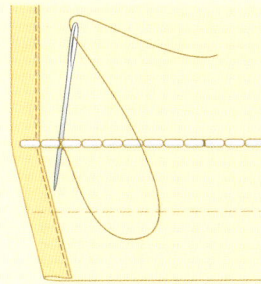

Zugschnurtäschchen

Zum Sichern der Zugschnüre eines Vorhangbandes gibt es Kordelwickler zu kaufen – oder Sie arbeiten aus Futterstoffresten kleine Täschchen, die einfach unter das Vorhangband genäht werden.

1 Ein 15 x 12,5 cm großes Stück aus Futterstoff zuschneiden.

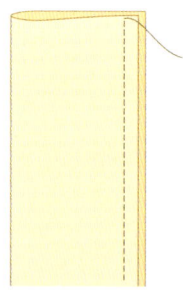

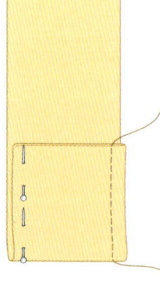

2 Zur Hälfte umfalten und an der Längskante und an einer der kurzen Kanten entlang steppen.

3 Stoff umstülpen und bügeln. Die abgesteppte Kurzkante 5 cm nach oben falten, sodass eine kleine Tasche entsteht. Beidseitig feststecken und steppen.

4 Nahe der Vorhang-Außenkante unter das Vorhangband schieben und beim Absteppen des Bandes mitfestnähen.

5 Nach dem Zusammenziehen und Fixieren der Zugschnüre die losen Enden im Täschchen verstauen. Zugschnüre nie abschneiden/verknoten, sonst lässt sich der Vorhang zum Reinigen nicht mehr strecken bzw. später nicht wieder raffen.

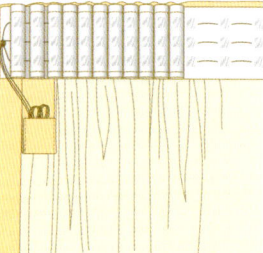

Abgeschrägte Saumecke

Mit dieser Methode wird verhindert, dass die Saumecken zu dick werden. Sie empfiehlt sich bei fast jedem Projekt – außer bei ungefütterten Gardinen mit maschinengenähten Kanten und Säumen.

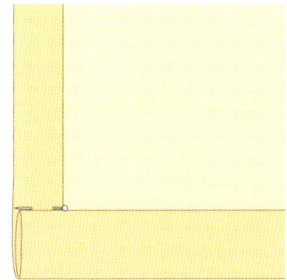

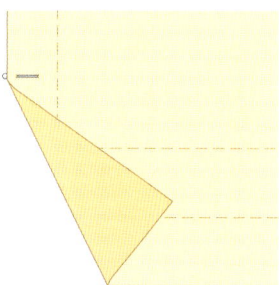

1 Die Saumzugaben an den Seitenkanten einmal und an der Saumkante zweimal nach links umbügeln.

2 Mit einer quer liegenden Stecknadel markieren, wo die Saumkante und die Seitenkante aufeinandertreffen.

3 An der linken Vorhangseite beginnend die Kanten alle wieder auffalten und den Stoff von der Nadel diagonal bis zur unteren Saumkante falten und glätten. Diese Diagonale muss durch den Punkt verlaufen, an dem der obere Saumumbruch die seitliche Umbruchlinie kreuzt.

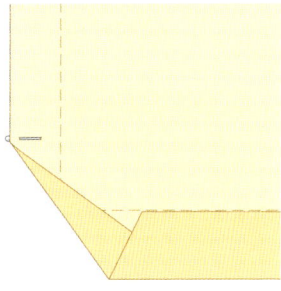

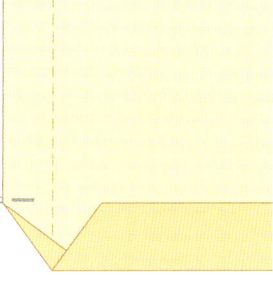

Vorne

Hinten

4 Seitenkante mit der linken Hand festhalten und die erste Saumkante nach oben falten.

5 Auch die zweite Saumkante einschlagen. Stoff dabei möglichst glatt halten.

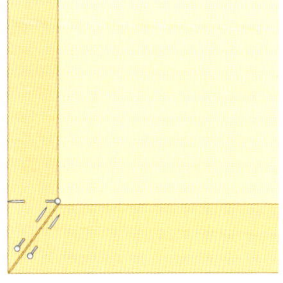

7 Leicht überbügeln und die Diagonalecken beidseitig feststecken. Auf die gleiche Weise die rechten Vorhangecke arbeiten.

8 Gardinengewichte einnähen (S. 57) und die Ecken mittels Leiterstichen (S. 45) verschließen.

6 Seitenkante einschlagen und mit den Fingern festdrücken, sodass die abgeschrägten Ecken aufeinandertreffen.

Fenstergestaltung

In diesem Kapitel wird detailliert beschrieben, wie verschiedenste Fensterdeko-Projekte in die Tat umgesetzt werden. Mit Vorhängen aller Art, Rollos, Schabracken, Raffhaltern etc. können Sie Ihrem Heim eine ganz persönliche Note verleihen.

Gardinen und Vorhänge

Welche Vorhanglänge und welche Art von
Vorhangkopf am besten zu einem Fenster passen,
bedarf sorgfältiger Überlegung – denn davon hängt
auch die benötigte Stoffmenge ab.

Fenster ausmessen

Messen Sie mit einem Stahl-Rollbandmaß, denn damit
lässt sich genauer messen als mit einem Gewebemess-
band. Von einer bereits montierten Schiene oder Stange aus zu messen ist leichter, ansonsten schätzen Sie
die Maße zunächst ab, um die Kosten für einen
bestimmten Stoff in etwa kalkulieren zu können und
eventuell ein anderes Design oder ein anderes Material
zu wählen.

Breite

Diese entspricht der Scheibenbreite einschließlich Überstand (für die Stoffmenge, die rechts und links außerhalb
der Scheibe hängt). 5-6 cm für die mittige Überlappung
hinzurechnen. Seien Sie bei der Stoffberechnung eher
großzügig – nichts ist ärgerlicher als einen Vorhang später
nicht richtig zuziehen zu können. (Bei Schienen mit
Schnurzug kann das Überlappungsmaß variieren – dieses
sollte genau kontrolliert werden).

Länge

Schiene: Von der Oberkante der Schiene bis zur gewünschten Fertiglänge messen. Zur Ermittlung der Hakenposition
auf der Schiene messen Sie von der Schienenoberkante bis
zur Mitte des Gleiters. Dies entspricht der Hakenposition
auf dem Faltenband, damit Sie dieses entsprechend platzieren können.

Stange: Von der Unterkante des Vorhangrings bis zur
gewünschten Vorhanglänge messen (siehe gegenüber).
Dies entspricht der Hakenposition – also 1 cm zur Vorhanglänge addieren, damit er verdeckt ist.

Vorhangtyp

Für Ösenvorhänge messen Sie von der Oberkante der
Stange bis zur gewünschten Vorhanglänge plus 2 cm.

Für Schlaufenvorhänge messen Sie von der Stangen-
oberkante bis zur gewünschten Länge. Die Länge der
Schlaufen wird in diesem Maß berücksichtigt (S. 72). Die
Stange muss so hoch über dem Fenster montiert werden,
dass zwischen den Schlaufen kein Licht durchdringt.

MessTIPP

**Bei bodenlangen Vorhängen
an beiden Seiten und in der
Mitte des Fensters Maß nehmen – Böden sind nicht
immer eben. Beim Anfertigen
kann die Länge gegebenen-
falls angepasst werden,
indem beim Anbringen des
Vorhangbandes an einer
Seite etwas mehr Stoff eingeschlagen wird.**

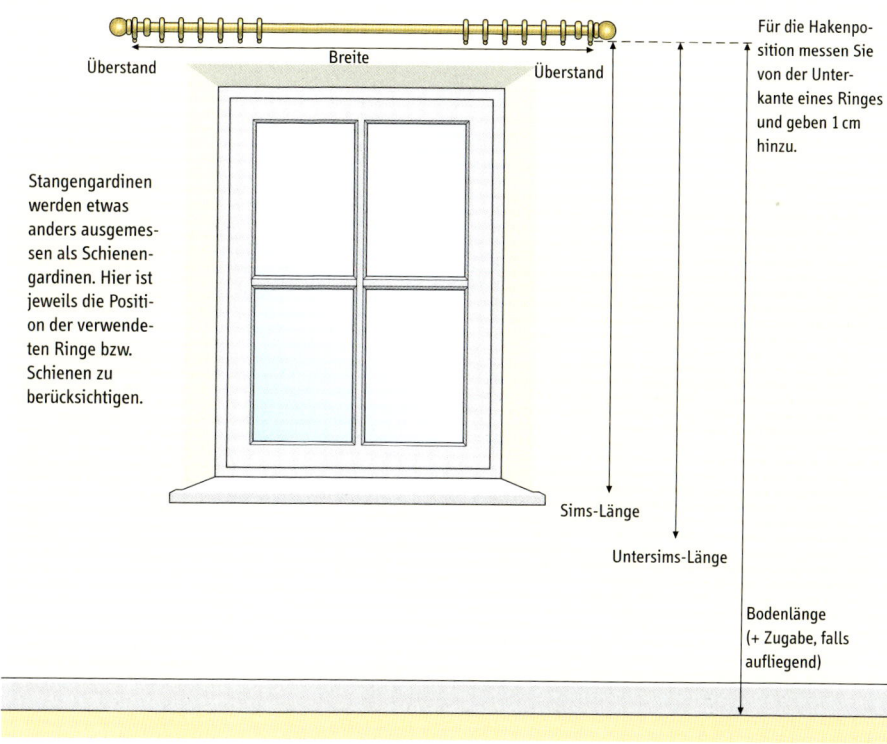

Für die Hakenposition messen Sie von der Unterkante eines Ringes und geben 1 cm hinzu.

Überstand

Breite

Überstand

Stangengardinen werden etwas anders ausgemessen als Schienengardinen. Hier ist jeweils die Position der verwendeten Ringe bzw. Schienen zu berücksichtigen.

Sims-Länge

Untersims-Länge

Bodenlänge (+ Zugabe, falls aufliegend)

Checkliste für Gardinen/Vorhänge

Diese Checkliste können Sie kopieren, ausfüllen und in das Stoffgeschäft mitnehmen.

Stoff

Muster _____

Farbe _____

FUTTER

gefüttert ☐

ungefüttert ☐

mit Zwischenfutter ☐

Vorhangkopf

Dreierfalte ☐

Bleistiftfalte ☐

Schlaufen ☐

Kelchfalte ☐

Kellerfalte ☐

Quetschfalte ☐

Ösen ☐

Vorhangkopf-Höhe _____

Länge

Schiene/Stange bis Sims ☐

Schiene/Stange bis unterhalb Sims ☐

Schiene/Stange bis Boden ☐

Bodenauflage/Schleppe ☐

Gardinenlänge _____

Zubehör

Volants/Querbehang ☐

Schabracke ☐

Raffhalter ☐

Verzierung ☐

Was passt wo?

Eine Fenstergestaltung erfordert vielerlei Vorüberlegungen: Welcher Stoff erfüllt den gewünschten Zweck am besten, welches Vorhangdesign harmoniert mit dem übrigen Einrichtungsstil und was kann man sich zutrauen, damit das Projekt zum Schluss auch von Erfolg gekrönt ist?

- **Bodenlange Vorhänge** setzen dekorative Stoffe und Fenster am schönsten in Szene, sind jedoch nicht immer möglich oder praktikabel. Mit einem Zwischenfutter wirkt ein Vorhang edler und voluminöser. Manchmal braucht man dann sogar weniger Stoffbreite.

- **Vorhänge mit Rückenfutter** wirken besonders professionell und gediegen, sind vor grellem Sonnenlicht geschützt und tragen zur Behaglichkeit bei.

- **Ungefütterte Gardinen** eignen sich vor allem für Küche und Badezimmer, da sie häufiger gewaschen werden müssen. Sie sind oft luftig-leicht und lichtdurchlässig und wirken besonders hübsch in Kombination mit Rollos.

- **Bei Platzbeschränkungen** – z. B. wegen eines Heizungskörpers oder einer tiefen Fensterbank – könnte man bodenlange Vorhänge seitlich dauerhaft fixieren und die Fensterscheiben selbst mit einem Rollo verkleiden. Da diese Vorhänge nie zugezogen werden, würden pro Seite 1,5 Stoffbreiten genügen. Ein Zwischenfutter verleiht dieser Fenstergestaltung einen Hauch von Luxus.

Rollo als Licht-/ Sichtschutz

Vorhänge sind immer gerafft

Heizung und Fensterbank beanspruchen Platz

- **Endet ein Fenster nahe an einer Wand,** kann nur ein Vorhang drapiert werden. Das Gleiche gilt für besonders schmale Fenster: Hier wirkt ein Einzelvorhang, der nur nach einer Seite hin aufgezogen wird, oft dekorativer.

DesignTIPP

Weitere Fensterformen und Gestaltungs-Vorschläge siehe Design-Galerie, S. 196-209.

Positionierung

Durch wohlüberlegte Anordnung der Fensterdekoration lässt sich die Wirkung eines Fensters verändern, wodurch optisch der Eindruck von mehr Höhe oder Breite entsteht.

- **Schmales Fenster optisch verbreitern:** Auf beiden Seiten der Stange bzw. Schiene Länge zugeben, sodass der aufgezogene Vorhang die Fensterkanten seitlich nur knapp bedeckt. Diesen zusätzlichen Wandraum für die Stofffalten bezeichnet man als Überstand.

- **Breites Fenster optisch verschmälern:** Länge der Stange bzw. Schiene kürzen, sodass die Stofffalten bei aufgezogenen Vorhängen mehr von der Fensterfläche bedecken. Empfiehlt sich aber nur, wenn der reduzierte Lichteinfall kein Problem ist.

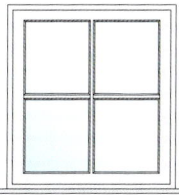

- **Hohes Fenster optisch verkleinern:** An der Oberkante eine breite Schabracke oder Volants/Querbehang anbringen, um einen Teil der Fensterscheibe zu verdecken.

- **Niedriges Fenster optisch vergrößern:** Schabracke oder Volants/Querbehang so hoch ansetzen, dass die Unterkante die Fensterscheibe oben nur knapp verdeckt.

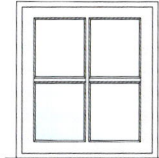

Stoffmenge berechnen in fünf einfachen Schritten

Unterschiedliche Vorhangtypen erfordern unterschiedliche Stoffmengen. Vorhänge bestehen grundsätzlich aus Stoffbahnen, die auf eine bestimmte Weise gerafft sind, um ein Fenster beim Zuziehen zu bedecken. Im geöffneten Zustand fällt der Behang je nach Gestaltung des Vorhangskopfes und der verwendeten Stoffmenge.

Hier finden Sie einige Richtlinien, damit Ihre Stoffmengen-Berechnungen klappen:

1 Art des Vorhangkopfes

Wenn Sie sich für das gewünschte Design und die Länge des Vorhangs entschieden haben, können Sie sich daranmachen, den Stoffbedarf zu kalkulieren.

VORHANGKOPF	STOFFBEDARF
Einfaches schmales Kräuselband	2-fache Fensterbreite
Bleistiftfalten	2 ¼- bis 2 ½-fach
Schlaufen	1 ½-fach
Zweier-/Dreierfalten	2- bis 2 ¼-fach
Ösen	1 ½-fach
Kelchfalten	2- bis 2 ¼-fach
Kellerfalten	2- bis 2 ¼-fach
Quetschfalten	2 ½- bis 3-fach
Durchscheinende Stoffe	2 ½- bis 3-fach

MessTIPP

Stoffmenge auf den nächsten vollen Meter aufrunden – Stoffrest kann für Kissen oder Raffbänder verwendet werden.

2 Seitenkanten einkalkulieren

Sie betragen jeweils ca. 5 cm, sind aber nur erforderlich, wenn ein Falten fixierender Vorhangkopf verwendet wird. Eventuell auf jeder Seite ½ Stoffbahn hinzufügen, falls die Maße im Grenzbereich liegen bzw. Sie die Anzahl der Stoffbahnen vervielfachen müssten.

3 Saumzugaben einkalkulieren

Hierfür werden in der Regel 25 cm veranschlagt – 20 cm für den Bodensaum und 5 cm für die Oberkante. Kann je nach Musterrapport reduziert werden, sollte aber nicht unter 12,5 cm liegen. Kurzgardinen benötigen nur 15 cm.

4 Fertige Breite mit dem Raffverhältnis multiplizieren

Dieses Maß durch die Stoffbreite dividieren (meist 137 cm) um die Anzahl der benötigten Stoffbahnen zu ermitteln. Diese mit der Fertiglänge (einschl. Saumzugabe) multipliziert ergibt den Stoffbedarf. Eventuell ist ein Musterrapport mit einzukalkulieren (S. 39). Beispiel:

Stangenlänge für zwei
Bleistiftfalten-Vorhänge: 250 cm
Fertiglänge (Fall) der Vorhänge: 200 cm
Musterrapport auf dem Stoff: 64 cm

250 cm x 2,5
für die Bleistiftfalten = 625 cm
÷
625 cm / 137 cm = 4,56 Bahnen
aufgerundet auf 5 Bahnen
(2,5 pro Fensterhälfte)

Länge: 200 cm Fall + 25 cm
Saumzugaben = 225 cm.
Wird aufgerundet auf 256 cm für den
Musterrapport (64 cm x 4).

Es werden also 5 x 256 cm = 1.280 cm =
12,8 m Stoff benötigt.

5 Vor dem Zuschneiden

Um sicherzugehen, dass der Stoff ausreicht, empfiehlt es sich, die erforderliche Zahl der Bahnenlängen abzumessen und sie in der Webkante jeweils mit einer Stecknadel zu markieren. Falls nötig, kann die Saumzugabe etwas reduziert werden.

FUTTERSTOFFMENGE BERECHNEN

Hier ist die Berechnung weitaus einfacher. Der Musterrapport spielt keine Rolle. Saumzugabe für Vorhänge mit Faltenband: 15 cm-Saumzugabe für Vorhänge mit Dreier- bzw. Kelchfalten – wenn das Futter bis zur Stoffoberkante reicht: 25 cm.

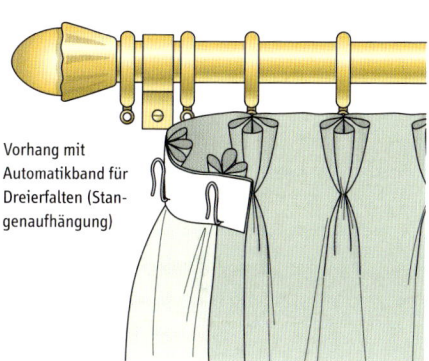

Vorhang mit Automatikband für Dreierfalten (Stangenaufhängung)

Mit einem schmalen Gardinenband lassen sich Rüschen erzielen, hinter der die Schiene verschwindet.

Ungefütterte Vorhänge

In manchen Fällen sind ungefütterte Vorhänge praktischer, da sie pflegeleichter sind – zum Beispiel in Küche und Bad. Falt- und Zugrollos machen sich sehr dekorativ zwischen floralen Mustern. Dadurch haben Sie einen guten Sichtschutz, bei Bedarf aber auch etwas Sonnenlicht.

SCHWIERIGKEITSGRAD
• 1

WERKZEUGE
• Schere
• Maßband
• Stahl-Rollbandmaß
• Nähausstattung

MATERIALIEN
• Vorhangstoff
• Nähgarn
• Bleigewichte
• Vorhangband
• Vorhangstange oder -schiene
• Vorhanghaken

SIEHE AUCH
• Vorhänge, S. 62
• Stoffeigenschaften, S. 38
• Handnähstiche, S. 42
• Maschinenstiche, S. 51
• Nähte und Säume, S. 54

1 Fenster ausmessen und benötigte Stoffmenge ermitteln (S. 62-67). Geradwinklig zuschneiden. Hierzu eventuell einen Faden herausziehen oder dem Muster von Webkante zu Webkante folgen (S. 38-39). Jedes Stoffteil vorne oben mit Schneiderkreide oder Nadel markieren. ▼

rechte Seite/oben

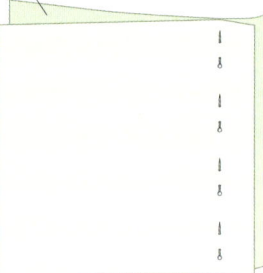

2 Bei Verwendung eines Unistoffs die Teile kantengleich rechts auf rechts aufeinanderlegen. Mit einem Seitensaum von 2,5 cm von unten nach oben zusammenstecken. Webkanten am besten abschneiden. Eine Naht-Variante wählen (S. 55/56).

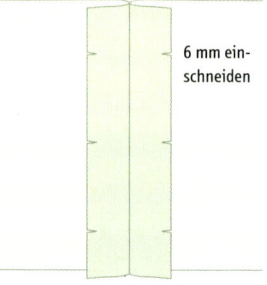
6 mm einschneiden

3 Stoffe zusammennähen und eventuell vorhandene Nahtzugabe alle 15 cm einschneiden. Bei gemusterten Stoffen die Seitenkante einer Bahn am Musteransatz der nächsten Bahn ausrichten (S. 41).

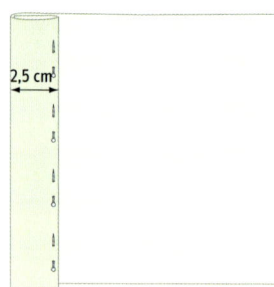
2,5 cm

4 An den Seitenkanten die Webkante abschneiden und den Stoff 5 cm nach innen umbügeln. 2,5 cm davon nach innen falten und feststecken. Beidseitig kantennah steppen.

Die Zugschnüre werden in der ersten Falte oder hinter dem Haken fixiert.

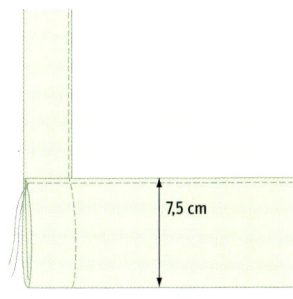

5 An der Unterkante 15 cm umbügeln, die oberen 7,5 cm nach innen umschlagen. Abstecken und kantennah absteppen. An jedem Ende 30 cm Faden überstehen lassen und die Ecken von Hand vernähen. ▼

7,5 cm

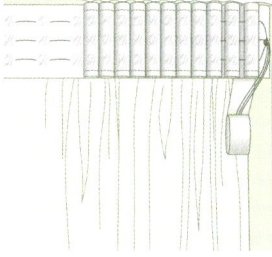

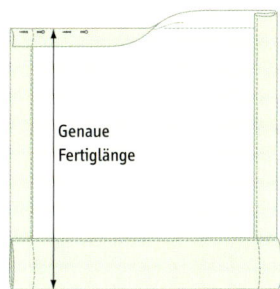

Genaue Fertiglänge

3 mm schneiden

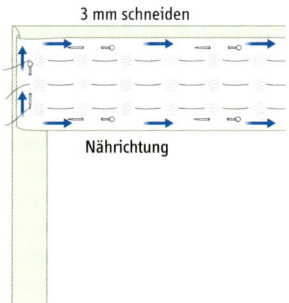

Nährichtung

6 Stoff mit der linken Seite nach oben auf einer ebenen Fläche ausbreiten und die Fertiglänge mit einer Stecknadelreihe markieren. Stoff umdrehen und Oberkante abstecken. Überstand auf 6 cm zurückschneiden. Vorhangband feststecken, Enden nach unten einschlagen und die Schnittkanten fixieren. Vorhangband wie oben gezeigt rundherum annähen, damit es nicht wellt. Rechts und links außen nicht über die Zugschnüre steppen, denn diese werden später verknotet, um den Vorhang auf die gewünschte Breite zusammenzuraffen. Enden vernähen und alle Stecknadeln entfernen.

7 Vorhang bügeln. Zugschnüre an der Innenkante verknoten und am anderen Ende auf die erforderliche Länge ziehen – ½ Schienenlänge plus 5-8 cm. Zugschnüre nicht abschneiden, damit der Vorhang zum Reinigen flach gezogen werden kann. Die losen Schnurenden auf einem Kordelwickler sichern oder in einem Täschchen verstauen (S. 58). Alle 5-8 cm einen Vorhanghaken in die Schlaufen einhängen. Vorhang an Stange oder Schiene aufhängen und rechts und links sichern.

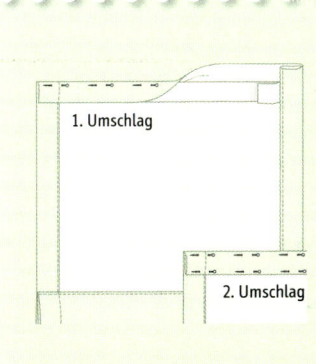

1. Umschlag

2. Umschlag

NähtechnikTIPP

Für Dreierfalten wird ein Buckram-Band eingenäht (S. 82-83). Doppelte Bandbreite zur Stofflänge addieren. Den Buckram über der markierten Fertiglänge feststecken und den Oberstoff zweimal umschlagen. Endstücke an der Seitenkante umfalten. Ecken mit Blindstichen zunähen und die Falten legen wie auf S. 84-86 beschrieben.

Gefütterte Vorhänge

Soll ein Vorhang professionell wirken und schön fallen, empfiehlt es sich ihn zu füttern. Das Futter schützt den Oberstoff zudem vor dem Ausbleichen und wirkt geräusch- und wärmedämmend.

SCHWIERIGKEITSGRAD
- 1

WERKZEUGE
- Schere
- Maßband
- Stahl-Rollbandmaß
- Nähausstattung

MATERIALIEN
- Vorhangstoff
- Nähgarn
- Bleigewichte
- Vorhangband
- Vorhangstange oder -schiene
- Vorhanghaken

SIEHE AUCH
- Vorhänge, S. 62
- Stoffeigenschaften, S. 38
- Handnähstiche, S. 42
- Maschinenstiche, S. 51
- Nähte und Säume, S. 54
- Ungefütterte Vorhänge, S. 68

1 Fenster ausmessen und benötigte Stoffmenge ermitteln (S. 62-67). Die Vorhangteile akkurat rechtwinklig zuschneiden (S. 38-39). Bei gemusterten Stoffen ist der korrekte Musterrapport wichtiger als ein gerader Fadenlauf, damit das Muster später auf allen Vorhangbahnen in der Breite durchgängig verläuft. Jedes Stoffteil vorne oben mit Schneiderkreide oder Nadel markieren.

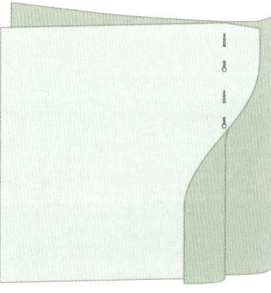

2 Bei mehreren Vorhangbahnen auf einen durchgängigen Musterverlauf achten: Zwei Teile kantengleich rechts auf rechts aufeinanderlegen. Obere Stofflage einschlagen und schauen, wo auf der unteren das entsprechende Musterelement erscheint. An dieser Stelle mit dem Finger falzen und diese Falzlinie feststecken. Alle paar Zentimeter erneut anpassen und den Stoff nach und nach feststecken. Es entsteht eine gerade Linie. Manchmal treffen die beiden Kanten nicht aufeinander, weil die Webkanten ungleich breit sind, was aber kein Problem ist. Die Arbeitsrichtung ist von unten nach oben.

½ Stoff-bahn	Ganze Stoffbahn	Ganze Stoffbahn	½ Stoff-bahn

3 Wird eine ungerade Anzahl wie drei oder fünf Stoffbahnen benötigt, dann müssen an die ganzen Bahnen jeweils halbe Bahnen angesetzt werden. Diese halben Bahnen sind dabei immer an die jeweilige Außenkante des Vorhangs anzusetzen.

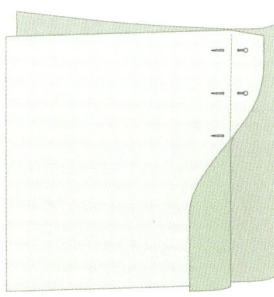

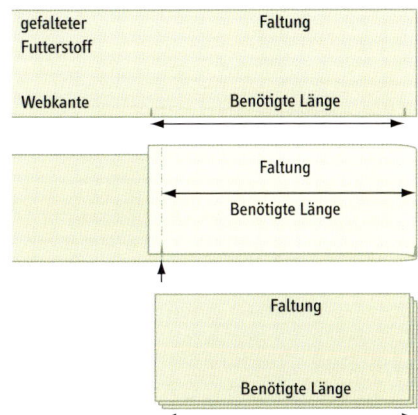

gefalteter
Futterstoff

Webkante

Faltung

Benötigte Länge

Faltung

Benötigte Länge

Faltung

Benötigte Länge

4 Bei Horizontalstreifen, Karos oder geometrischem Muster die Stoffteile im rechten Winkel zur Kante zusammenstecken. So wird der Musterverlauf erhalten und der Stoff kann sich nicht verziehen. Über die Stecknadeln hinwegsteppen. Eventuell in beiden Richtungen abstecken. Nahtzugaben auseinanderbügeln. Webkante alle 15 cm einschneiden, damit sie nicht wellt. Musterverlauf kontrollieren, eventuell kleine Strecken auftrennen und nachnähen. Mehr als 5 cm breite Webkanten oder Nahtzugaben zurückschneiden. ➤

6 Futterbahnen auf den Tisch legen und zusammenstecken. Die Nahtzugabe beträgt 2,5 cm. Futter mit der Maschine zusammensteppen. Webkanten alle 15 cm einschneiden. Die Nahtzugaben auseinanderbügeln. ➤

5 Futterstoff auf eine ebene Fläche legen – Webkante direkt vor Ihnen, Schnittkante rechts. Webkante einige Zentimeter von der Schnittkante entfernt einschneiden. Benötigte Länge abmessen und einen weiteren Einschnitt machen. Den rechten Teil des Futters nach links umschlagen, dabei genau an der Webkante und an der Faltkante ausrichten. Stoff glätten und an der Faltkante entlang rechtwinklig zur Webkante auseinanderschneiden. Ab dieser Schnittlinie die benötigte Länge abmessen und durch alle Stofflagen schneiden. Auf diese Weise die Zahl der erforderlichen Bahnen zuschneiden. ➤

7 Am Bodensaum 15 cm nach oben bügeln und davon die Hälfte nach innen falten. Knapp an der Oberkante entlang feststecken und absteppen (beim Auflegen auf den Vorhangstoff werden die Seitenkanten des Futters eingeschlagen). ◥

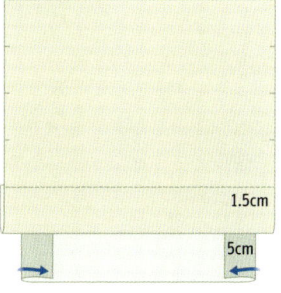

1.5cm

5cm

8 Um zu ermitteln, wie viel Futter an einer einzelnen Bahn seitlich einzuschlagen ist, den Vorhangstoff mit der linken Seite nach oben auf einer ebenen Fläche ausbreiten und das Futter darauf legen. Stoff beidseitig einschlagen (bei Standardbreiten etwa 5 cm), bis der Futterstoff etwa 1,5 cm über der Kante endet.
Bei 2 Bahnen die Nähte von Vorhangstoff und Futter ausrichten und Stoffe glatt streichen. Die Seitenkanten einschlagen (s.o.). Feststecken und ggf. auf 5 cm zurückschneiden. Webkante alle 15 cm einschneiden, aber nicht die unteren 40 cm. Seitenkanten überbügeln.

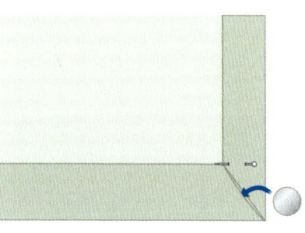

9 Unten 20 cm Saum einschlagen (dabei über alle Bahnbreiten auf mustergerechten Verlauf achten!) und bügeln. Dann die oberen 10 cm nach innen falten und ebenfalls bügeln. (Auf diese Weise muss nur einmal gemessen werden, der zweite Arbeitsschritt ist ein simpler Falz). ➤

10 Auf der Seitenkante mit einer Nadel die obere Saumkante markieren, dann die Ecken wie auf S. 59 beschrieben schräg arbeiten. Dadurch wird die Ecke nicht zu dick, ohne dass Sie Stoff wegschneiden müssen – vielleicht soll der Vorhang später einmal verlängert werden. ➤

11 In die unteren Saumecken jeweils ein Bleigewicht einnähen: Ecke auffalten, das Gewicht 3 mm von den beiden Faltkanten entfernt platzieren und wie einen Knopf festnähen (S. 57). Bei transparenten Stoffen können Sie das Gewicht vorher mit Stoff beziehen. Den Ecksaum mit Leiterstichen (S. 45) verschließen. ▼

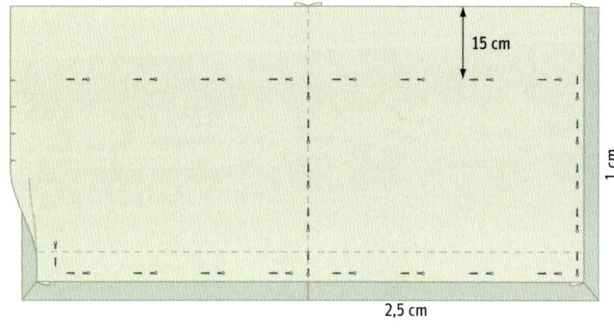

12 Den Vorhang rundherum absteppen, dabei oben rechts beginnen. Die Unterkante mit Saumstichen vernähen (S. 42-43). ➤

13 Zum Annähen des Futters den Vorhang mit der linken Seite nach oben auf der Arbeitsfläche ausbreiten. Futter auflegen, mit der rechten Seite nach oben. Gegebenenfalls die Säume ausrichten. Unterkante des Futters 2,5 cm oberhalb der Vorhangkante feststecken und eventuell auch entlang der Mittelnähte. An den Seiten des Futters die Webkanten abschneiden und die Schnittkanten so nach innen einschlagen, dass 1 cm vom Vorhangstoff hervorschaut. Seitenkanten abstecken. Oberkante ebenfalls im Abstand von 15 cm abstecken (siehe Abb. oben). ➤

14 Das Futter in einem farblich passenden Garn mit Saumstichen annähen (S. 42). Darauf achten, dass die Stiche am Vorhangstoff außen nicht sichtbar sind. Den Bodensaum von beiden Ecken aus 4 cm weit zunähen, die übrige Strecke bleibt zunächst offen. Zum Fixieren 4 cm an jeder Naht entlangnähen. Die Stecknadeln an den Kanten noch nicht entfernen; sie dienen zum Fixieren der Stofflagen.

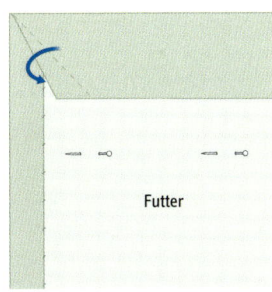

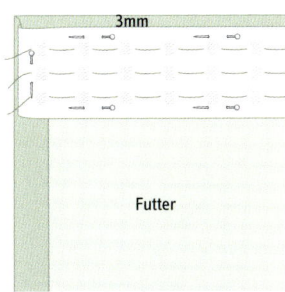

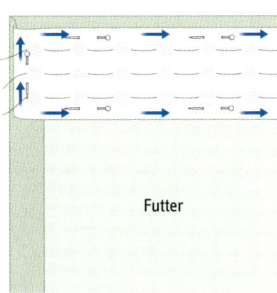

Futter

Futter

Futter

15 Zum Annähen des Vorhang-bandes den Oberstoff mit der gefütterten Seite auf eine ebene Fläche legen. Mit einem Stahl-Roll-bandmaß von der Unterkante bis zur gewünschten Fertiglänge mes-sen und den überstehenden Stoff einschlagen. Feststecken und für ein 7,5 cm breites Standardband auf 6 cm zurückschneiden.

16 Das Vorhangband 3 mm von der Oberkante entfernt auflegen. Seitlich jeweils 4 cm überstehen lassen. Die erste Schlaufe 1 cm vom inneren Seitensaum entfernt positionieren. Band oben und unten feststecken und die Enden nach hinten einschlagen. Die Zug-schnüre vorher frei ziehen, damit sie nicht mitfestgenäht werden.

17 Links unten beginnend das Vor-hangband in der oben gezeigten Richtung absteppen. Die Seiten-kanten gut vernähen und die Nadeln entfernen. Wer mag, kann für die losen Schnurenden ein Täschchen nähen und mit der unte-ren Naht miteinnähen (S. 58).

18 Zum Schluss sicherstellen, dass alle Fadenenden und Nadeln ent-fernt sind. Vorhang bügeln, zuerst die Futterseite. Meist ist dazu ein Dampfbügeleisen erforderlich. Das Vorhangband aussparen! Vorhang-stoffseite von oben abwärts bügeln.

19 Die Schnüre an der Innenkante verknoten. Mit den Schnüren an der anderen Seite den Vorhang auf die gewünschte Breite kräuseln – plus ein paar Zentimeter, damit sich die Vorhänge in der Mitte treffen. Die losen Schnurenden sichern, damit sie sich nicht ver-heddern (S. 69, Schritt 7). Nie abschneiden, damit der Vorhang zum Reinigen flach gezogen wer-den kann (Tipps zum Aufhängen: S. 68-69).

Gefütterte Gardinen wirken klassisch und gediegener.

Schlaufenvorhänge

Schlaufenvorhänge wirken locker und leger und sind meist ungefüttert. Zusammen mit einem Rollo lässt sich ein Fenster auf diese Weise auch auf den Seiten ansprechend gestalten. Oftmals dienen sie als reine Deko-Vorhänge, die nicht täglich auf- und zugezogen werden.

Die benötigte Vorhangbreite beträgt das 1½-fache der Fensterbreite. Etwa 10 cm oberhalb des Fensters eine Stange montieren. Zur Ermittlung des Stoffbedarfs von oberhalb der Fensteröffnung bzw. -laibung aus messen. Die Schlaufenlänge ab der Vorhangoberkante messen (ca. 17,5 cm). Die Schlaufenbreite kann bis zu 5 cm betragen.

Ungefütterte Schlaufenvorhänge

Für diese Variante eignen sich vor allem leichte Stoffe.

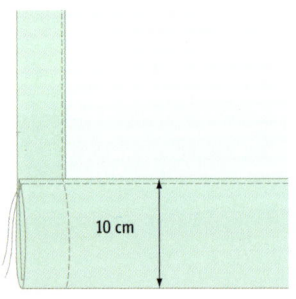

SCHWIERIGKEITSGRAD
- 1

WERKZEUGE
- Schere
- Maßband
- Stahl-Rollbandmaß
- Nähausstattung

MATERIALIEN
- Vorhangstoff
- Nähgarn
- Vorhangstange

SIEHE AUCH
- Vorhänge, S. 62
- Stoffeigenschaften, S. 38
- Ungefütterte Vorhänge, S. 68
- Handnähstiche, S. 42
- Maschinenstiche, S. 51
- Nähte und Säume, S. 54
- Raffhalter, S. 92

1 Stoff zuschneiden, mit 25 cm Saumzugabe. Schritte 2-4 für ungefütterte Vorhänge befolgen (S. 68). Saum 20 cm nach oben und davon 10 cm nach innen umschlagen. Saum absteppen. An beiden Enden 30 cm Faden überstehen lassen, zum Handvernähen der Ecken.

2 Gewünschte Schlaufenbreite verdoppeln, zuzüglich 3 cm Saumzugabe. Zur Schlaufenlänge ebenfalls 3 cm zugeben. Für 5 x 17,5 cm große Schlaufen sind 13 x 21 cm große Streifen zuzuschneiden. Beispiel: Ein einziger 84 cm langer und 13 cm breiter Stoffstreifen ergibt vier Schlaufen auf einmal.

3 Einen Schlaufenstreifen rechts auf rechts längs falten und mit 1,3 cm Nahtzugabe der Länge nach absteppen. Nahtzugaben flachbügeln und den Stoff wenden. Hierzu ggf. an einem Ende ein Saumband befestigen und durchziehen (S. 94). So bügeln, dass die Naht mittig verläuft. In 20 cm lange Abschnitte zerschneiden und quer zur Hälfte falten.

DesignTIPP

Falls möglich, bei der Schlaufenfertigung das Stoffmuster mit berücksichtigen. Ansonsten die Schlaufen später optisch ansprechend verteilen bzw. anbringen.

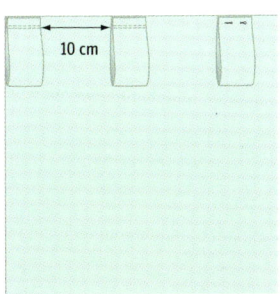

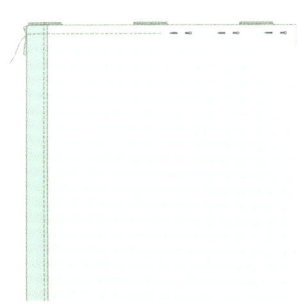

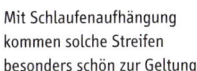

4 Vorhang auf eine ebene Fläche legen, mit der rechten Seite nach oben. Gewünschte Länge plus 1,5 cm Saumzugabe ausmessen, Rest abschneiden. Schlaufen an der Oberkante platzieren – rechts und links jeweils eine direkt an der Außenkante, die übrigen im Abstand von jeweils ca. 10 cm. Feststecken und jede Schlaufe mit 1,3 cm Nahtzugabe doppelt absteppen.

5 Einen Blendstreifen ausschneiden (Vorhangbreite + 5 cm Nahtzugabe x 7,5 cm).

6 Blendstreifen rechts auf rechts auf die Vorhangkante legen und von links feststecken, damit die Steppnaht sichtbar ist. Seitliche Nahtzugaben einschlagen und durch alle Lagen steppen.

Mit Schlaufenaufhängung kommen solche Streifen besonders schön zur Geltung.

7 Blendstreifen umschlagen und nach unten bügeln. 1 cm nach innen einschlagen und feststecken. Dann unten und seitlich annähen.

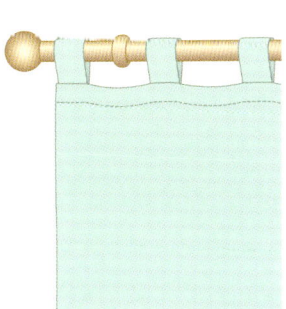

8 Schlaufen bügeln und die Stange durchschieben. Die beiden äußeren Schlaufen liegen außerhalb der Stangenhalterung.

Gefütterte Schlaufenvorhänge

Schlaufenvorhänge mit Futter haben eine schall- und wärmeisolierende Wirkung.

SCHWIERIGKEITSGRAD
• 1

BENÖTIGTES MATERIAL
• Futterstoff

SIEHE AUCH
• Gefütterte Vorhänge, S. 70
• Ungefütterte Schlaufen-
  vorhänge, S. 74

GEFÜTTERTE SCHLAUFENVORHÄNGE MIT BELEG

Ein Beleg verleiht leichten Stoffen mehr Halt und lässt Ihren Vorhang schöner fallen. Hinter der unteren Steppnaht verschwinden alle unversäuberten Kanten, die sonst leicht ausfransen würden.

1 Schritte 1-14 für gefütterte Vorhänge durchführen (S. 70-71).

2 Schritte 4-8 für ungefütterte Schlaufenvorhänge durchführen (siehe S. 75). Bei Schritt 6 vor dem Umschlagen des Belegs die Nahtzugaben abgestuft zurückschneiden, damit die Kante nicht zu dick wird (siehe Hinweis S. 55).

SCHWIERIGKEITSGRAD
• 2

SIEHE AUCH
• Gefütterte Vorhänge, S. 70

GEFÜTTERTE SCHLAUFENGARDINEN OHNE BELEG

Mit der nachfolgend beschriebenen Methode lässt sich ein gefütterter Schlaufenvorhang ohne zusätzlichen Belegstoff und ohne sichtbare Naht arbeiten.

1 Schritte 1-12 für gefütterte Vorhänge durchführen (S. 70-71).

2 Den Vorhang ringsum nähen – mit Saumstichen an den Seitenkanten und mit Blindstichen entlang der Unterkante (S. 42-43). Die oberen 30 cm an den Seitenkanten offen lassen.

Ein gefütterter Vorhang ohne Beleg fällt besonders glatt, da keine Nähte sichtbar sind.

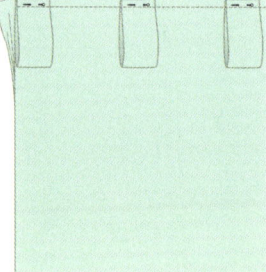

3 Vorhang auf eine ebene Fläche legen, mit der rechten Seite nach oben. Gewünschte Länge + Schlaufenlänge (= Fertiglänge) plus 1,5 cm Saumzugabe ausmessen. Rest abschneiden. Seitenkanten etwas öffnen und die Schlaufen an der Oberkante verteilen – ganz außen jeweils eine, ansonsten im Abstand von jeweils ungefähr 10 cm.

4 Jede Schlaufe mit 1,3 cm Nahtzugabe doppelt absteppen. ▼

5 Futterstoff 1,5 cm kürzer zuschneiden als der Vorhang lang sein soll (ohne Schlaufen). ▼

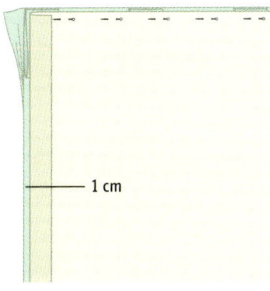

1 cm

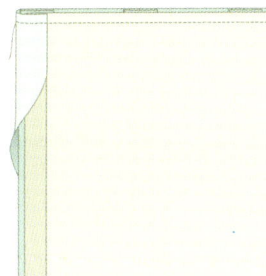

6 Futter rechts auf rechts knapp unterhalb der Schlaufennähte an die Oberkante legen und von der Mitte des Vorhangs aus nach außen feststecken. An den Seiten die Futterkante nach links falten, sodass 1 cm Oberstoff sichtbar wird. Stoffkante umfalten. Oben knapp unterhalb der Schlaufennaht durch alle Lagen feststecken und absteppen.

7 Ecken wegschneiden und anschließend die Nahtzugabe abgestuft zurückschneiden (siehe Hinweis S. 55). ▼

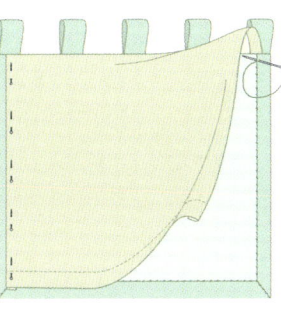

8 Die bei Schritt 2 oben offen gelassenen Nähte nun schließen. Futter auf links wenden und nach unten glatt streichen. Die Seitenkanten des Futters am Stoff feststecken. Saumkante gegebenenfalls zurückschneiden, damit 1 cm Stoff hervorschaut. Das Futter endet 2,5 cm vor der Unterkante.

9 Die Seitenkanten und die Unterkante absteppen. Die letzten 4 cm vor jeder Ecke mit einem Saumstich handnähen. ▼

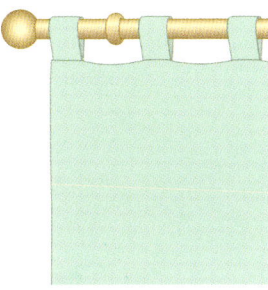

10 Vorhang bügeln und über die Stange schieben. Die beiden äußeren Schlaufen außerhalb der Stangenhalterung legen.

Vorhänge mit Zwischenfutter

Ein Zwischenfutter wird zwischen dem Oberstoff und dem normalen Futter eingenäht und lässt jeden Vorhang luxuriöser erscheinen. Diese Stoffe gibt es in verschiedenen Gewichten. Insbesondere bodenlange Vorhänge werden durch ein Zwischenfutter erheblich schwerer und erfordern daher robuste Aufhängevorrichtungen. Dafür haben diese Vorhänge einen ausnehmend eleganten Faltenfall und knittern beim Aufziehen kaum – der Aufwand lohnt sich also allemal.

SCHWIERIGKEITSGRAD
- 2

WERKZEUGE
- Schere
- Maßband
- Stahl-Rollbandmaß
- Nähausstattung
- Tischklemmen oder Gewichte
- Bleigewichte

MATERIALIEN
- Vorhangstoff
- Futter, Zwischenfutter
- Nähgarn, Vorhangband
- Vorhangstange oder -haken

SIEHE AUCH
- Gefütterte Vorhänge, S. 70
- Stoffeigenschaften, S. 38
- Handnähstiche, S. 42
- Maschinenstiche, S. 51
- Nähte und Säume, S. 54

1 Vorhangstoff und Futter zuschneiden (siehe „Gefütterte Vorhänge", S. 70).

2 Vor dem Zuschneiden des Zwischenfutters den Verlauf der Schnittkante kontrollieren (S. 38) und die benötigte Länge ausmessen. Sie entspricht der gewünschten Fertiglänge + 25 cm. Die erforderliche Anzahl Bahnen zuschneiden. Bahnen mit 2 cm Überlappung zusammenstecken – Arbeitsrichtung von unten nach oben. Zickzackstich verwenden (S. 52). Webkanten wegschneiden.

3 Arbeitsschritte 2-11 für gefütterte Vorhänge befolgen (S. 70-72), um die Stoffbahnen aneinanderzufügen und das Futter vorzubereiten. Vor dem Annähen des Futters den Saum und die Seitenkanten des Oberstoffs umbügeln.

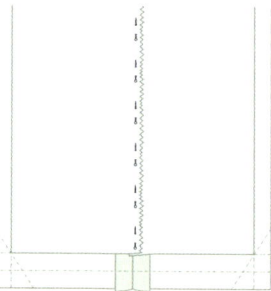

4 Oberstoff mit der linken Seite nach oben auf dem Arbeitstisch ausbreiten und mit Klemmen oder Gewichten fixieren, damit er nicht wegrutscht. Stoffkanten an den Tischkanten ausrichten. Seitenkanten und Saumkante auffalten. Zwischenfutter auflegen. Stoff- und Zwischenfutternähte ausrichten (bei mehr als zwei Bahnen an der ersten Naht von innen) und durch alle Lagen feststecken. Die Unterkante des Zwischenfutters muss an der Saumbruch liegen.

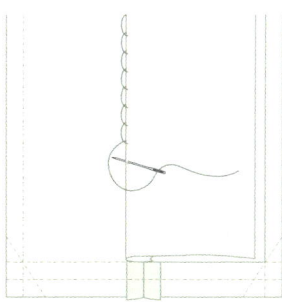

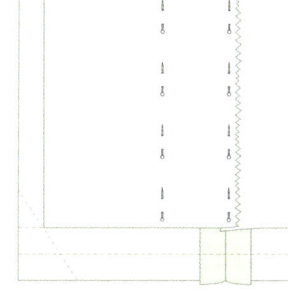

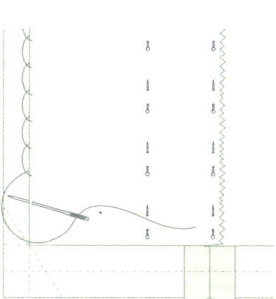

5 Zwischenfutter umschlagen und die Naht freilegen. Mit befestigten Saumstichen (S. 46) das Zwischenfutter am Stoff annähen und dabei nur wenige Gewebefäden aufnehmen. Das Garn muss farblich zum Oberstoff passen.

6 Zwischenfutter wieder zurückschlagen und 30 cm links von der ersten Nahtlinie beide Stofflagen vertikal zusammenstecken. Zwischenfutter nach rechts umschlagen und an dieser Linie mit befestigten Saumstichen festnähen. Wiederholen, bis die Seitenkante erreicht ist.

7 Die Seitenkante des Zwischenfutters in die seitliche Stofffalte legen und handnähen. Die gleiche Prozedur von der Mitte nach rechts ausführen. An der Saumkante das Zwischenfutter ggf. kürzen, Stoffkanten feststecken und säumen.

8 Unten in die Ecken und an jedem Saum kleine Bleigewichte einnähen (S. 57) und die Schrägecken mit Leiterstichen zunähen. Mit Saum- und Blindstichen (S. 42-43) den Vorhang ringsherum nähen.

9 Futterstoff anbringen: Siehe „Gefütterte Vorhänge", Schritt 14 (S. 72).

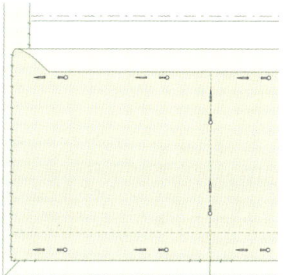

10 Beim Markieren der Fertiglänge das Zwischenfutter an dieser Linie abschneiden, damit das Vorhangband nicht zu dick wird.

11 Vorhangband anbringen: Siehe „Gefütterte Vorhänge", Schritt 15-16 (S. 73).

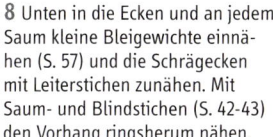

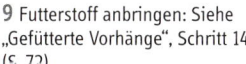

Bleistiftfalten machen sich gut an zwischengefütterten Vorhängen.

Zwischengefütterte Vorhänge mit Dreierfalten

Bei zwischengefütterten Vorhängen mit Dreierfalten (Flämische Falten) wird unter dem Zwischenfutter oben ein Buckramband eingenäht (siehe S. 82). Hierzu nähen Sie das Zwischenfutter bis auf 25 cm an die Oberkante heran fest und schlagen es nach unten. Das Buckram-Band schließt mit der oberen Saumbruchlinie ab, welche die Fertiglänge markiert. Mit dieser Methode lassen sich auch Kelch-, Quetsch- und Kellerfalten legen.

SCHWIERIGKEITSGRAD
• 3

ZUSÄTZLICHES MATERIAL
• Buckramband
  (statt Vorhangband)
• Extra starke Stecknadeln
• Metall-Einsteckhaken

SIEHE AUCH
• Zwischengefütterte
  Vorhänge, S. 78
• Gefütterte Volants, S. 96
• Andere Vorhangköpfe, S. 82

1 Buckramband an der Ober- und Unterkante feststecken, rechts und links jeweils 12,5 cm überstehen lassen. Überstände an den seitlichen Saumbruchlinien nach innen einschlagen. Diese doppelte Lage verleiht den Kanten ausreichend Stabilität zum Anbringen der Einsteckhaken.

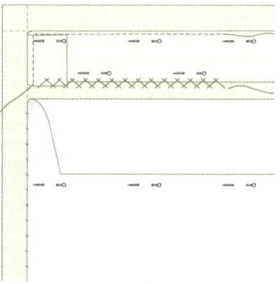

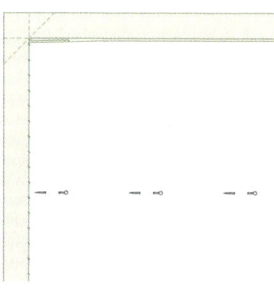

2 Bandoberkante anheften und die Bandunterkante mit Hexenstichen annähen (S. 44 und 47).

3 Stecknadeln entfernen und Zwischenfutter wieder umschlagen. Nach oben glatt streichen und an der Oberkante des Buckrambandes auf 6 mm zurückschneiden.

DesignTIPP

Wie wäre es mit einem dekorativen Knopf als Zierelement auf jeder Faltengruppe (siehe rechts außen)? Zum Beziehen können Sie Vorhangstoff verwenden – oder mit einem andersfarbigen Stoff einen gezielten Kontrast setzen.

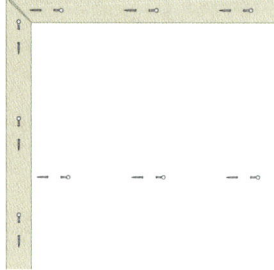

4 Oberkante des Stoffes über Buckram und Zwischenfutter umschlagen. Stecknadeln zur Markierung der Fertiglänge entfernen! Mit kräftigen Stecknadeln durch alle Lagen feststecken. Schräge Saumecken arbeiten (S. 96, Schritt 3) und mit Leiterstichen zunähen.

25 cm

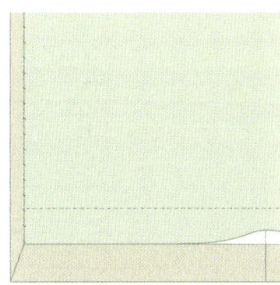

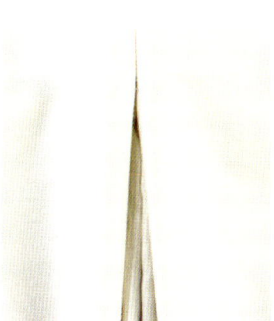

8 Faltenpositionen ermitteln und Vorhang fertigstellen: Siehe Anleitungen auf S. 84-87.

5 Stoff (linke Seite oben) auf einer ebenen Fläche ausbreiten. Das Futter (rechte Seite oben) darauf legen, ggf. die Nahtlinien ausrichten. Unterkante des Futters 2,5 cm über der Stoffunterkante feststecken. Seitlich die Webkanten wegschneiden und Schnittkante nach innen einschlagen, bis 1 cm vom Vorhangstoff hervorschaut. Bei mehr als 3 cm Überstand das Futter zurückschneiden. ▼

6 Das Futter nach oben glatt streichen und an der Oberkante nach innen einschlagen, bis 3 mm Stoff hervorschauen. Bei mehr als 5 cm Überstand das Futter zurückschneiden. Etwa 25 cm von der Vorhangoberkante entfernt die Stofflagen mit einer Stecknadelreihe fixieren, bis die Falten fertig gearbeitet sind.

7 Das Futter mit Saumstichen am Seitensaum festnähen. Am Bodensaum von jeder Ecke aus 4 cm weit nähen, den restlichen Saum offen lassen. Die Nahtlinien beidseitig 4 cm weit nähen. Die Nadeln an der Ober- und Unterkante noch nicht entfernen.

Hinten sieht es genauso ordentlich aus wie vorne.

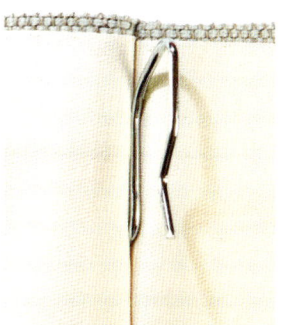

Die Hakenposition ist je nach gewünschter Länge verstellbar.

Weitere Vorhangköpfe

Für die Oberkante von Vorhängen gibt es verschiedenste Gestaltungsmöglichkeiten, die alle mit dem gleichen Schritten beginnen: Zunächst wird ein Buckramband angenäht, dann werden alle unversäuberten Stoffkanten vom Futterstoff eingeschlossen und der Stoff schließlich nach einem bestimmten Muster in Falten gelegt, damit er elegant fällt. Solche Vorhänge wirken am schönsten an einer stilvollen Stange und zur Seite gerafft, damit viel Licht in den Raum fällt.

SCHWIERIGKEITSGRAD
• 3

WERKZEUGE
• Schere
• Maßband
• Stahl-Rollbandmaß
• Nähausstattung
• Extra starke Stecknadeln

MATERIAL
• Vorhangstoff
• Futter
• Garn
• Bleigewichte
• Buckramband
• Metall-Einsteckhaken

SIEHE AUCH
• Gefütterte Vorhänge, S. 70
• Handnähstiche, S. 42
• Gefütterte Volants, S. 96

1 Arbeitsschritte 1-12 für „Gefütterte Vorhänge" durchführen (S. 70-72).

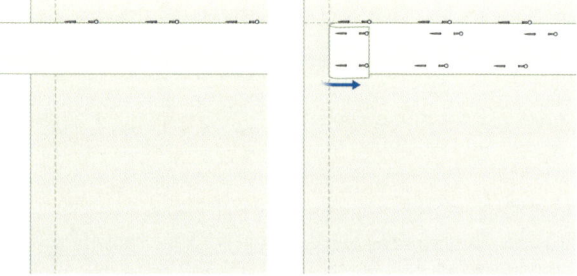

2 Vorhang mit der linken Seite oben auf der Arbeitsfläche ausbreiten. An den Tischkanten ausrichten, damit der Stoff kantengerade liegt. Fertiglänge ausmessen und mit Stecknadeln markieren. An dieser Linie die Oberkante des Buckrambandes anlegen, rechts und links mit 12,5 cm Überstand. Bandkante oben und unten entlang feststecken und den Stoff zwischendurch glatt streichen. An den seitlichen Saumbruchlinien das Band nach innen einschlagen. Diese Doppelversteifung verleiht den Kanten ausreichend Stabilität zum Anbringen der Einsteckhaken.

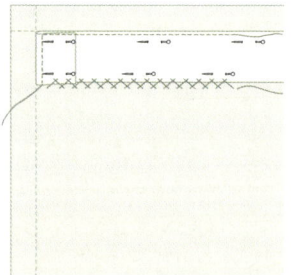

3 Bandoberkante anheften (S. 44), Bandunterkante mit Hexenstichen annähen (S. 47).

4 Oberkante des Vorhangstoffes über das Buckramband schlagen und die Stecknadeln aus dem Buckram durch beide Lagen stechen. Die Saumecken schräg arbeiten (siehe Schritt 3, S. 96) und mit Leiterstichen (S. 45) zunähen. Stecknadeln aus der Unterkante des Buckrambandes entfernen. Vorhangstoff rundherum steppen (Schritt 14, S. 72). ▽

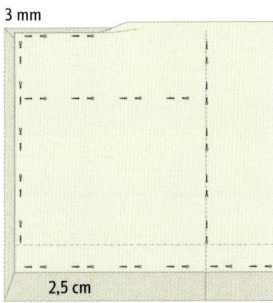

3 mm

2,5 cm

5 Stoff mit der linken Seite nach oben auf einer ebenen Fläche ausbreiten. Darauf das Futter legen (rechte Seite oben) und ggf. die Nahtlinien ausrichten. Unterkante des Futters 2,5 cm oberhalb der Stoffunterkante und ggf. auch an Nahtlinien entlang feststecken. Webkanten an den Seitenkanten des Futters wegschneiden und diese nach innen einschlagen, bis 1 cm vom Vorhangstoff hervorschaut. Bei mehr als 3 cm Überstand das Futter zurückschneiden. Futter zur Oberkante hin glatt streichen und dort nach innen einschlagen, bis 3 mm Stoff hervorschauen. Bei mehr als 5 cm Überstand das Futter zurückschneiden. Etwa 25 cm von der Vorhangoberkante entfernt die Stofflagen mit einer Stecknadelreihe fixieren, bis die Falten fertig gearbeitet sind.

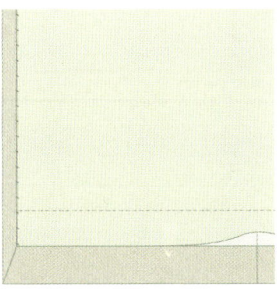

6 Futter mit Saumstichen und farblich dazu passendem Faden am Seitensaum festnähen (S. 42). Die Stiche dürfen auf der Vorhangvorderseite nicht sichtbar sein. Am Bodensaum von jeder Ecke aus 4 cm weit nähen, die restliche Unterkante offen lassen. Die Nahtlinien beidseitig 4 cm weit nähen. Nadeln an Ober- und Unterkante nicht entfernen.

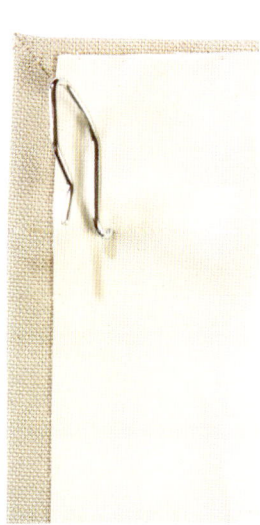

Einsteckhaken etwas von der Außenkante entfernt platzieren, damit sich die Vorhänge ungehindert überlappen können.

7 Nun können Sie unter verschiedenen Faltenformen auswählen (siehe unten).

 Dreierfalten (Flämische Falten) S. 84

 Kelchfalten S. 87

 Kellerfalten S. 87

 Quetschfalten S. 87

 Ösen S. 88

 Rüschenabschluss S. 89

Dreierfalten (Flämische Falten)

In der Regel ergeben sich pro Vorhangbreite ca. 4-5 Falten(gruppen), wobei eine Falte im Idealfall 15-20 cm groß ist.

Messen Sie die Fertigbreite des Vorhangs und ziehen Sie davon die benötigte Schienenlänge ab. Beispiel: Misst die Stange/Schiene 234 cm, dann ist die Hälfte davon 117 cm. Bei einer Toleranzzugabe von 10 cm ergibt sich pro Vorhanghälfte eine gewünschte Fertigbreite von 127 cm. Die Fertigbreite des Vorhangs beträgt mit Toleranzen 262 cm. Als Stoffbreite stehen Ihnen somit 262 cm - 127 cm = 135 cm zur Verfügung.

Dieses Maß dividiert durch 15 cm pro Falte ergibt 9 Falten, dazu acht Abstände (glatte Zwischenräume) und zwei Endstücke. Letztere sind meistens 10-15 cm breit. Beide Endstücke zusammen entsprechen in der Regel einem Abstand. Die Fertigbreite von 127 cm : 9 ergibt also 14 cm + 1,3 cm Überstand, der seitlich untergebracht werden kann.

Auch die Rückseite wirkt elgant und sauber.

Endstück	Faltengruppe	Abstand	Faltengruppe	Abstand	Faltengruppe	Abstand	Faltengruppe	Abstand	Faltengruppe	Abstand	Faltengruppe	Abstand	Faltengruppe	Abstand	Faltengruppe	Abstand	Faltengruppe	Endstück

9 Faltengruppen x 15 cm = 135 cm
8 Abstände x 14 cm = 112 cm
2 Endstücke = 8 + 7 cm = 15 cm

Gesamtbreite: 262 cm

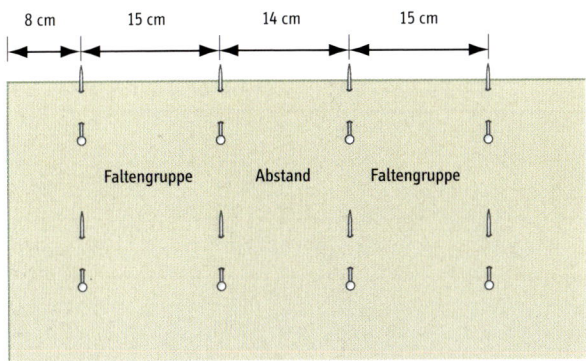

8 cm | 15 cm | 14 cm | 15 cm

Faltengruppe **Abstand** **Faltengruppe**

2 Anschließend die Faltenpositionen auch an Unterkante des Buckrambandes abstecken. Mittels Zeichendreieck sicherstellen, dass die Falten akkurat im 90°-Winkel zur Oberkante stehen. ▼

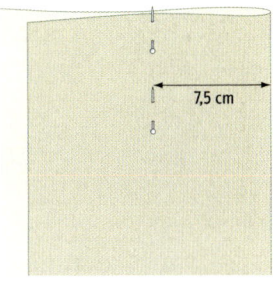

7,5 cm

1 Vorhangoberkante beidseitig bügeln und dabei die Stecknadeln entfernen. Unter der Bügelhitze bleibt das Buckramband am Stoff haften und hält alle Lagen zusammen. Stoff umdrehen, flach ausbreiten und mit extra starken Stecknadeln ganz oben an der Kante die Faltenpositionen vertikal abstecken. Hierbei besonders präzise arbeiten, damit die Falten später exakt aufrecht stehen. An der Vorhang-Innenkante sollte mehr als ein halber Abstand sein, damit die Vorhänge gut überlappen. Die erste Stecknadelmarkierung beginnt hier also bei 8 cm. Dann weiter abwechselnd Falten und Abstände abstecken, bis zur anderen Seitenkante. Dort wird das Endstück 7 cm breit. Stimmt der Abstand nicht, nachmessen und ggf. neu abstecken. ◄

3 Faltenlinien zusammenlegen, dabei die Oberkanten gerade ausrichten. Stecknadel entfernen und durch den Stoff stoßen. Hintere Nadel entfernen und durch alle Lagen stechen – dabei etwas schräg halten. Das gleiche machen Sie mit der unteren Nadel. ▲

4 Mit einem etwas längeren Maschinenstich die Falten zusammensteppen. 6 mm von der Oberkante entfernt beginnen, Naht durch Rückwärtsstiche verriegeln, dann zur Faltenunterkante nähen. Auch dort die Naht durch Rückwärtsstiche sichern. Faden an beiden Nahtenden 30 cm überhängen lassen. Bei allen Falten wiederholen. ◄

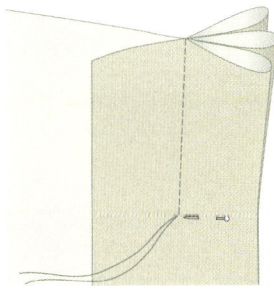

5 Vorhangoberkante mit dem linken Zeigefinger in der Falte festhalten. Mit der rechten Hand die Mittelfalte so zurechtdrücken, dass eine Dreifachfalte entsteht. Vor dem Zusammendrücken prüfen, ob die Falten gleich groß sind – Fehler lassen sich später nur schwer korrigieren. Knapp unter der Buckram-Unterkante feststecken. Alle Faltengruppen arbeiten. Eine Wäscheklammer kann hilfreich sein.

DesignTIPP

Kleine Falten können auch zu Zweiergruppen gelegt werden – der Stoff fällt in jedem Fall dekorativ.

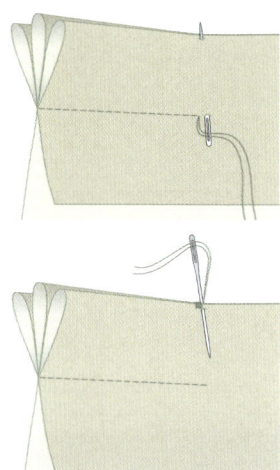

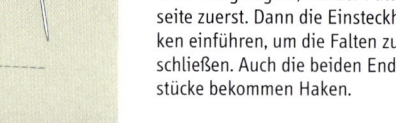

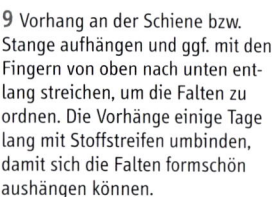

9 Vorhang an der Schiene bzw. Stange aufhängen und ggf. mit den Fingern von oben nach unten entlang streichen, um die Falten zu ordnen. Die Vorhänge einige Tage lang mit Stoffstreifen umbinden, damit sich die Falten formschön aushängen können.

8 Vorhang bügeln, mit der Futterseite zuerst. Dann die Einsteckhaken einführen, um die Falten zu schließen. Auch die beiden Endstücke bekommen Haken.

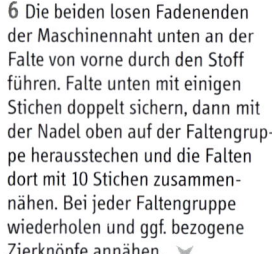

6 Die beiden losen Fadenenden der Maschinennaht unten an der Falte von vorne durch den Stoff führen. Falte unten mit einigen Stichen doppelt sichern, dann mit der Nadel oben auf der Faltengruppe herausstechen und die Falten dort mit 10 Stichen zusammennähen. Bei jeder Faltengruppe wiederholen und ggf. bezogene Zierknöpfe annähen. ▼

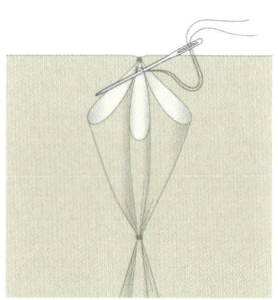

7 Falte oben festhalten und die offenen Oberkanten mit doppeltem Faden fixieren: Zunächst mit einigen Stichen die Maschinennaht stabilisieren, dann jeden Faltenabschnitt einzeln festnähen. Fadenenden sichern.

Kelchfalten

Diese werden genauso gearbeitet
wie Dreierfalten, an der Oberkante
aber nur an einer Stelle mit wenigen Stichen festgenäht. Dann
die Falte behutsam öffnen und
zurechtzupfen, bis sich eine Kelch-
form bildet. Diese an der Unterkante jeweils 1 cm rechts und links der
Maschinennaht mit wenigen Stichen fixieren. Den Kelch mit Watte
oder einem anderen weichen
Material tief ausstopfen, damit er
seine Form behält. Die Vorhanghaken werden eingesteckt wie bereits
beschrieben.

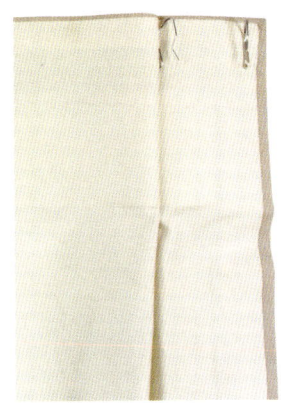

Kelchfalten sind ein stilvoller Abschluss für elegante Dekovorhänge.

Kellerfalten

Auch diese werden anfangs wie
Dreierfalten gearbeitet, aber dann
legen Sie eine Einzelfalte auf die
Rückseite des Vorhangs, sodass die
Oberkante vorne flach und glatt
erscheint. Die Falten glatt bügeln
und festnähen.

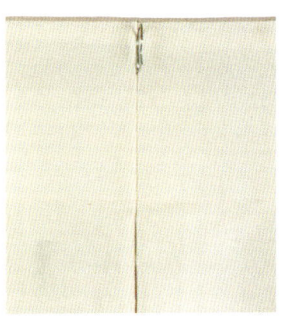

Kellerfalten bilden einen sehr glatten, schlichten Vorhangkopf.

Quetschfalten

Hier liegt jeweils eine einzelne
Falte vorne flach am Vorhangkopf
an. Die Falten knapp unterhalb des
Buckrambandes sehr sauber festnähen. Da sich Vorhänge mit Kel-
ler- bzw. Quetschfalten nicht ganz
so weit zuziehen lassen, eignen sie
sich am besten als reine Fensterdekoration.

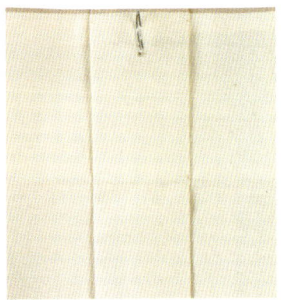

Quetschfalten eignen sich auch für dekorative Volants bzw. Querbehänge.

Ösenvorhänge

Diese moderne Vorhangvariante erfreut sich wachsender Beliebtheit und erfordert an Stoff oft nur die 1 ½-fache Fensterbreite. Die Ösen sind in unterschiedlicher Metalloptik erhältlich und lassen sich leicht über eine Stange schieben.

Die Vorhänge selbst werden wie auf S. 98-99 beschrieben gearbeitet, jedoch wird der oben überstehende umgeschlagene Stoff auf 2,5 cm zurückgeschnitten. Dadurch wird die Oberkante nicht zu dick und die Ösen lassen sich besser durchstoßen.

Die Ösenanzahl muss immer gerade sein, pro Fertigbreite acht Stück. Messen Sie von der Stangenmitte bis zur Wand. Der Abstand zwischen den Ösen darf nicht mehr als die Hälfte dieses Maßes betragen – etwa alle 20-25 cm – sonst lässt sich der Vorhang nicht problemlos bewegen. Darauf achten, dass keine Öse auf einer Naht liegt. Der Abstand an den Innen- und Außenkanten sollte ca. 10 cm betragen.

Darauf achten, dass Ösen und Vorhangstange optisch gut zusammenpassen.

SCHWIERIGKEITSGRAD
• 3

ZUSÄTZLICHE MATERIALIEN
• (Klick-)Ösen zum Aufhängen

SIEHE AUCH
• Volants, S. 96

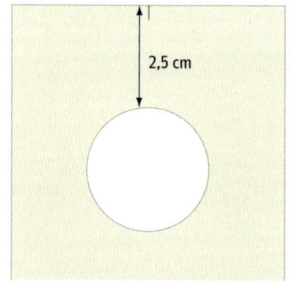

2,5 cm

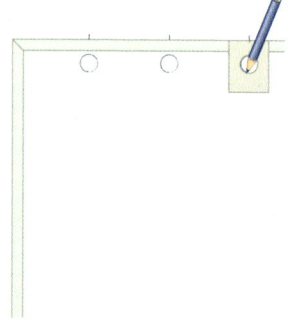

1 Anhand einer Pappschablone die erforderliche Lochgröße ermitteln und an einem Stoffrest ausprobieren. Das Loch darf nicht zu groß sein, sonst können die Ösen den Stoff nicht sicher greifen und er kann reißen.

Oberkante bügeln, um Buckramband und Stoff fest miteinander zu verbinden. Eine Stecknadelreihe unter dem Buckram lassen. Die Ösen 2,5 cm von der Vorhangoberkante positionieren. Vorhang mit der linken Seite oben auslegen und in der Oberkante jede Ösenmitte mit einer Stecknadel markieren. Die Löcher mittels Schablone und Markierstift anzeichnen.

2 Loch mit einer scharfen Schere ausschneiden. Den Vorderteil der Klick-Öse auf der Stoffvorderseite vor das Loch legen und den Stoff mit den Fingern ringsherum in die Häkchen drücken. Dann das Ösen-Rückteil auflegen und beide Ösenhälften ringsherum zusammendrücken. Nächste Öse auf die gleiche Weise anbringen. Zum Schluss die Ösen auf die Stange fädeln, jeweils letzte außerhalb der Halterung. Der Vorgang fällt von selbst in Falten.

Rüschenabschluss

Über den Vorhangkopf fällt ein Mini-Volant – meist aus einem farblich kontrastierendem Stoff.

SCHWIERIGKEITSGRAD
• 1

ZUSÄTZLICHE MATERIALIEN
• Farblich zum Vorhang kontrastierender Stoff
• Schmales Vorhangband

SIEHE AUCH
• Gefütterte Vorhänge, S. 70

1 Schritte 1-14 der Anleitung für „Gefütterte Gardinen" befolgen (S. 70-72).

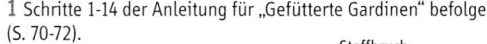

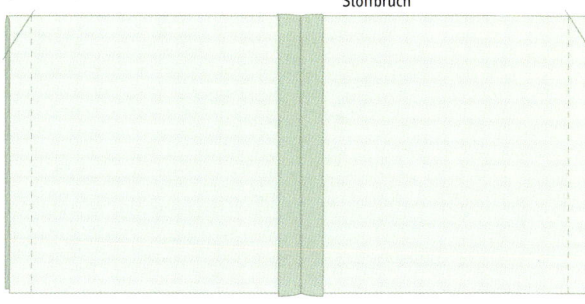

Stoffbruch

2 Die gewünschte Rüschenlänge festlegen. Dieses Maß doppelt nehmen und 3 cm Nahtzugabe addieren. So viele Stoffstreifen zuschneiden wie es Vorhangbreiten gibt. Zusammenfügen, Nähte auseinanderbügeln und auf 2,5 cm zurückschneiden. Rechts auf rechts längs zur Hälfte falten und die Seitenkanten feststecken. Die Gesamtbreite muss der Vorhangbreite entsprechen, ggf. die Nahtzugabe anpassen. Steppen. Ecken abschneiden und wenden. Ecken herausdrücken und bügeln.

3 Den Rüschenstreifen rechts an der oberen Vorhangkante anlegen. Unversäuberte Kanten übereinander legen, feststecken und mit 1,5 cm Nahtzugabe zusammennähen. Auseinanderbügeln.

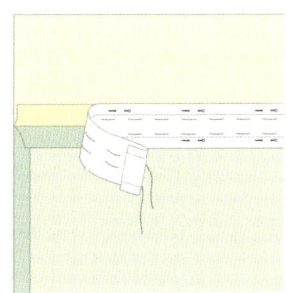

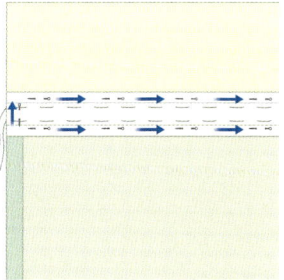

4 Vorhangband über der Naht feststecken, wobei alle Schnittkanten verdeckt werden. Bandenden nach unten falten und die Zugschnüre etwas herausziehen.

5 Beide Längskanten mit gleicher Nährichtung steppen, auch die Seitenkanten.

6 Die Vorhänge bügeln und mithilfe der Zugschnüre auf die gewünschte Breite raffen. Vorhanghaken anbringen, an der Schiene oder Stange befestigen und die Rüschen zurechtzupfen.

Transparente Gardinen

Diese Gardinen bestehen aus leichten durchscheinenden Stoffen und dienen seit jeher als Sichtschutz vor unerwünschten Einblicken. Oft sorgt schon eine solche Fensterdekoration allein für eine heiter-sommerliche Raumatmosphäre. Das große Angebot an fertigen Stoffbreiten kann oft das Saumnähen ersparen.

SCHWIERIGKEITSGRAD
• 1

WERKZEUGE
• Schere
• Maßband
• Stahl-Rollbandmaß
• Nähausstattung

MATERIALIEN
• Stoff
• Nähgarn (z. B. Transparent-band „Madeira Monofil")
• Transparent-Faltenband

SIEHE AUCH
• Vorhänge, S. 62
• Stoffeigenschaften, S. 38
• Handnähstiche, S. 42
• Maschinenstiche, S. 51
• Nähte und Säume, S. 54

Aufgehängt werden diese Gardinen wahlweise an Stangen oder zusammen mit Vorhängen an mehrläufigen Schienen. Ein transparentes Faltenband und Haken sorgen für einen sanften Faltenfall – oder man führt einen Stab durch die Schlaufen an der Bandrückseite.

An Netzgardinen können Sie einen einfachen Tunnelzug nähen und einen Vorhangdraht hindurchschieben.

Hauchfeine Gardinen wirken am schönsten mit 2 ½- bis 3-facher Fensterbreite.

1 Zuschneiden: Zum Fertigmaß 15 cm für den Bodensaum und 10 cm an der Oberkante zugeben. Fadengerade zuschneiden (S. 38). Stoff dabei am besten an den Tischkanten ausrichten und beschweren, damit er nicht wegrutscht. Erforderliche Länge abmessen und in Fadenlaufrichtung markieren. Jedes zugeschnittene Teil vorne oben markieren: Oft sieht man erst hinterher, dass ein Teil verkehrt herum hängt.

1 cm

2 Mehrere Stoffbahnen am besten mit einer Französischen Naht (S. 55) aneinanderfügen. Webkanten wegschneiden und die Teile von unten nach oben zusammenstecken. Eventuelle Längenunterschiede lassen sich oben unsichtbar korrigieren. Teile mit der Maschine steppen und bügeln.

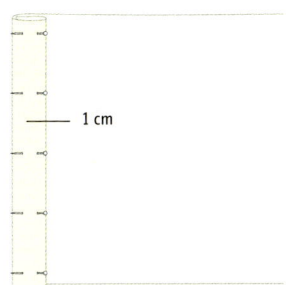

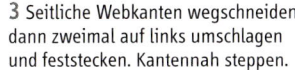

1 cm

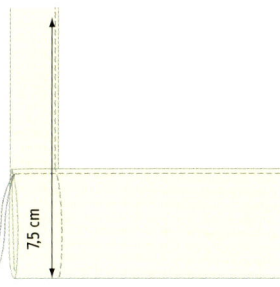

7,5 cm

3 Seitliche Webkanten wegschneiden, dann zweimal auf links umschlagen und feststecken. Kantennah steppen.

4 Unterkante 15 cm auf links falten und davon die Hälfte nach innen einschlagen. Kantennah steppen und 20 cm Faden zum Vernähen überstehen lassen.

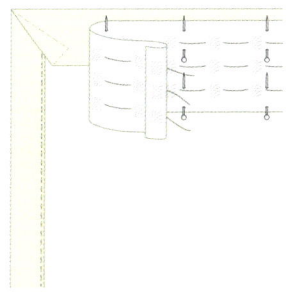

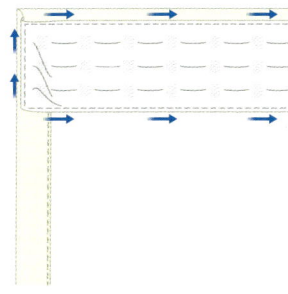

5 Den Stoff mit der linken Seite nach oben auf die Arbeitsfläche legen, Fertiglänge anzeichnen, Kante auf links umschlagen und auf 4 cm zurückschneiden. Das Faltenband 3 mm von der Oberkante entfernt feststecken. Enden nach innen einschlagen.

6 Damit sich das Band nicht verzieht: Links unten beginnend mit der Maschine nach oben, an der Oberkante entlang und seitlich abwärts steppen. Dann erneut unten links ansetzen und die Unterkante entlang steppen.

NähtechnikTIPP

Gardinen aus sehr duftigen Stoffen fallen schöner, wenn im Bodensaum ein Bleiband eingenäht wird (S. 57).

Raffhalter

Sie halten Vorhänge tagsüber seitlich fest, damit viel Tageslicht in den Raum kommt. Raffhalter sind aber auch Schmuckelemente. Man kann sie aus Stoff oder dicken Kordeln fertigen und nach Belieben verzieren, z. B. mit Perlen, Quasten etc.

Gebogener Raffhalter und Paspel

Ein schlicht-eleganter Raffhalter, der sich leicht aus Stoffresten schneidern lässt. Wer mag, kann die Paspel farblich absetzen oder die Unterkante mit Rüschen verzieren.

Zur Ermittlung der erforderlichen Länge legen Sie ein Maßband um den Vorhang und ziehen diesen zurück, bis die Außenkante mit dem Ende der Stange bzw. der Schiene abschließt. Für die Form unbedingt eine Papierschablone zurechtschneiden.

SCHWIERIGKEITSGRAD
• 2

WERKZEUGE
• Maßband (Gewebe)
• Reißverschlussfuß
• Nähausstattung

MATERIALIEN
• Stoff (30 cm)
• Futterstoff (wie oben)
• Starke Vlieseinlage
• Paspelschnur, 3 m pro Halter-Paar
• Raffhalter-Haken
• Messingringe

SIEHE AUCH
• Verzierungen, S. 186
• Handnähstiche, S. 42
• Maschinenstiche, S. 51

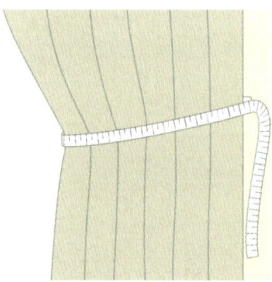

1 Aus Stoff, Futter und der Vlieseinlage jeweils zwei Teile zuschneiden, mit ringsum 1,5 cm Nahtzugabe. Die Schablonen so auflegen, dass das Stoffmuster auf beiden Raffhaltern möglichst gefällig aussieht (siehe Schnittmuster unten). Genügend Schrägstreifen zuschneiden, sodass es für beide Raffhalter rundherum reicht. Falls sie aneinandergefügt werden müssen, kann man diese Stellen meistens auf der Rückseite verstecken.

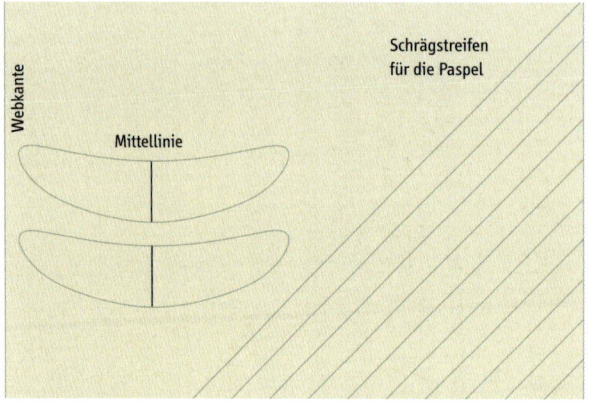

Schnittmuster: Vorder- und Rückteil so auflegen, dass das Stoffmuster (sofern vorhanden) zusammenpasst und die Mittellinie parallel zur Webkante liegt.

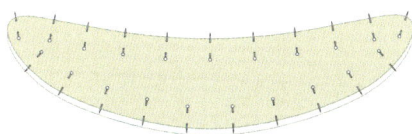

2 Den Stoff auf das Vlies legen und wie oben gezeigt zusammenstecken. ▼

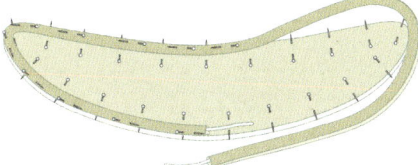

3 Die Paspel wie auf S. 187 beschrieben fertigen. Die Schrägbänder an der Unterkante der Rückseite anlegen und dicht an der Kordel feststecken. Die Enden überlappen, Überstand auf 1,5 cm zurückschneiden. Endstücke verbinden (S. 188). Kordel zuschneiden, sodass die Enden aufeinanderstoßen. Paspel umfalten und über den Paspelübergang steppen. ▼

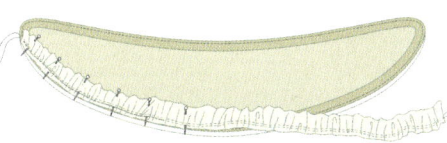

4 Mit dem Reißverschlussfuß vorsichtig knapp an der Paspel entlang und über die Stecknadeln hinweg steppen. Diese anschließend entfernen. Nun ggf. einen Rüschenbesatz annähen. ▼

5 Futter und Stoff rechts auf rechts zusammenlegen und von der Futterseite aus zusammenstecken; die vorherige Naht ist sichtbar. Dieser Nahtlinie folgend (oder möglichst noch dichter an der Paspel) mit der Maschine rundum entlangnähen. An der Unterkante 15 cm offen lassen. ▼

6 Die Vlieseinlage auf 3 mm und die Nahtzugaben abstufen, insbesondere in den Eckbereichen (siehe Hinweis S. 55).

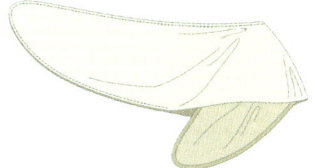

7 Nun das Teil wenden. Hierzu das Futter von Stoff und Einlage trennen und durch die Öffnung an der Unterkante ziehen. Aufpassen, dass die Nähte nicht aufreißen. ▼

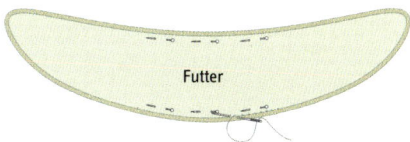

Futter

8 Auf der Futterseite die Oberkante entlangnähen. Öffnung zusammenstecken und dabei alle Schnittkanten nach innen schieben. Mit Saumstich zunähen, Stecknadeln entfernen und das Teil bügeln. ▼

9 Mit doppeltem Faden an jedes Ende einen Messingring annähen. Die Stiche dabei gleichmäßig über den Ring führen. Raffhalter um den Vorhang legen, um die beste Stelle für den Wandhaken zu ermitteln. Der Vorhang sollte außen gerade nach unten hängen.

Geflochtene Raffhalter

Diese Variante besteht aus drei Stoffsträngen, die mit Füllwatte ausgestopft und zu einem Zopf geflochten werden. Die Stoffstränge können alle den gleichen Farbton haben oder farblich kontrastieren.

SCHWIERIGKEITSGRAD
• 2

ZUSÄTZLICHE MATERIALIEN
• Mittelschwere Polyester-Vlieseinlage
• 1 cm breites starkes Band

SIEHE AUCH
• Gebogener Raffhalter mit Paspel, S. 92

1 Sechs Stoff- und sechs Vliesstreifen zuschneiden (15 cm breit x 1 ½ der erforderlichen Länge, z. B. eine Bahnbreite von Webkante zu Webkante). Stoff und Vlies jeweils aufeinanderlegen.

2 Ein 1,5 m langes Stück Flachband zuschneiden, auf eine der Stoffseiten legen und an einem Ende fest annähen. Stoff/Vlies längs zu einem Tunnel zusammenlegen und mit 1,5 cm Nahtzugabe zusammensteppen. Nicht über das Band nähen. Aufgrund der Stoffdicke einen längeren Maschinenstich verwenden.

3 Lassen Sie sich nun helfen oder befestigen Sie das heraushängende Band an einer Türklinke. Den Stoff am zugenähten Tunnelende auseinanderziehen, damit das Band hindurchgezogen werden kann. Nun am Band ziehen, um den Tunnel Stück für Stück auf rechts zu wenden.

Um das beste Ergebnis zu erzielen, den Stoff möglichst eng flechten.

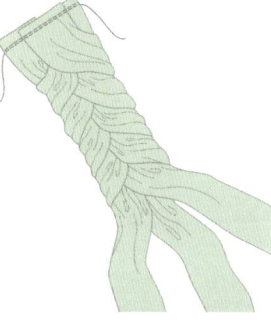

4 Das Zugband abschneiden und die anderen beiden Stoff/Vlies-Schläuche herstellen. Die drei Enden übereinanderlegen, mit der Naht jeweils hinten in der Mitte. Mit 1,5 cm Zugabe zusammenstecken und aufeinander feststeppen. Vorher ggf. etwas von dem Vlies herausziehen und abschneiden. Die drei Stränge zu einem festen Zopf flechten und am anderen Ende zusammenstecken.

5 Zopf um den Vorhang legen um zu prüfen, ob er lang genug ist bzw. gekürzt werden muss. Überflüssiges Vliesmaterial wegschneiden und das Endstück übersteppen.

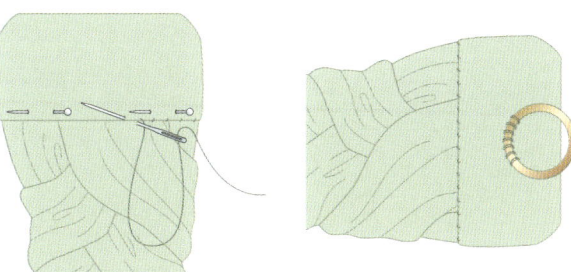

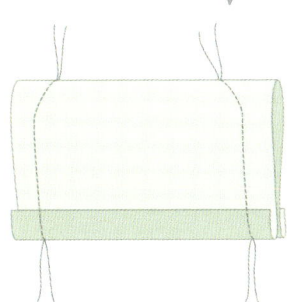

7 Die Nahtzugabe abgestuft zurückschneiden und das Teil wenden. Bügeln und die Zopfenden so weit wie möglich hineinschieben. Vorderkante rundum mit Nadeln fixieren und mit Saumstichen fest annähen. Auf der Rückseite einen Metallring so annähen, dass er vorne 1,5 cm übersteht. Raffhalter um den Vorhang legen, um die richtige Hakenposition zu ermitteln.

6 Zum Fertigen der Endkappen 10 cm große Stoffquadrate zuschneiden. Rechts auf rechts zur Hälfte umfalten, 1,5 cm auf links umschlagen und die Seitenkanten mit 1,5 cm Nahtzugabe feststecken. Am Stoffbruch die Nahtzugabe auf 2 cm verbreitern, damit eine Kurvenform entsteht.

Den Wandhaken so anbringen, dass der Vorhang an der Außenkante gerade nach unten hängt.

Volants

Volants sind eine dekorative Lösung, um die Oberkante des Vorhangs zu verdecken und ein Fenster optisch höher erscheinen zu lassen. In mehrläufigen Schienen hängen sie vor dem Vorhang – oder man befestigt sie an einem hölzernen Schabrackenbrett und kombiniert sie mit Kaffeehausgardinen, Netzgardinen oder einem Rollo.

Volants bestehen meist aus dem gleichen Stoff wie der Vorhang. Oft wird die Oberkante sehr aufwendig gestaltet. Das erfordert zwar mehr Stoffbahnen, kann aber wenig voluminöse Vorhänge ausgleichen.

Hat der Stoff einen Musterrapport, ist dieser bei der Stoffkalkulation und den Designüberlegungen zu berücksichtigen. Mit Papierschablonen können Sie auch bogenförmige Abschlüsse gestalten.

Gefütterte Volants mit Bleistiftfalten

Hat der Vorhang ein Futter, sollte auch der Volant gefüttert werden. Bleistiftfalten erfordern an Stoff die 1 ½- bis 3-fache Fensterbreite.

1 Stoffbahnen mit 10 cm Saumzugabe zuschneiden (bei gemusterten Stoffen den Musterrapport beachten – siehe „Stoffeigenschaften", S. 38). Die Futterstoffbahnen auf die genaue Fertiglänge zuschneiden.

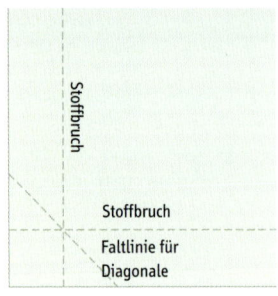

Stoffbruch

Stoffbruch

Faltlinie für Diagonale

2 Die Stoffteile (ggf. mustergerecht) zusammenfügen, mit 2,5 cm Nahtzugabe beim Futter. Nähte auseinanderbügeln und die Webkante alle paar Zentimeter einschneiden. An der Unterkante und seitlich 5 cm auf links umbügeln.

3 Die Ecken diagonal arbeiten (S. 59). Umgefaltete Kanten öffnen und am Kreuzungspunkt nach innen falten, bis die Faltlinien übereinander liegen. Durch Einfalten seitlich und unten die Schrägecke formen und bügeln.

SCHWIERIGKEITSGRAD
• 1

WERKZEUGE
• Schere
• Maßband
• Stahl-Rollbandmaß
• Nähausstattung

MATERIALIEN
• Stoff
• Futter
• Nähgarn
• Vorhangband
• Vorhangschiene bzw. Schabrackenbrett
• Vorhanghaken bzw. Klettverschluss

SIEHE AUCH
• Vorhänge, S. 62
• Stoffeigenschaften, S. 38
• Handnähstiche, S. 42
• Maschinenstiche, S. 51
• Nähte und Säume, S. 54

NähtechnikTIPP

Es gibt spezielle Vorhangbänder für Bleistiftfalten, die an der Hakenseite eines Klettbands anhaften (bei Verwendung eines Schabrackenbretts).

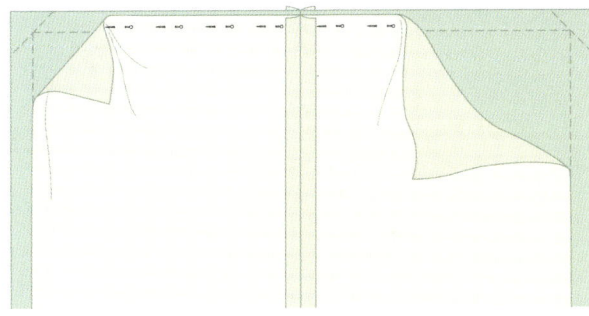

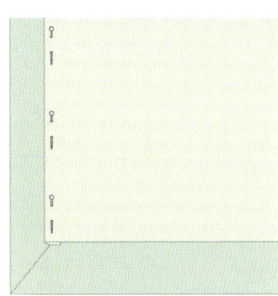

4 Zum Annähen des Futters die Saumkante auffalten. Die Mitte von Stoff und Futter rechts auf rechts an der Unterkante ausrichten. Von der Mitte nach außen bis 5 cm an die Eckdiagonalen heran zusammenstecken, wobei sich die Stoffe nicht verziehen dürfen. Mit 1 cm Nahtzugabe mit der Maschine steppen. ➤

5 Futter nach oben bügeln, den Saum einschließen. Futterüberstand seitlich zurückschneiden (auf 1 cm über den Stoff hinaus) und nach innen schlagen, sodass 1 cm Stoff sichtbar sind. Feststecken.

6 Die Schrägecken mit Leiterstichen (S. 45) zunähen (Garnfarbe wie Volantstoff). Die Eckbereiche seitlich und unten bis zur Steppnaht zunähen (Garnfarbe wie Futter). ▼

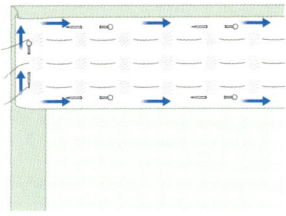

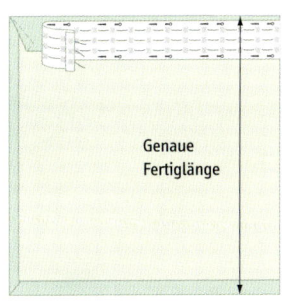

Genaue
Fertiglänge

8 Damit sich das Band nicht verzieht: Links unten beginnend mit der Maschine dicht an der Kante entlang erst nach oben, dann an der Oberkante entlang und dann rechts abwärts steppen. Erneut unten links ansetzen und die Unterkante entlang steppen. ▼

7 Den Volant mit dem Futter nach oben flach ausbreiten und die gewünschte Fertiglänge abmessen. Umfalten und feststecken. Das Vorhangband 3 mm von der Oberkante entfernt durch alle Lagen feststecken. Bandenden seitlich 2,5 cm unter die Stoffecke einschlagen und feststecken. Zugschnüre herausziehen.

9 Alle Stecknadeln entfernen, den Volant bügeln und mit den Zugschnüren auf die erforderliche Breite raffen. Bei mehreren Bahnen eventuell von beiden Seiten ziehen. Falten gleichmäßig anordnen und Haken einstecken.

Gefütterte Volants mit Dreier- oder Kelchfalten

Für diese Faltenformen brauchen Sie jeweils die doppelte Vorhangbreite.

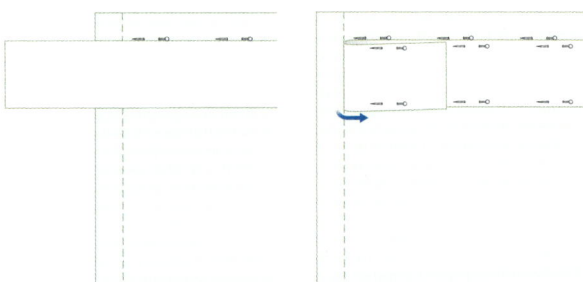

SCHWIERIGKEITSGRAD
• 2

ZUSÄTZLICHE MATERIALIEN
• Buckramband
• Vorhanghaken
• Extrastarke Stecknadeln

SIEHE AUCH
• Gefütterte Volants, S. 96
• Weitere Vorhangköpfe, S. 82

1 Arbeitsschritte 1-5 für „Gefütterte Volants" befolgen (S. 96-97). Den Volant mit der linken Seite nach oben auf die Arbeitsfläche legen und mit einer Stecknadelreihe die Fertiglänge markieren. An dieser Linie die Oberkante des Buckrambandes anlegen und seitlich 12,5 cm überstehen lassen. Band oben und unten feststecken. Den Stoff immer wieder glatt streichen. Die Bandenden an den seitlichen Saumbrüchen nach innen einschlagen.

2 Die Oberkante des Buckrambandes anheften (S. 44) und die Unterkante mit Hexenstichen festnähen (S. 47).

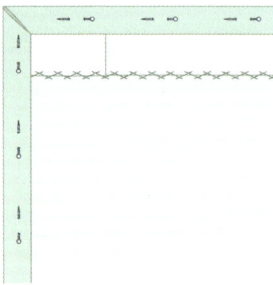

3 Stoffoberkante umschlagen und die Nadeln aus dem Buckram nun durch alle Lagen stechen. Ecken dann diagonal ausformen (S. 96, Schritt 3) und mit Leiterstichen zunähen (S. 45). Nadeln aus der Unterkante des Buckrambandes entfernen.

Besonders stilvoll: Ein stoffbezogener Zierknopf.

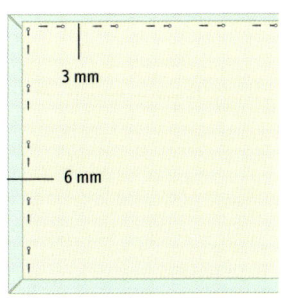

4 Das Futter nach oben glatt streichen und an der Oberkante nach innen einschlagen, bis 3 mm Stoff hervorstehen. Futter seitlich feststecken und ggf. zurückschneiden, wie bei Schritt 6 auf S. 97.

5 Alle Kanten mit Saumstichen annähen. Erst die Futterseite und dann die Stoffseite bügeln. Dabei werden Stoff und Buckram fest miteinander verbunden, was die Faltenlegung vereinfacht.

6 Faltenpositionen wie auf S. 84-85 festlegen. Falten zusammennähen und steppen, dabei an den Faltenenden jeweils 30 cm Faden überstehen lassen (S. 85-86).

DesignTIPP

Zierknöpfe – ob mit Vorhangstoff oder andersfarbig bezogen – verleihen Ihrem Volant eine ausnehmend elegante Note.

Mit farblich kontrastierendem Besatz und Knöpfen wirken Dreierfalten-Volants besonders edel.

7 Volant bügeln und dicht an jeder Falte die Haken einstecken. Kelche ausformen (S. 87).

Kelchfalte

Dreierfalte

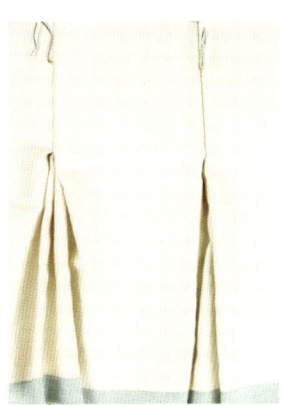

Mit Einsteckhaken lässt sich der Volant an einer eigenen Schiene aufhängen.

Gefütterte Volants mit Kontrastbesatz oder Rüschenabschluss

Mit einem farblich kontrastierenden Stoff-, Fransen- oder Rüschenbesatz können Sie Ihrem Volant einen echten Designer-Touch verleihen.

SCHWIERIGKEITSGRAD
• 1

ZUSÄTZLICHE MATERIALIEN
• Kontrastfarbiger Stoff

SIEHE AUCH
• Gefütterte Volants, S. 96

1 Arbeitsschritte 1 und 2 für „Gefütterte Volants" befolgen (S. 96).

2 Für einen 2,5 cm langen Besatz brauchen Sie die doppelte Länge plus 3 cm Nahtzugabe – also 8 cm breite Stoffstreifen. Von Webkante zu Webkante schneiden und mit 2,5 cm Nahtzugabe zusammennähen. ➤

3 Stoffstreifen rechts auf rechts längs zur Hälfte umfalten und ein Ende mit 1,5 cm Nahtzugabe steppen. Ecke dicht an der Naht zurückschneiden und den Stoff auf rechts wenden. Die Ecke vorsichtig herausziehen. Rechts auf rechts zur Hälfte falten und bügeln.

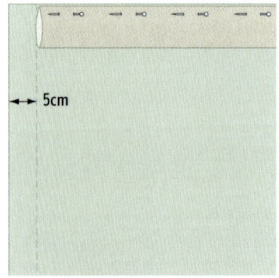

5cm

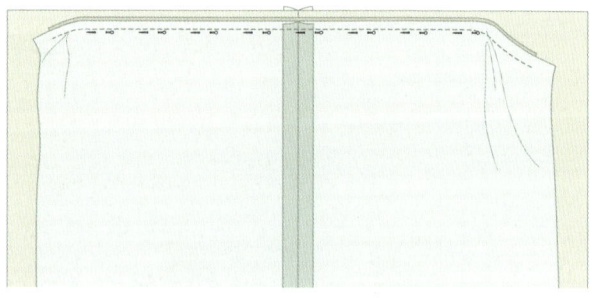

4 Den Besatzstreifen 5 cm von der Webkante entfernt beginnend an der Unterkante des Volants rechts auf rechts feststecken, mit 1,5 cm Nahtzugabe. Am anderen Ende den Besatz auf 3,5 cm vor der Webkante zurückschneiden. Rechts auf rechts legen und die Kante mit der Maschine festnähen (Nahtzugabe 2,5 cm). Ecken wegschneiden und auf rechts wenden. Flachdrücken und feststecken. ▽

5 An der Nadellinie entlang mit der Maschine steppen.

6 Futter an der Unterkante des Volantstoffs feststecken (rechts auf rechts), und zwar auf der Futterseite, auf der die Besatznaht zu sehen ist. Arbeitsrichtung von der Mitte nach außen. ▽

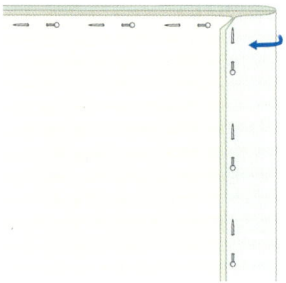

7 An den Seitenkanten den Vorhangstoff nach hinten um den Besatzstreifen herum feststecken und auch das Futter anfügen. Auf 1,5 cm zurückschneiden und zur Mitte zu bügeln.

Ecke abschneiden

8 Knapp unterhalb der vorherigen Nahtlinie entlang mit der Maschine steppen. Ecken abschneiden und die Nahtzugaben abstufen, dabei vom Stoff am wenigsten zurückschneiden.

9 Auf rechts wenden und zunächst die Futterseite und dann erst die Oberseite bügeln, damit der Stoff glatt über dem Besatz liegt und keine Stiche sichtbar sind.

10 Weiter mit Schritt 7-9 wie auf S. 97 beschrieben

11 Ein Rüschenabschluss ist meist 6-7,5 cm lang. Dieses Maß verdoppeln und noch 3 cm Nahtzugabe addieren. Es werden also 15-18,5 cm lange Streifen benötigt, und zwar – für eine ausreichende Kräuselung – in doppelter Anzahl. Schritt 3 befolgen, dabei beide Enden des Rüschenbesatzes steppen. Stoff abschnittweise kräuseln (S. 53) und auf die benötigte Länge bringen.

5cm   5cm

12 Den gerüschten Streifen rechts auf rechts an der Unterkante des Volants feststecken, in der Mitte beginnend. Übergänge ausrichten und die Rüschen passend zurechtziehen. Die Kräuselung beginnt und endet jeweils 5 cm von jeder Seitenkante. Dicht unter der Rüschennaht anstecken. Weiter wie oben beschrieben; abschließende Schritte siehe S. 97.

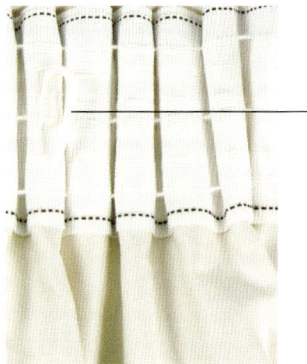

Bei dieser Hakenposition wird die Schiene vollständig verdeckt.

Rollos

Ähnlich wie bei Vorhängen hängen auch hier Stoffmenge und -auswahl vom jeweiligen Design ab. Da Rollos aber relativ flach vor dem Fenster hängen, ist der Stoffverbrauch eher geringer.

Was passt wo?

Diese Art der Fensterdekoration lässt sich wahlweise ganz schlicht gestalten – oder zum Blickfang schlechthin machen. Da Rollos nur relativ wenig Material benötigen, ist eine extravagante Stoffqualität bei einem solchen Projekt eher erschwinglich als bei einem Vorhang. Aber auch Rollos aus einfachen Stoffen und mit eher neutralem Dekor wirken stets elegant.

Rollos werden in die Fensterlaibung eingepasst oder vor das Fenster gehängt. In letzterem Fall ist ein optimaler Licht- und Sichtschutz gegeben; zudem lassen sich dadurch eventuelle Wandmängel kaschieren ("durchhängender Fenstersturz", schiefe Wände).

Sie können das Rollo mittels Klettverschluss an einer Holzleiste befestigen oder mit einem Seitenzug-Mechanismus oder einem Rasthebel versehen (S. 28-29).

Hat der ausgewählte Stoff ein Muster, dann sollte dieses mittig platziert werden, damit es optimal zur Geltung kommt.

Nutzen Sie das natürliche Tageslicht, um besondere Stoffeigenschaften gezielt in Szene zu setzen.

DesignTIPP

Im Design-Leitfaden (S. 210-213) finden Sie verschiedene Rollo-Typen als Anregung.

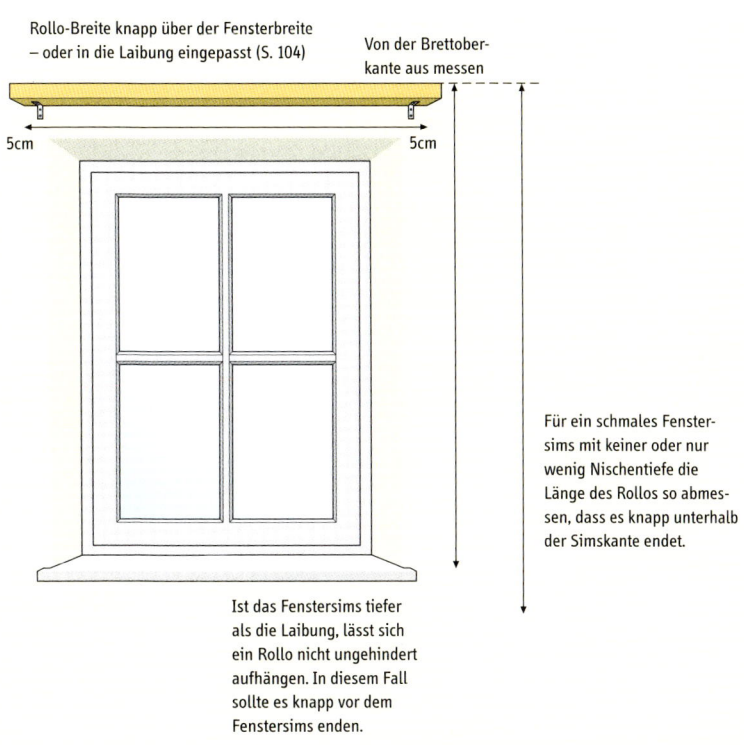

Rollo-Breite knapp über der Fensterbreite – oder in die Laibung eingepasst (S. 104)

Von der Brettober-kante aus messen

5cm

5cm

Für ein schmales Fenster-sims mit keiner oder nur wenig Nischentiefe die Länge des Rollos so abmes-sen, dass es knapp unterhalb der Simskante endet.

Ist das Fenstersims tiefer als die Laibung, lässt sich ein Rollo nicht ungehindert aufhängen. In diesem Fall sollte es knapp vor dem Fenstersims enden.

Checkliste für Rollos

Diese Checkliste können Sie kopieren, ausfüllen und in das Stoffgeschäft mitnehmen.

STOFF	STIL	ABMESSUNGEN	ZUBEHÖR
Muster _____	Faltrollo ☐	Breite _____	Schiene und Holzleiste ☐
Farbe _____	Kaskadenrollo ☐	Länge _____	Zugschnur ☐
	Zugrollo ☐		Kettenzug ☐
	Wolken-Raffrollo ☐		Verzierung ☐

FUTTER

gefüttert ☐

ungefüttert ☐

mit Zwischenfutter ☐

Berechnung der Stoffmenge

Die Stoffbreite entspricht der zu bedeckenden Fensterbreite – plus 8 cm in der Breite und 15 cm in der Länge.

Ist mehr als eine Bahnbreite erforderlich, muss
eventuell der Musterverlauf berücksichtigt werden
(S. 39), mit einer ganzen Bahnbreite in der Mitte und
angesetzten Teilbahnen rechts und links. Um Anfügun-
gen zu vermeiden, können Sie den Stoff eventuell um
90° drehen. Voraussetzung dafür ist jedoch, dass die
erforderliche Länge kleiner ist als die Stoffbreite
(Nahtzugabe mindestens 10 cm) und sich das Muster
für diese Anordnung eignet.

Beim Futterstoff addieren Sie 4 cm zur fertigen
Rollobreite hinzu. Bei der Länge sind die Tunnelzüge
einzurechnen. In diese werden später die Stäbe eingeschoben, die dem Rollo seine Struktur verleihen.
Diese Tunnelzüge beanspruchen jeweils 5 cm und werden alle 20-30 cm eingearbeitet. Je länger das Rollo,
desto geringer die Abstände. Addieren Sie demnach
5 cm pro Tunnelzug plus 15 cm Saumzugaben.

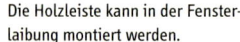

Die Holzleiste kann in der Fensterlaibung montiert werden.

Soll das Rollo innerhalb der Fensterlaibung hängen,
messen Sie nach, ob dessen Breite oben und unten
und die Länge beidseitig gleich ist. Das Rollo etwa
0,5 – 1 cm kleiner bemessen als die Fensterlaibung.

Ein Zugrollo wirkt informell und
funktionell – und eignet sich vor
allem für Bad und Küche.

WOLKEN-RAFFROLLO

Für diese Rollo-Variante benötigen Sie von Stoff und
Futter die zweifache Fensterbreite und jeweils 30 cm
Zugabe in der Länge. Gegebenenfalls müssen Sie den
Musterrapport beachten und zusätzlichen Stoff für den
Volantbesatz einkalkulieren.

ZUGROLLO

Zur Fertigbreite 3 cm und zur Länge 30 cm addieren –
das gilt sowohl für den Futter- als auch für den Oberstoff.

POSITIONEN DER TUNNELZÜGE ERMITTELN

1 Soll die Fertiglänge von 141 cm beim Hochziehen vier Falten aufweisen, so werden 6 cm subtrahiert (5 cm für die Befestigung oben und 1 cm für die letzte Falte). Daraus ergibt sich eine Stofflänge von 135 cm. Dieses Maß wird durch die Zahl der erforderlichen Falten dividiert: 135 cm : 4,5 (bzw. 9 Halbfalten; ganz unten ist stets ½ Falte). 135 cm : 9 ergibt 15 cm für ½ Falte = 30 cm für eine ganze Falte.

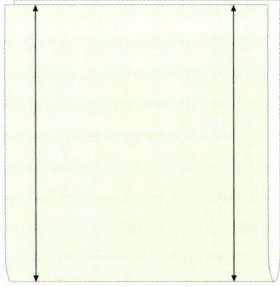

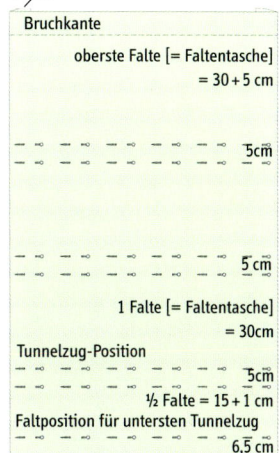

2,5 cm

Bruchkante

oberste Falte [= Faltentasche]
= 30 + 5 cm

5 cm

5 cm

1 Falte [= Faltentasche]
= 30 cm

Tunnelzug-Position

5 cm

½ Falte = 15 + 1 cm

Faltposition für untersten Tunnelzug
6,5 cm

2 Futter beidseitig 2,5 cm auf die linke Stoffseite umbügeln. Dann längs zur Hälfte umschlagen und prüfen, ob die Unterkante gerade verläuft; ggf. korrigieren.

Auf der Arbeitsfläche so ausbreiten, dass eine Stoffecke auf einer Tischecke liegt um sicherzugehen, dass der Stoff exakt rechtwinklig liegt.

3 Auf der Vorderseite des Futters mit quer gesteckten Nadeln die Positionen der Tunnelzüge markieren, von der Unterkante nach oben. Die erste Markierung liegt 6,5 cm oberhalb der Kante (Position der Falte für den untersten Tunnelzug). Nach oben weitermessen und markieren.

4 Jede Stoffseite quer über die ganze Breite markieren, in der Mitte und je nach Rollobreite auch dazwischen (alle 25-30 cm). Nur so ist eine akkurate Positionierung gewährleistet: Die Stofftunnel müssen exakt rechtwinklig und waagrecht verlaufen, damit sich das Rollo später richtig bedienen lässt. Futter quer zur Hälfte falten, Positionierung kontrollieren und ggf. korrigieren.

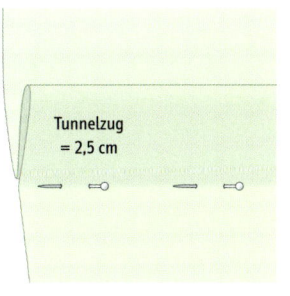

Tunnelzug
= 2,5 cm

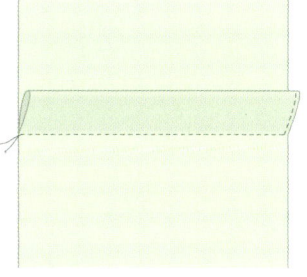

5 Tunnelzüge falten (wie große Biesen) und mit den Markierungsnadeln feststecken. Nadellinie erneut auf das genaue Tunnelzugmaß überprüfen (2,5 cm) und ggf. korrigieren. Bei ungleichmäßigen Tunnelzügen lässt sich das Rollo später nicht hochziehen.

6 Falten mit der Maschine von links nach rechts absteppen. Nahtenden sichern und Fäden 30 cm überstehen lassen.

7 Nun das Futter auf dem Oberstoff platzieren – siehe Anleitungen auf S. 107-109.

Faltrollos

In ihrer zeitlos-schlichten Eleganz sind Rollos diesen Typs stets ein angenehmer Blickfang. Sie wirken nie überladen und lassen bei Bedarf viel Tageslicht herein. Sie selbst zu nähen ist nicht schwer, aber es erfordert exaktes Ausmessen und Erfahrung im Umgang mit der Nähmaschine.

Da Faltrollos nicht viel Material benötigen, können Sie in einen etwas exklusiveren Stoff investieren und einen schlichten Raum damit wirkungsvoll aufpeppen.

Ungefütterte durchscheinende Stoffe eignen sich als Alternative zu Netzgardinen; ansonsten bieten sich Baumwoll- und Baumwollmischgewebe, Seide und auch etwas schwerere Stoffe an. Große Muster sind eher untauglich, sie würden in der Faltung verschwinden. Plakative Streifen, Karos oder geometrische Muster können allerdings sehr dekorativ wirken.

Faltrollos sind eine wunderbare Wohnraumlösung, wenn Vorhänge als Fensterdekoration eher unpraktisch wären.

SCHWIERIGKEITSGRAD
- 1

WERKZEUGE
- Schere
- Stahl-Rollbandmaß
- Maßband (Gewebe)
- Nähausstattung
- Kleine Handsäge
- Heftpistole

MATERIALIEN
- Stoff
- Futterstoff
- Nähgarn
- Kunststoff- oder Messingringe
- Holz- oder Kunststoffstäbe
- Unterstange aus Kunststoff, Aluminium oder Holz
- Zugschnur
- Ringschrauben
- Schnurhalter
- Befestigungsvorrichtung: Holzleiste mit Klettband, Kopfschiene mit Schnurzug oder Seitenzugmechanismus

SIEHE AUCH
- Rollos, S. 102
- Stoffeigenschaften, S. 38
- Handnähstiche, S. 42
- Maschinenstiche, S. 51
- Nähte und Säume, S. 54
- Aufhängesysteme, S. 24

Gefüttertes Faltrollo

Ein Futter verleiht den meisten Stoffen einen wesentlich professionelleren Anmutung und schützt sie zudem vor dem Ausbleichen. In Schlafzimmern kommt als Futter auch ein spezieller Verdunkelungsstoff in Frage. Ein eingenähtes Zwischenfutter verleiht dem Raum einen Hauch von behaglichem Luxus.

1 Fenster ausmessen (S. 102-103). Beim Stoffzuschneiden in der Breite 8 cm und in der Länge 15 cm zugeben. Beim Aneinandersetzen von zwei Stoffteilen auf den Musterrapport achten (S. 39). Eine Stoffbahn kommt in die Mitte, mit angefügten Teilbahnen rechts und links. Muster so anordnen, dass das Hauptelement in der Mitte des Rollos liegt. Mit Nadeln, Schneiderkreide o. Ä. markieren und nach außen bis zur erforderlichen Breite messen. Erneut messen und sicherstellen, dass die Linie parallel zur Webkante verläuft. Diese nicht in die Stoffmengenberechnung einbeziehen, sie wird später abgeschnitten. Vergewissern, dass der Stoff im Fadenlauf bzw. exakt rechtwinklig ist (S. 38). Erforderliche Länge abmessen und zuschneiden.

2 Beim Futterzuschnitt in der Breite 4 cm und in der Länge pro Stofftunnel 5 cm zugeben. Diese Tunnelzüge liegen gleichmäßig verteilt jeweils im Abstand von 20-30 cm.

3 Abstecken und den Stoff beidseitig 4 cm nach innen schlagen. Die Futterkanten 2,5 cm weit umbügeln. Breitenmaße kontrollieren. Jetzt können die Umschlagbreiten ggf. noch korrigiert werden.

4 Die genauen Positionen der Tunnelzüge auf dem Futterstoff ermitteln (S. 105).

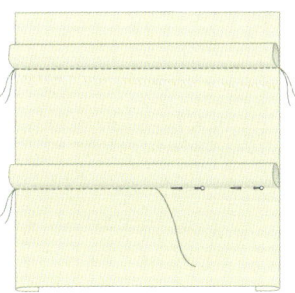

6 Stoff auf dem Tisch ausbreiten (Rückseite oben) und das Futter mittig darüber legen (rechte Seite oben). Die Kantenabstände müssen rechts und links gleich sein und die Unterkanten genau aufeinander liegen. Beide Stoffe knapp unterhalb des untersten Tunnelzuges zusammenstecken. Prüfen, ob dieser exakt waagerecht liegt und der Abstand zur Unterkante stimmt. Ggf. korrigieren.

7 Stoff glatt streichen und den nächsten Tunnelzug feststecken. Auf diese Weise die Tunnelzügen und Seitenkanten aufwärts bis zur Oberkante feststecken. Maße immer wieder genau nachkontrollieren. Seitenkanten mit Blindstich und farblich passendem Garn nähen. An den Tunnelzügen jeweils verstärken.

5 Die Tunnelzüge feststecken und mit der Maschine steppen: Stoff links auf links falten und im Abstand von 2,5 cm an der Faltlinie entlangnähen, sodass ein Stofftunnel entsteht.

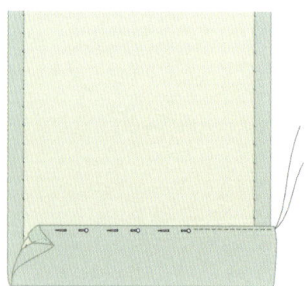  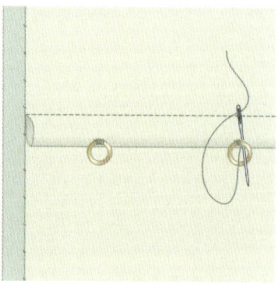

8 Untersten Tunnelzug fertigen: Unterkante 6,5 cm nach oben bügeln, dann oben 1,5 cm nach innen einschlagen und entlang der Kante feststecken. Ecken einschlagen und kantennah steppen. Fadenenden 30 cm überstehen lassen; mit ihnen nähen Sie die Seitenkanten zu, wenn Sie die Unterstange eingeschoben haben.

9 Fertiglänge abmessen. Oberkante nach innen umschlagen und feststecken. Auf 1,5 cm zurückschneiden. Klettband zuschneiden (= Rollobreite) und mit Abstand 3 mm an der Rollo-Oberkante feststecken. Stoffecken nach innen einschlagen, damit alle Schnittkanten verschwinden. Klettband absteppen – von links unten aufwärts und entlang der Oberkante bis zur anderen Seite und nach unten. Dann erneut links unten ansetzend die Unterkante steppen. Dies verhindert, dass sich das Band wellt.

10 Die Positionen der Ringe markieren – jeweils 7 cm von der Seitenkante entfernt und dann waagrecht in gleichmäßiger Verteilung (max. Abstand 50 cm). Ringe mit Faden fest an den Tunnelzügen annähen – nur außen am Stoff, damit sich die Stäbe später ungehindert einschieben lassen.

11 An denselben Positionen mit farblich zum Oberstoff passendem Garn das Futter am Rollostoff annähen. Hierzu die Tunnelfalte anheben und darunter ein paar Punktstiche an der gleichen Stelle setzen (S. 49).

Ein Schnurzug, der durch Ringe läuft – der typische Hebemechanismus eines Faltrollos.

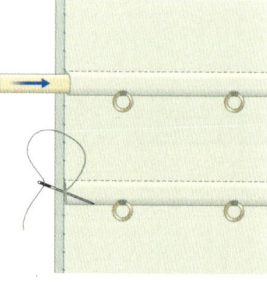

12 Die Stäbe 2 cm kürzer als die Tunnelzüge und die Unterstange 3 cm kürzer als die Rollobreite zuschneiden. Vorsichtig in die Tunnelzüge schieben und diese mit den losen Fadenenden zunähen.

13 Das Rollo bügeln und mit dem Futter nach oben auf die Arbeitsfläche legen. Für jede vertikale Ringlinie eine Zugschnur zuschneiden (unterschiedliche Längen, da jede Schnur von unten nach oben, dann die Kante entlang und an der anderen Seite wieder nach unten verläuft). Jedes Schnurende fest an einem Ring in der unteren Querreihe verknoten und wie beschrieben durch die Ringe nach oben und quer fädeln. ➤

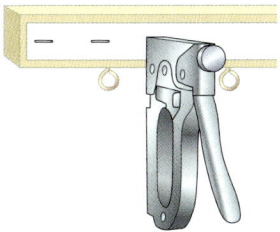

14 Die andere Klettbandhälfte mit der Heftpistole an der Holzleiste antackern. An der Unterseite der Leiste Ringschrauben eindrehen, jeweils auf gleicher Linie wie die Ringe auf dem Rollo.

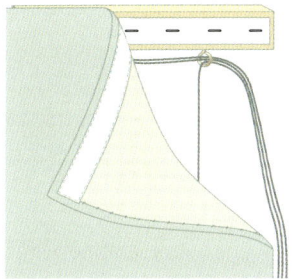

15 Rollo mittels Klettverschluss an der Leiste befestigen. Rollo anheben und die Schnüre durch die Ringschrauben führen. Rollo fallen lassen. Falls nötig, am Klettverschluss justieren. Rollo auf- und abbewegen. Im entfalteten Zustand die Schnurenden knapp unterhalb der letzten Ringschraube verknoten und flechten, damit sie nicht verheddern. Zum Feststellen des Rollos um einen wandbefestigten Schnurhalter wickeln.

Faltrollo mit Zwischenfutter

Mit einem Zwischenfutter wirkt ein Rollo besonders edel und luxuriös – das Einnähen erfordert allerdings spezielle Techniken und einiges an Handarbeit. Bei
einem sehr dicken Oberstoff sollte das Zwischenfutter an der Umbruchlinie abgeschnitten werden, damit es unter dem Klettverschluss nicht zu dick aufträgt.

SCHWIERIGKEITSGRAD
• 3

ZUSÄTZLICHE MATERIALIEN
• Zwischenfutter

SIEHE AUCH
• Gefüttertes Faltrollo, S. 107
• Handnähstiche, S. 42
• Nähte und Säume, S. 54

1 Arbeitsschritte 1-4 für gefütterte Faltrollos befolgen (S. 107).

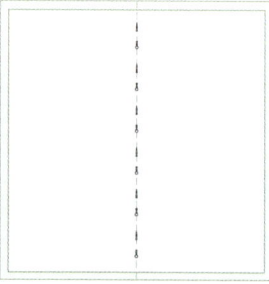 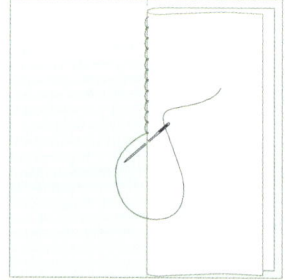

2 Das Zwischenfutter auf die gleiche Größe zuschneiden wie den Oberstoff.
Stoff auf dem Arbeitstisch ausbreiten (linke Seite oben) und das Zwischenfutter mittig darauflegen. An der Mittellinie von oben nach unten zusammenstecken. Zwischenfutter annähen (S. 46). Die winzigen Stiche dürften
zwar vorne nicht zu sehen sein, aber für alle Fälle zum Oberstoff passendes Garn verwenden. Auf diese Weise das Zwischenfutter zur
Seite hin in Nahtabständen von 30 cm weiter am Oberstoff festnähen.

3 Seitenkanten auffalten und das Zwischenfutter entlang der Falzlinie nach
innen umfalten. An der Kante entlangnähen (S. 46). Bei einem sehr dicken
Oberstoff das Zwischenfutter an dieser Kante abschneiden, damit das Material nach dem Umfalten nicht zu sehr aufträgt. Bei leichteren Stoffen wird
das Zwischenfutter zusammen mit dem Stoff umgefaltet und dann beim
Steppen der Seitenkanten fixiert.

4 Die Unterkante 6,5 cm weit umschlagen. Die Ecken diagonal
arbeiten (S. 59). An den Seiten- und Unterkanten entlangnähen
(S. 47). Eine Saumecke mit Leiterstichen (S. 45) zunähen. Die
andere bleibt noch offen, hier wird später die Unterstange eingeschoben.

DesignTIPP

Rollos mit Verdunkelungs-
stoff werden genauso genäht
wie gefütterte Rollos, sind
allerdings recht schwer –
und durch winzige Nadelein-
stiche könnte Licht durchdringen. Nützlich in Schlafzimmern, in denen ein einfaches Faltrollo zu lichtdurchlässig wäre. Zwischengefütterte Rollos werden oft mit
Gardinen aus Voile oder
ähnlich halbtransparenten
Stoffen kombiniert.

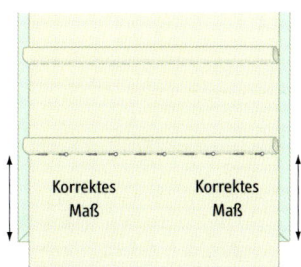

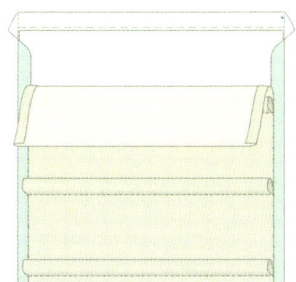

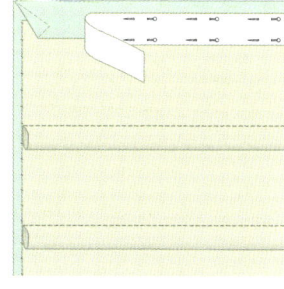

5 Stoff auf dem Tisch ausbreiten (Rückseite oben). Futter mittig darüber legen (rechte Seite oben). Die Kantenabstände müssen rechts und links gleich sein, die Unterkante des Futters muss den Stoff 6,5 cm überlappen.

Beide Stoffe knapp unterhalb des untersten Tunnelzuges zusammenstecken. ▼

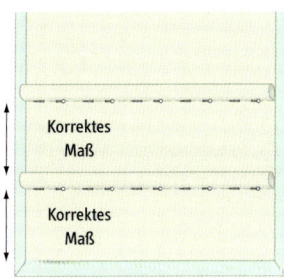

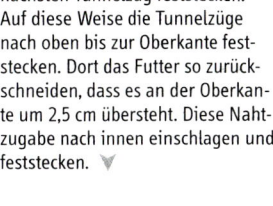

6 Stoff glatt streichen und den nächsten Tunnelzug feststecken. Auf diese Weise die Tunnelzüge nach oben bis zur Oberkante feststecken. Dort das Futter so zurückschneiden, dass es an der Oberkante um 2,5 cm übersteht. Diese Nahtzugabe nach innen einschlagen und feststecken. ▼

7 Seitenkanten und Unterkante mit farblich zum Oberstoff passendem Garn und Saumstichen (S. 42) nähen. An den Tunnelzügen jeweils verstärken.

8 Stoff mit dem Futter nach oben legen und die Fertiglänge abmessen. Einschlagen und feststecken. Auf 1,5 cm zurückschneiden. Klettband in erforderlicher Länge zuschneiden und an der Oberkante feststecken. Stoffecken nach innen einschlagen, um die Schnittkanten zu verbergen. Band absteppen – links unten beginnend nach oben, dann längs quer bis zur anderen Seite und wieder nach unten. Dann erneut links unten ansetzend die Unterkante steppen. Dies verhindert, dass sich das Band wellt.

9 Für die Fertigstellung gelten die Arbeitsschritte 10-15 auf S.108-109. Schritt 12: Nach dem Einschieben der Unterstange die verbliebene Schrägecke mit Leiterstichen zunähen.

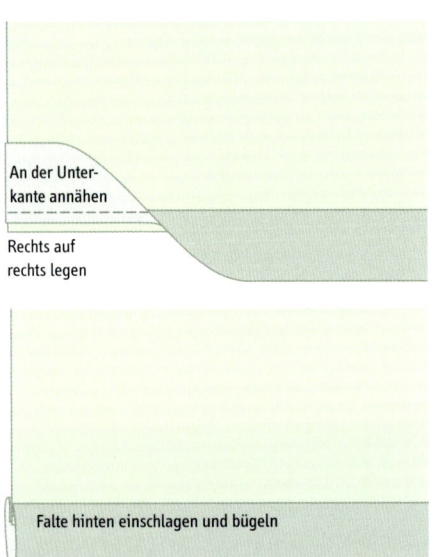

An der Unter-
kante annähen

Rechts auf
rechts legen

Falte hinten einschlagen und bügeln

Faltrollo mit dekorativer Abschlusskante oder Zierbesatz

Wer mag, kann die Seitenkanten mit Zierbesatz versehen oder die Unterkante mit einem andersfarbigen Stoff gestalten. Damit können Sie ein Rollo verlängern, einen effektvollen Designakzent setzen, oder die Farbgebung des Raumes gezielt in die Fensterdekoration aufnehmen.

Damit das Rollo gut hängt, müssen diese Stoffe das gleiche Gewicht haben wie der Hauptstoff. Sie werden vor dem Montieren am Hauptstoff angenäht. ◄

Kaskadenrollos

Diese Rollos sind Faltrollos sehr ähnlich, allerdings werden die Abstände zwischen den Tunnelzügen nach oben zu immer kleiner, sodass beim Raffen mehr Falten sichtbar sind. Dies ergibt einen „Wasserfall"-Effekt. Die Tunnelzüge werden anders berechnet als bei Faltrollos, aber die Nähtechniken sind die gleichen. ➤

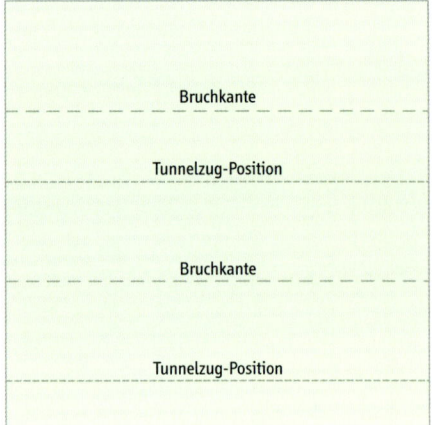

Bruchkante

Tunnelzug-Position

Bruchkante

Tunnelzug-Position

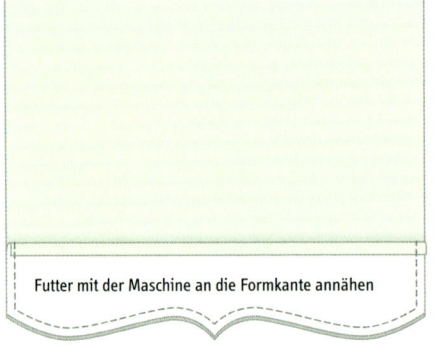

Futter mit der Maschine an die Formkante annähen

Faltrollos mit Formkante

Die Unterkante lässt sich durch einfaches Anfügen eines besonders geformten Stoffteils dekorativ gestalten. Vor dem Zuschneiden eine Papierschablone anfertigen und testweise ans Fenster halten. Die Auswahl des Stoffes ist sehr wichtig – die besten Ideen kommen dabei oft beim Stöbern! Ein solcher Abschluss hält unten Licht ab und eignet sich daher besonders für Rollos, die außerhalb der Fensterlaibung hängen. ◄

Mit Klettband an der
Holzleiste befestigen

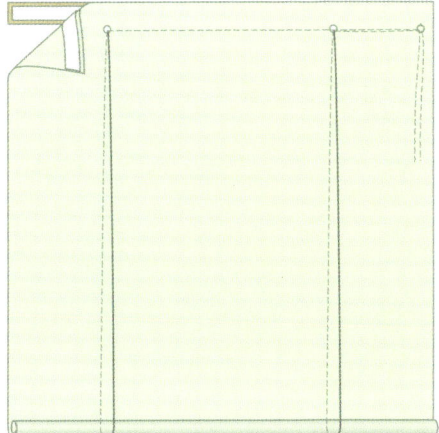

Zugrollo

Schlicht, funktionell und gefälliger als ein Schnapp-
rollo: Hier werden einfach zwei gleichgewichtige
Stoffe zusammengenäht und mittels Ringschrauben
und Schnüren betätigt. Die Stoffbahn ist länger als
das Fenster und rollt sich beim Hochziehen um
einem Dübelstab. Das Rollo kann auf jeder Fenster-
höhe angebracht werden. Eine preiswerte Alternative, um einen Raum farblich aufzupeppen!

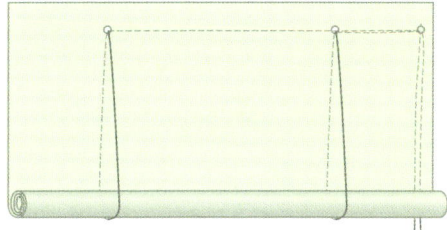

Durch Ziehen an der
Schnur wird das Rollo
nach oben gerollt

Die Schnüre werden
durch die Querschlaufen
der Raffrollobänder
geführt

Faltenband

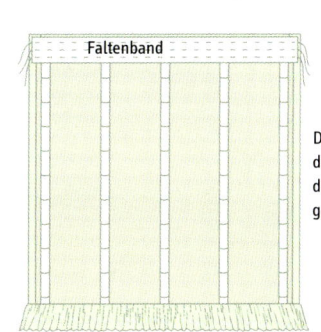

Rüschenbesatz an der
Unterkante annähen

Wolken-Raffrollo

Mit ihren üppigen Rüschen und Kräuseln und dem deutlich
höheren Stoffbedarf unterscheiden sich diese Rollos erheblich
von den bisher gezeigten. Sie bestehen oft aus bedruckten
Baumwoll-, Taft- oder durchscheinenden Stoffen, die gefüttert
besonders effektvoll wirken. An die Rückseite werden Raffrollobänder gesteppt und an die Oberkante ein Bleistiftfaltenband.
Die Schnüre verlaufen durch die Bänderschlaufen und raffen
das Rollo beim Hochziehen in bauschige Falten.

Rollo
mittels der
Schnüre
hochziehen

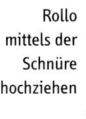

Rückseite

Schabracken

Schabracken werden meist mit Buckram oder einer selbstklebenden Einlage versteift und an einem Holzbrett über dem Fenster montiert.

Wattierte Kastenschabracke

Mit einer wattierten Einlage (Volumenvlies) wirkt eine Schabracke wie „gepolstert". Die Ränder können zusätzlich mit dekorativen Borten oder Kordeln verziert werden.

1 Stoff mit ringsum 5 cm Nahtzugabe zuschneiden. Wird mehr als eine Bahn benötigt, nicht in der Mitte zusammennähen, sondern eine ganze Bahnbreite in die Mitte setzen und rechts und links entsprechende Teile ansetzen. Bei gemusterten Stoffen auf die optisch beste Verteilung achten.

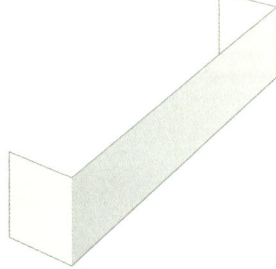

2 Das Vlies in der gleichen Größe zuschneiden, das Futter mit ringsum 2,5 cm Nahtzugabe.

3 Den Buckram auf die genauen Fertigmaße zuschneiden. Mit einer scharfen Klinge leicht an den Knicklinien entlang ritzen, damit er sich seitlich besser falten lässt.

4 Das Vlies auf einer ebenen Fläche ausbreiten und das Buckramband so darüber legen, dass der Überstand ringsum gleich ist.

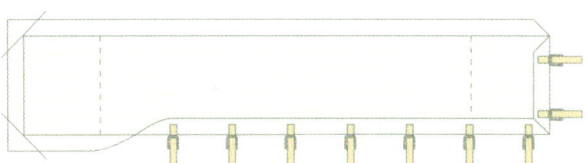

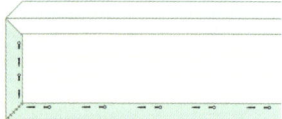

5 Die Buckramkanten mit Dampf anfeuchten und das Vlies darüber falten. Vlies an den Ecken abschneiden und diese diagonal ausformen. Buckram vollständig trocknen/auskühlen lassen.

6 Stoff mit der linken Seite nach oben ausbreiten. Den Buckram darauf legen und die Stoffkanten umschlagen. Die Ecken diagonal ausformen, Stoff feststecken und die Schrägecken zunähen.

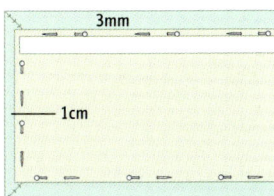

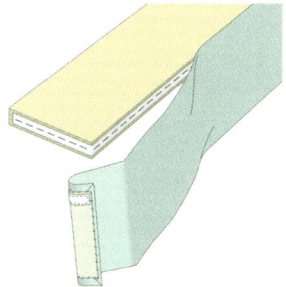

7 Die Flauschseite des Klettbandes im Abstand von 2 cm von der Oberkante des Futters feststecken. Ringsum steppen und darauf achten, dass sich das Band nicht verzieht. Die Futterkanten nach innen einschlagen und an der Schabracke feststecken, sodass seitlich 1 cm und an der Oberkante 3 mm Stoff hervorschauen. Rundum mit Saumstichen festnähen.

8 Die Hakenseite des Klettbandes mit dem Tacker an den Brettkanten befestigen. Schabracken-Ecken umfalzen und am Brett festdrücken.

Dank des Klettbandes lässt sich die Schabracke schön flach und glatt am Brett befestigen.

MessTIPP

Beim Abmessen darauf achten, dass die Schabracke die Vorhangschiene zur Seite hin und nach oben hin um einige Zentimeter überragt. Auch muss die Schabracke tief genug sein, damit sich der Vorhang ungehindert bewegen lässt.

DesignTIPP

Bevor die Schabracke am Brett befestigt wird, kann sie mit einer dekorativen Fransen- oder Zopfborte verziert werden (annähen oder mit Textilkleber aufbringen).

Kissen

In diesem Kapitel befassen wir uns mit den beliebtesten Wohndekor-Projekten. Denn selbst Nutzkissen lassen sich mit Komplementärfarben oder farblichen Akzenten zu extravaganten Designelementen gestalten. Die Vielfalt an Formen und Verzierungen ist unerschöpflich, sodass Sie Ihrer Kreativität freien Lauf lassen können.

Kissen

Kissen bringen Farbe, Muster, Textur, Behaglichkeit und Stil in Haus, Büro und Garten. Sie können als rein dekorative Accessoires dienen, extravagante Akzente setzen oder einem Raum einen gänzlich neuen Look verleihen.

Kissen gibt es in allen erdenklichen Formen – quadratisch, rechteckig, rund, dreieckig, herzförmig, mit Stehsaum und, und, und ...!

Schon das kleinste Kissen aus einem superedlen Stoff verleiht einem schlichten Raum einen Touch von Glamour. Mit Kissen aus Vorhangstoffresten oder dazu komplementären Farben lässt sich ein stimmiges Farbkonzept schaffen. Bei häufiger Benutzung sollte der Stoff waschbar sein. Die riesige Auswahl an Schmuckelementen wie Knöpfe, Borten, Applikationen, Quasten, Perlen und Paspeln eröffnet Ihnen jede Menge Gestaltungsideen.

Füllung

Für Innenkissen gibt es vielerlei Arten von Füllungen: Federn, synthetische Fasern/Flocken, Kapok oder Schaumstoff (meist für Sitzkissen). Federkissen sind besonders bauschig und formstabil, allerdings können die Federn allergische Reaktionen auslösen. Hier kann ein zusätzlicher Innenbezug Abhilfe schaffen, damit keine Feder den Weg nach außen findet.

Verschlüsse

Reißverschlüsse sind am üblichsten, erfordern aber etwas Zeit zum Einnähen. Für ein kleines Sofakissen genügt ein feiner Kleiderreißverschluss, während sich für ein Stuhlkissen eine kräftigere Ausführung empfiehlt. Beim Reißverschluss stets auf die passende Farbe achten und ggf. etwas dunkler als den Stoff wählen, das fällt weniger auf. Auch mit Knöpfen lässt sich ein Kissen verschließen – auffällige Zierknöpfe auf der Vorderseite sind besonders dekorativ. Weitere Möglichkeiten sind angenähte Klettbänder oder Schleifen.

Kissen gibt es in vielerlei Formen und Größen und mit verschiedenen Füllungen.

Zuschneiden

Beim Zuschneiden des Stoffes insgesamt nur 1,5 cm Nahtzugabe
addieren, da Kissen am schönsten
aussehen, wenn sie prall gefüllt
sind. Wenn möglich an der geraden Webkante orientieren und
davon eine Parallele abmessen
(Webkanten aber nicht in die Mes-
sung einbeziehen).

Dem Fadenlauf folgen und mit
einem Zeichendreieck Ober- und
Unterkante markieren. Muster
möglichst mittig anordnen.

Bei großen Mustern den Mittel-
punkt markieren und von dort aus-
gehend Länge und Breite nach
außen abmessen (anhand der
Webkante auf Rechtwinkligkeit
achten). Vorder- und Rückseite des
Kissens müssen nicht identisch
sein – eine Seite kann auch aus
einem farblich passenden oder
kontrastierenden Unistoff
bestehen.

MessTIPP

**Die im Abschnitt MATERIA-
LIEN bei jeder Projektbe-
schreibung angegebenen
Stoffmaße sind nur beispiel-
haft zu verstehen – die zu
verwendenden Maße rich-
ten sich natürlich nach der
Größe des jeweiligen Innenkissens.**

Die Schnittmuster für die rechts
und im Laufe des weiteren
Kapitels abgebildeten Kissen
finden Sie auf S. 120-123.

Schnittmuster

Auf den folgenden Seiten zeigen wir Ihnen, welche Stoffteile Sie für die in diesem Kapitel vorgestellten Kissenprojekte zuschneiden müssen. Die einzelnen Teile werden mit Stecknadeln, Schneiderkreide o. Ä. auf dem Stoff markiert. Bei Mustern auf den Rapport achten!

QUADRATISCHES KISSEN MIT REISSVERSCHLUSS
Mithilfe dieses Schnittmusters arbeiten Sie das auf S. 124-125 abgebildete Kissen.

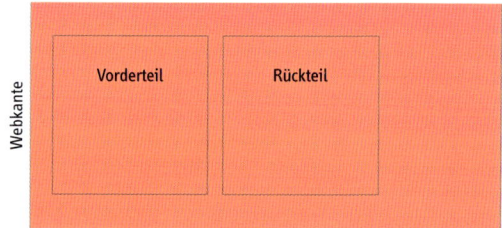

QUADRATISCHES KISSEN MIT PASPEL UND REISSVERSCHLUSS
Mithilfe dieses Schnittmusters arbeiten Sie das auf S. 126-127 abgebildete Kissen.

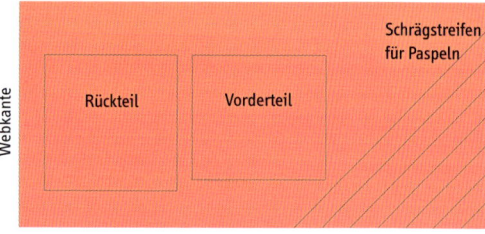

STUHLKISSEN MIT PASPEL UND REISSVERSCHLUSS

Mithilfe dieses Schnittmusters arbeiten Sie das auf S. 129-131 abgebildete Kissen.

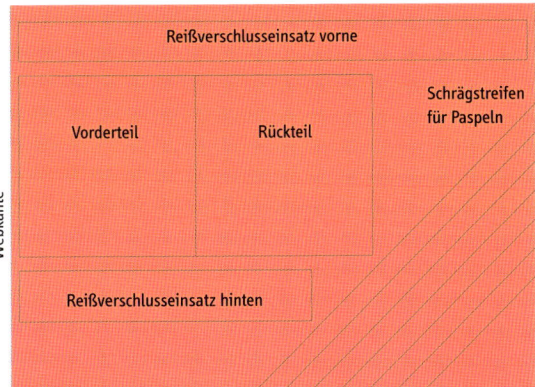

Reißverschlusseinsatz vorne

Vorderteil

Rückteil

Schrägstreifen für Paspeln

Webkante

Reißverschlusseinsatz hinten

KISSEN IM OXFORD-STIL (MIT STEHSAUM)

Mithilfe dieses Schnittmusters arbeiten Sie das auf S. 132-133 abgebildete Kissen.

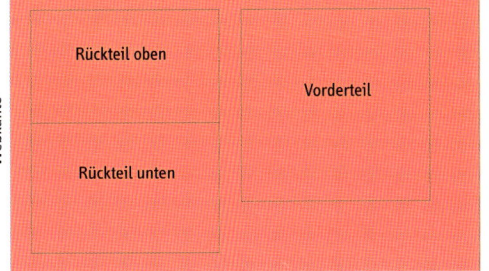

Rückteil oben

Vorderteil

Webkante

Rückteil unten

MessTIPP

Die genauen Abmessungen richten sich nach der Größe des Innenkissens – messen Sie dieses vor dem Zuschneiden genau aus.

RECHTECKIGES PANEL-KISSEN

Mithilfe dieses Schnittmusters arbeiten Sie das auf S. 134-135 abgebildete Kissen.

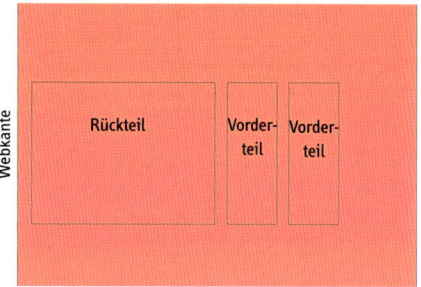

RUNDKISSEN MIT RÜSCHENBESATZ (OPTIONAL)

Mithilfe dieses Schnittmusters arbeiten Sie das auf S. 136-137 abgebildete Kissen.

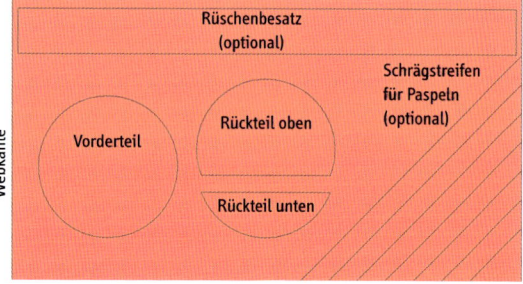

KOPFROLLE MIT PASPELN

Mithilfe dieses Schnittmusters arbeiten Sie das auf S. 138-139 abgebildete Kissen.

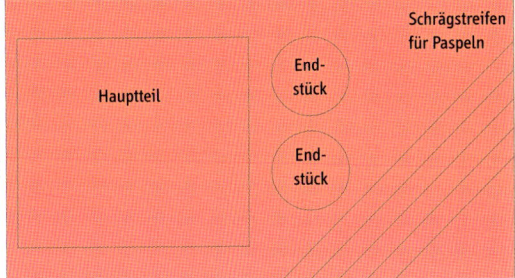

Webkante

Hauptteil

End-stück

End-stück

Schrägstreifen für Paspeln

KOPFROLLE MIT GERAFFTEN ENDEN UND KNOPFVERZIERUNG

Mithilfe dieses Schnittmusters arbeiten Sie das auf S. 140-141 abgebildete Kissen.

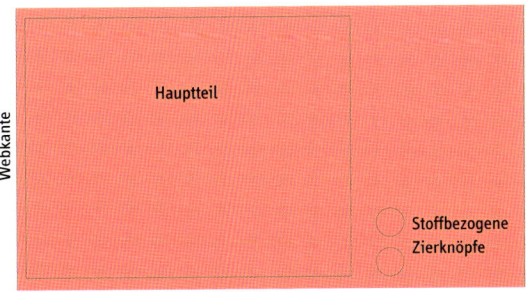

Webkante

Hauptteil

Stoffbezogene Zierknöpfe

Quadratisches Kissen mit Reißverschluss

Dieses Kissen ist supereinfach zu nähen und somit das ideale Anfängerprojekt. Wählen Sie Ihren Lieblingsstoff und bringen Sie neue Farbtupfer auf Ihr Sofa!

SCHWIERIGKEITSGRAD
- 1

WERKZEUGE
- Schere
- Maßband
- Nähausstattung
- Reißverschlussfuß

MATERIALIEN
- Stoff, 50 cm
- Füllkissen
- Nähgarn
- Reißverschluss, 5-10 cm kürzer als das Kissen breit ist

SIEHE AUCH
- Maschinenstiche, S. 51
- Nähte und Säume, S. 54

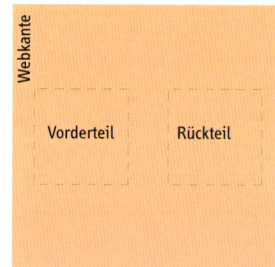

1 Innenkissen ausmessen, plus 1,5 cm Nahtzugabe an den Seiten und 2 cm Saumzugabe in der Länge: Stoff mit der rechten Seite nach oben auf eine ebene Fläche legen (am besten eine Tischecke), sodass die Webkante seitlich und die Unterkante im 90°-Winkel liegt. Webkante nicht mitmessen – sie kann abgeschnitten werden, damit sich der Stoff später nicht wellt. Die erforderliche Breite abmessen (evtl. das Muster mittig positionieren) und mit Markierstift oder Stecknadeln markieren. Die Unterkante mithilfe eines Zeichendreiecks markieren und auf einen geraden Fadenlauf achten. Oberkante abmessen. Ebenso das Rückteil ausmessen.

2 Die Stoffteile vorsichtig ausschneiden und auf der Vorderseite oben jeweils markieren. Das ist wichtig, falls sich Vorder- und Rückseite des Stoffes kaum unterscheiden.

3 Mit der Nähmaschine die Unterkanten beider Teile mit Zickzackstich versäubern (S. 52).

Teile rechts auf rechts aufeinanderlegen und an der Unterkante zusammenstecken, mit einer Lücke für den Reißverschluss. Steppen und die Nahtenden gut sichern.

Gestreifte Stoffteile oben mustergerecht aneinanderfügen, damit das Design durchgängig wirkt.

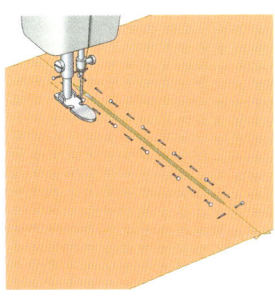

4 Stoff auf rechts wenden und die Nahtzugabe auseinanderbügeln. Den Reißverschluss darunterlegen und durch alle Lagen feststecken. Reißverschluss im Abstand von 6 cm von der Mitte rundum mit der Maschine steppen. ▽

5 Reißverschluss öffnen. Mit den rechten Seiten zueinander zuerst die Ecken aufeinanderlegen, dann die übrigen drei Seitenkanten feststecken. Mit 1,5 cm Nahtzugabe mit der Maschine steppen. Die Ecken mit einer Doppelnaht verstärken. ▷

6 Ecken abschneiden und die Teile ringsum mit Zickzackstich zusammennähen. Lose Fäden abschneiden, Stoff auf rechts wenden und die Ecken sanft herausdrücken. ▷

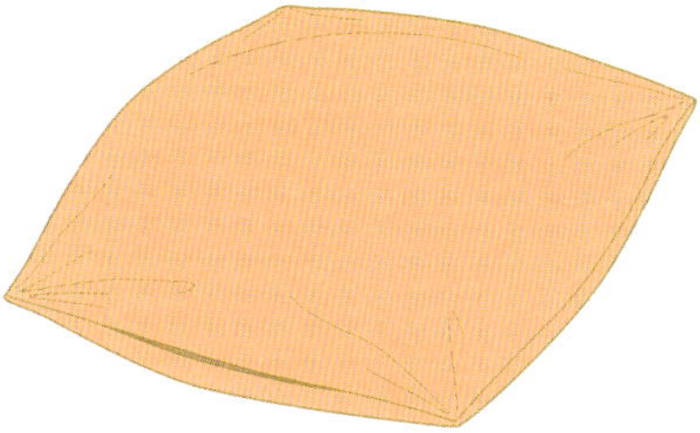

7 Damit die Nähte an den Reißverschlussenden nicht aufreißen, das Innenkissen zur Hälfte gefaltet vorsichtig durch die Öffnung schieben. Innen auffalten und in die Ecken drücken. Reißverschluss zuziehen und Kissen aufschütteln.

Quadratisches Kissen mit Paspel

Mit Paspeln lässt sich ein Kissen edel und extravagant gestalten – besonders, wenn sie eine andere Farbe haben als der Bezug.

SCHWIERIGKEITSGRAD
- 2

ZUSÄTZLICHE MATERIALIEN
- Paspelschnur, 200 cm
- Stoff für die Paspel
- Reißverschluss, 5-10 cm kürzer als das Kissen breit ist
- Reißverschlussfuß

SIEHE AUCH
- Quadratisches Kissen, S. 124
- Verzierungen, S. 186
- Maschinenstiche, S. 51
- Nähte und Säume, S. 54

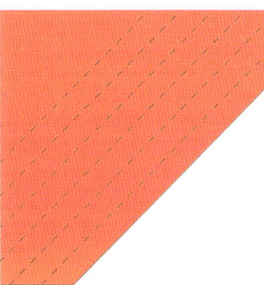

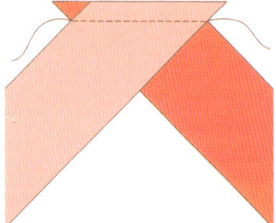

Schrägstreifen aneinanderfügen

1 Zuschnitt der beiden Kissenteile gemäß den Anleitungen auf S. 124-125 (zur Länge des Rückteils 2 cm addieren, um das Einnähen des Reißverschlusses zu erleichtern). Für die Paspeln werden Schrägstreifen zugeschnitten – diese sind dehnbar und lassen sich somit gut um die Ecken herum legen. Die Streifen 3,5 cm breit schneiden.

2 Für ein 40-45 cm großes Kissen brauchen Sie ca. 200 cm Paspelschnur (entweder Paspelband oder verdrillte Kordel). Für die nötige Länge ggf. mehrere Schrägstreifen aneinanderfügen.

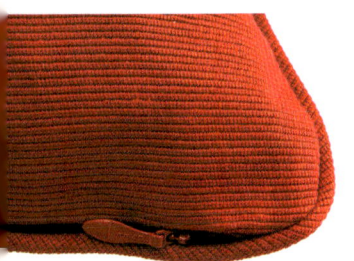

Hinter einem verdeckten Reißverschluss verschwinden alle Nähte.

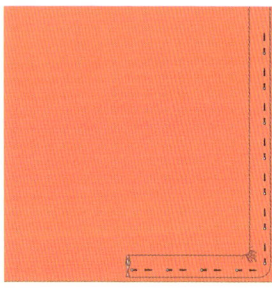

3 Die vorgeschrumpfte Paspelschnur (nehmen Sie eine Größe, die nach dem Einfassen nicht zu dick wird und sich relativ einfach einnähen lässt) mittig auf den Schrägstreifen legen und diesen längs zusammenstecken. An Verbindungsstellen die Nähte vor dem Einschieben der Paspelschnur auffalten.

4 Paspel an der Unterkante des Vorderteils anlegen und feststecken. An den Ecken ausrichten (mit Nadeln aus der Paspel fixieren) und die Paspel behutsam um die Ecken herumlegen. Wichtig: Paspel nicht zu straff ziehen, sonst schnurrt sie später zusammen und verdickt die Ecken.

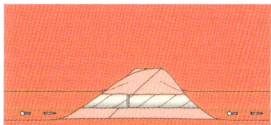

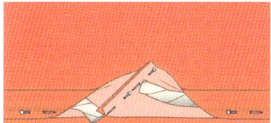

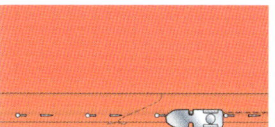

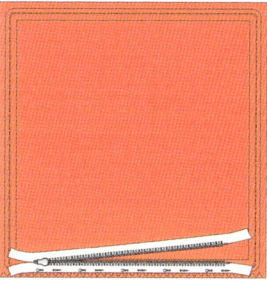

5 Die Paspelstreifen an der Unterkante etwa 1,3 cm überlappen. Im Fadenlauf abschneiden. Die Enden der Paspelschnur aufeinanderstoßen lassen (Bild oben). Die Paspelstreifen rechts auf rechts zusammenlegen und mit 7,5 cm Nahtzugabe feststecken (Bild unten). Steppen und Naht mit den Fingern aufdrücken.

6 Über die Verbindungsstelle hinweg feststecken und den Kissenbezug rundherum dicht entlang der Paspelschnur absteppen.

7 Die Unterkante von Vorder- und Rückteil mit Zickzackstichen versäubern. Den geöffneten Reißverschluss rechts auf rechts auf die Unterkante des Vorderteils legen. Entlang der Paspelnaht durch alle Lagen feststecken.

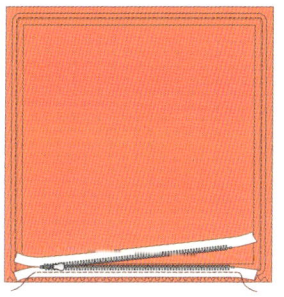

8 Dicht an der Zahnreihe entlang steppen. Am Reißverschlusskopf die Nadel in den Stoff stechen, den Nähfuß anheben, den Kopfteil verschieben und den Fuß wieder absenken. Bis zum Ende des Reißverschlusses steppen, aber nicht ganz bis zum Bandende.

9 Die Unterkanten rechts auf rechts aufeinanderlegen und feststecken, das Rückteil mit 6 mm Überstand (das erleichtert das Einnähen des Reißverschlusses). Auf dem Vorderteil von den Reißverschlussenden aus in Richtung Ecken feststecken. Auf der Paspelnaht entlangsteppen. Reißverschlussenden nicht mitfassen.

Der Reißverschluss ist unten im Rückteil des Kissens verborgen.

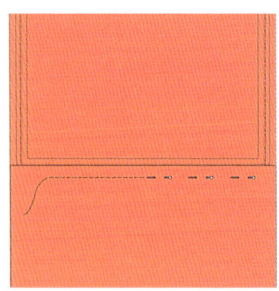

10 Auf rechts wenden und auf der Arbeitsfläche ausbreiten. Die Saumzugabe gleichmäßig einschlagen und feststecken. Reißverschluss schließen und die Nadeln durch alle Lagen stechen. Auf rechts steppen, dabei weder Stoff noch Reißverschluss von der anderen Seite mitfassen. ◄

11 Reißverschluss öffnen und rechts auf rechts die übrigen drei Seiten steppen, dabei zuerst die Ecken ausrichten. Auf der Paspelnaht oder innen davon steppen, damit die Paspel stramm anliegt. ▼

12 Stoff an den Paspelübergängen und in den Ecken zurückschneiden. Ecken mit Zickzackstichen versäubern.

13 Bezug wenden und bügeln. Das Innenkissen zur Hälfte falten und vorsichtig in den Bezug hineinschieben, ohne die Nähte aufzureißen. Innen in die Ecken drücken, Reißverschluss zuziehen und Kissen aufschütteln.

Dieses Kissen können Sie anstatt mit Paspeln auch mit Perlenbesätzen, Fransen oder Zierkordeln schmücken (S. 190-191).

Stuhlkissen

Stuhlkissen erhalten durch ein Seitenteil Höhe und haben im Allgemeinen eine feste Schaumstofffüllung. Sie werden für Gartenmöbel, Bänke oder Fenstersitze verwendet. Man kann sie quadratisch, rechteckig, rund oder in einer dem jeweiligen Platz angepassten Form herstellen.

Für den Bezug eignen sich haltbare Stoffe wie Baumwolle, Leinenmischgewebe und Damast. Bei Stoffen mit auffälligem Muster das Muster auf dem Seitenteil an Ober- und Unterseite anpassen.

Ein Reißverschluss erlaubt eine einfache Reinigung des Bezugs. Der Reißverschluss wird in das Seitenteil eingenäht und reicht ein paar Zentimeter um die Kanten herum, um das Einstecken der Füllung zu erleichtern. Die Nähte können mit einer Paspel aus dem Bezugsstoff oder aus Kontraststoff eingefasst werden.

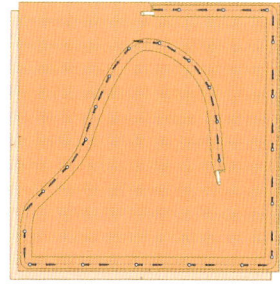

SCHWIERIGKEITSGRAD
• 2

WERKZEUGE
• Schere
• Maßband
• Nähzeug
• Reißverschlussfuß

MATERIAL
• Stoff, ca. 1 m pro Kissen, je nach Größe der Füllung
• Schaumstofffüllung
• Nähgarn
• Reißverschluss, 20 cm länger als Kissenbreite
• Stoff für Paspel
• Einlagestoff (falls nötig)

SIEHE AUCH
• Stoffeigenschaften, S. 38
• Verzierungen, S. 186
• Maschinenstiche, S. 51
• Säume und Nähte, S. 54

1 Zum Zuschneiden des Stoffes die Kissenfüllung abmessen und rundherum 1,5 cm zugeben. Ober- und Unterseite des Kissenbezugs zuschneiden, dabei Musterrichtung und Fadenlauf beachten (siehe S. 38).

2 Für das Seitenteil Höhe abmessen und 3 cm zugeben. Für die Länge einmal ganz um die Füllung herum messen. Der Reißverschluss wird in ein Seitenteil genäht und reicht je nach Länge bis zu 7,5 cm in die angrenzenden Seiten hinein. Diese Länge vom Gesamtkissenumfang abziehen und 5 cm Toleranz hinzugeben. Bei dem Seitenteil, in das der Reißverschluss platziert wird, 3 cm zur Höhe hinzufügen. Dieses Teil längs aufschneiden, sodass zwei Hälften entstehen. Hier wird der Reißverschluss eingefügt. Die Paspel schräg zum Fadenlauf zuschneiden (siehe S. 186) und um das Paspelband herum zusammenstecken.

3 Auf jeder Seite von Ober- und Unterteil die Mitte mit einem kleinen Einschnitt oder einem Stoffmarker kennzeichnen. In der Mitte der Rückseite des Kissenoberteils beginnen, die Ränder aneinander legen und die Paspel um den Rand herum feststecken, dabei nicht dehnen. An den Ecken können die Paspelränder eingeschnitten werden, um das Anpassen zu erleichtern. Abgerundete Ecken sehen hübscher aus, sie schmiegen sich dem Schaumstoff gut an. Alle Ecken gleich formen.

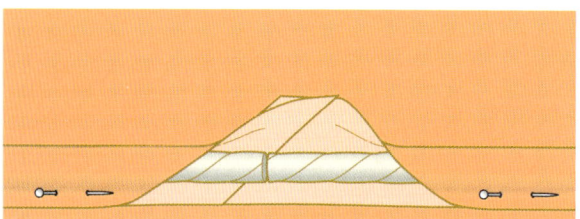

4 Die beiden Paspelstreifenenden überlappen lassen und ein Streifenende so beschneiden, dass 1,3 cm überstehen. Im Fadenlauf schneiden. Paspelschnurenden auf Stoß abschneiden.

5 Die Enden der Paspelstreifen rechts auf rechts gegeneinander legen und mit 6 mm Nahtzugabe zusammenstecken. Absteppen und Nahtzugaben mit den Fingern auseinanderdrücken.

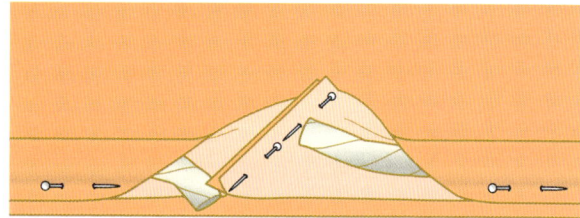

6 Die Paspel feststecken und den Stoff auf die Schaumstofffüllung auflegen und überprüfen, ob die Paspel genau auf der Kante sitzt. Eventuell korrigieren. Rundherum auf der Nähmaschine mit Reißverschlussfuß absteppen. Den Vorgang an der Kissenunterseite wiederholen.

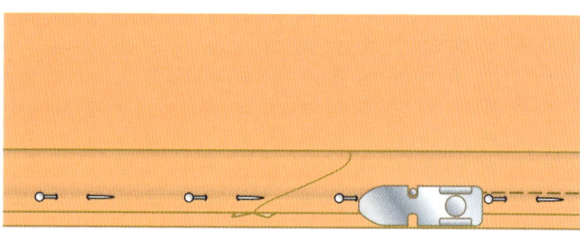

Der Reißverschluss reicht um zwei Ecken herum, damit die Füllung leichter in den Bezug gesteckt werden kann.

7 Seitenstreifen für Reißverschluss vorbereiten. Die zwei Kanten, an die der Reißverschluss genäht wird, mit Zickzackstich versäubern. (siehe S. 52). Die Mitte beider Kanten markieren. Die Kanten nach links 1,5 cm unterstecken. Die untere Kante dicht an den Reißverschlusszähnen auf den Reißverschluss stecken, die obere Kante verdeckt den Reißverschluss und wird 1 cm vom Rand entfernt festgesteckt. Die Markierungen der Mitte müssen aufeinandertreffen.

Die Paspel verstärkt die Kissenränder.

8 Beide Reißverschlussseiten mit dem Reißverschlussfuß der Nähmaschine auf der Linie der Stecknadeln festnähen, dabei eine nach der anderen entfernen oder vorher heften. Rechts auf rechts und Mittelmarkierung des zugezogenen Reißverschlusses auf der Mittelmarkierung der Rückseite des Oberteils von oben zusammenstecken. So können Sie der Nahtlinie der Paspel folgen. ▶

11 Mit Reißverschlussfuß auf vorheriger Stepplinie der Paspel zusammennähen. Nochmaliges Absteppen verstärkt die Nähte. Es ist einfacher, dicht an der Paspel zu nähen, wenn die Stecknadeln noch im Stoff stecken. ▼

12 Die Ecken etwas beschneiden und die Nahtränder mit Zickzackstich versäubern. Lose Fäden abschneiden. Auf rechts drehen und bügeln. Schaumstoffkissen in den Bezug stecken, dabei darauf achten, dass die Nähte am Rand des Reißverschlusses nicht reißen. Die Nahtzugaben in Richtung des Seitenteils schieben, damit die Paspel hochsteht.

9 An den Ecken eventuell die Nahtzugabe der Seitenteile etwas einschneiden, um die Stofflagen zusammenzustecken. Die aufeinandertreffenden Seitenteile mit 1 cm Nahtzugabe zusammenstecken. Absteppen und eventuell überschüssigen Stoff abschneiden. Nahtzugaben mit Zickzackstich zusammennähen und vom Reißverschluss weg bügeln. Reißverschluss öffnen. ▶

10 Unterteil am Seitenteil feststecken, dabei müssen alle Markierungen aufeinandertreffen. Nahtzugaben wo nötig zurückschneiden. ▶

Kissen im Oxford-Stil

Dieses Kissen ist leicht herzustellen. Der Stehsaum wird einfach von oben abgesteppt.

Das Kissen hat rundherum 4-5 cm breite Ränder. Diese müssen bei der Entscheidung für die Größe des Füllkissens berücksichtigt werden, da das Kissen mit einem 45 cm großen Füllkissen sehr groß wirken kann. Bevor Sie Ihr Projekt beginnen, müssen Sie die Breite des Stehsaums festlegen.

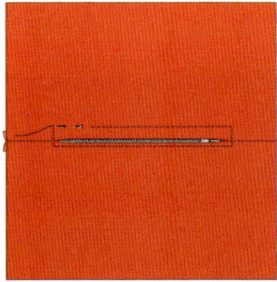

1 Zum Zuschneiden der Vorderseite zweimal die Breite des Stehsaums plus 1,5 cm zur Breite des Füllkissens hinzufügen. Für die Rückseite sind die Breitenmaße gleich, die Höhe hängt vom Kissenverschluss ab. Für einen Reißverschluss 3 cm hinzufügen, für einen Klettverschluss 4 cm. Bei beiden Teilen die obere rechte Seite markieren.

2 Für einen Reißverschluss auf der Rückseite diese in der Mitte quer durchschneiden. Die mittleren Stoffkanten beider Teile mit Zickzackstich versehen (siehe S. 52). Rechts auf rechts zusammenstecken, dabei einen Schlitz für den Reißverschluss aussparen.

3 Mit 1,5 cm Nahtzugabe nähen. Aufklappen und die Nahtzugabe zurückstecken. Den geschlossenen Reißverschluss unter den Schlitz legen und feststecken, dabei die Stecknadeln verwenden, die Stoff und Nahtzugabe zusammenhalten. Unteren Rand dicht an den Reißverschlusszähnen annähen, oberen Rand 1 cm von den Zähnen entfernt. Der Stoff überlappt die Zähne und verdeckt den Reißverschluss. Reißverschluss öffnen.

4 Die Ränder von Ober- und Unterteil rechts auf rechts mit einer 1,5 cm breiten Nahtzugabe zusammenstecken und nähen. Ecken versäubern und Nähte in den Ecken so weit wie möglich glatt streichen. So werden die Ränder glatter. Auf rechts drehen und Ränder bügeln.

5 Nahtlinie für den Stehsaum exakt mit Stecknadeln oder Markierstift kennzeichnen. Mit der Maschine auf der markierten Linie absteppen und eventuell zum Verstärken noch einmal auf derselben Linie nähen. Zur Verzierung können Sie mit Satinstich und eventuell in Kontrastfarbe nähen.

6 Füllkissen einsetzen und in die Ecken drücken. Aufschütteln.

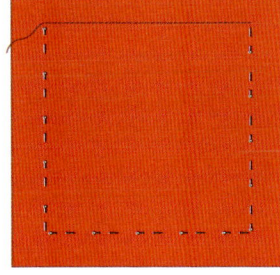

KLETTVERSCHLUSS

1 Zuschneiden wie in Schritt 1.

2 Ränder 1 cm umwenden und
Klettverschluss mit der Maschine
auf beide Ränder nähen. Da der
Verschluss sehr steif ist, endet er
1 cm vorm linken und rechten
Stoffrand. Verschluss zusammendrücken und fortfahren wie in
Schritt 4-5 auf der linken Seite
beschrieben.

Der Klettverschluss ist eine einfache und effektive Methode
zum Verschließen eines Kissenbezugs.

Rechteckiges Panel-Kissen

Dieser Kissenbezug bekommt durch die Kombination zweier Stoffe etwas Besonders. Für Seiten und Rückseite ist hier ein einfarbiger Stoff gewählt worden, während ein kleines Stück teuren Stoffes in der Mitte dem Kissen einen exklusiven Touch verleiht.

SCHWIERIGKEITSGRAD
• 2

WERKZEUGE
• Schere
• Maßband
• Nähzeug
• Reißverschlussfuß

MATERIALIEN
• Stoff, 50 cm für jede Stoffbahn
• Füllkissen
• Nähgarn
• Reißverschluss, 5-10 cm kürzer als Kissenbreite

SIEHE AUCH
• Quadratisches Kissen, S. 124
• Maschinenstiche, S. 51
• Verzierungen, S. 186
• Säume und Nähte, S. 54

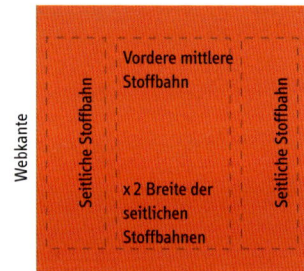

1 Wählen Sie Ihre Stoffe aus und legen Sie die Proportionen der Kissenvorderseite fest. Meist ist die mittlere Stoffbahn doppelt so breit wie eine seitliche und die Kissenrückseite aus dem gleichen Stoff wie die seitlichen Stoffbahnen. Wenn in der Mitte ein gemusterter Stoff verwandt wird, Muster sorgfältig ausrichten und eventuellen Musterakzent zentrieren.

Teile zuschneiden, dabei Stoff gerade ausrichten (siehe Anleitung für Rechteckkissen auf S. 124) und 1,5 cm Nahtzugabe an den Seiten zugeben und am unteren Ende zum leichteren Einnähen des Reißverschlusses 2 cm.

Der glatte Paspelrand fügt bei der Verwendung einfarbiger Stoffe ein interessantes Detail hinzu.

2 Mittelteil und Seitenteile der Vorderseite mit 1,5 cm Nahtzugabe zusammennähen. Ränder getrennt mit Zickzackstich versäubern und auseinanderbügeln. Ist die mittlere Stoffbahn heller als die seitlichen Bahnen, beide Nahtzugaben zusammen versäubern und zur Außenseite hin bügeln. Ist die mittlere Stoffbahn aus leichtem Stoff, empfiehlt es sich, die Vorderseite mit einem Vorhangfutter oder einer ähnlichen Stoffart zu hinterfüttern.

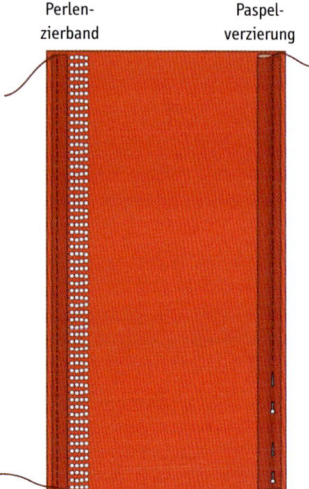

3 Vor dem Zusammennähen von mittlerer Bahn und seitlichen Bahnen kann ein Zierband mit Perlen oder eine Paspel aufgenäht werden (siehe S. 186-191).

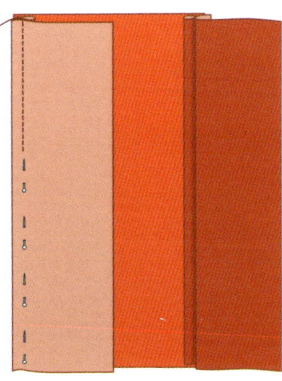

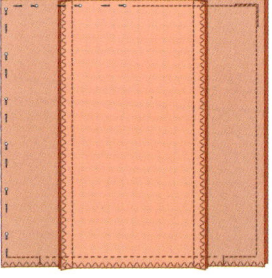

4 Für eine Paspelverzierung am Rand des Mittelstücks brauchen Sie kein Schrägband oder Paspelband. Die Paspel am mittleren Vorderteil feststecken, mit 1,5 cm Nahtzugabe und den Rändern übereinander. Seitenteile an das mittlere Vorderteil nähen, dabei die Paspel einschließen. Ränder der Nahtzugaben mit Zickzackstich zusammenfassen und von der Paspel wegbügeln. ▼

5 Untere Ränder der Vorder- und Rückseite mit Zickzackstich versäubern. Sie können einen verdeckten Reißverschluss einsetzen, das erfordert jedoch einen speziellen Maschinenfuß für verdeckte Reißverschlüsse und ist schwieriger. Für einen normalen Reißverschluss der Anleitung für ein Rechteckkissen auf den S. 124-125 Schritt 3-4 folgen. Reißverschluss öffnen.

6 Rechte Seiten aufeinanderlegen und mit 1,5 cm Nahtzugabe zusammenstecken und nähen. Die Ecken doppelt nähen. Ecken beschneiden und beide Ränder zusammen mit Zickzackstich versäubern. Fäden abschneiden, Kissenhülle wenden und bügeln, die Ecken behutsam nach außen drücken.

7 Füllkissen falten und vorsichtig in die Kissenhülle stecken, damit die Nähte an den Enden der Reißverschlussöffnung nicht reißen. Füllkissen in die Ecken schieben und Reißverschluss schließen. Aufschütteln.

Rundes Kissen

Dieses Kissen kann aus jeder Stoffart hergestellt werden. Durch zusätzliche Paspelierung oder eine Rüsche wird die runde Form noch stärker betont.

SCHWIERIGKEITSGRAD
- 1

WERKZEUGE
- Schere
- Maßband
- Nähzeug
- Reißverschlussfuß

MATERIALIEN
- Stoff, 50 cm
- Füllkissen
- Nähgarn
- Reißverschluss, 5-10 cm kürzer als Kissendurchmesser

SIEHE AUCH
- Maschinenstiche, S. 51
- Säume und Nähte, S. 54
- Raffungen und Rüschen, S. 180

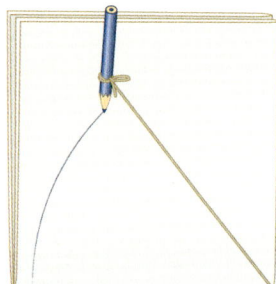

1 Zum Zuschneiden des Stoffes Durchmesser der Kissenfüllung messen und 1,5 cm hinzufügen. Für das Schnittmuster ein Stück Papier vier Mal um seine Mitte falten. Die Schnittlinie mit Bleistift und Bindfaden oder einem Maßband aufzeichnen, dabei vorsichtig von der Spitze aus im Kreis fahren. Schnittpunkte von Faltlinien und Kreis markieren.

2 Um später den Reißverschluss einfügen zu können, das Schnittmuster für die Rückseite zwei Drittel abwärts gerechnet durchschneiden. Auf den Stoff legen, 1,5 cm Nahtzugabe um die Schnittränder zugeben. Fadenlauf ausrichten und eventuell Muster zentrieren. Am äußeren Rand Markierungen für die Viertelteile auf den Stoff übertragen.

3 Die beiden Teile der Rückseite rechts auf rechts mit 1,5 cm Nahtzugabe zusammenstecken und an den Seiten zusammennähen, dabei für den Reißverschluss eine Lücke lassen (siehe S. 52). Die Ränder mit Zickzackstich versäubern. Umdrehen, sodass die rechte Seite oben liegt, Nahtzugabe nach hinten falten und feststecken. Reißverschluss unterlegen und unteren Rand dicht an den Zähnen feststecken. Oberen Rand über den Zähnen platzieren und im Abstand von 1 cm feststecken. Mit Reißverschlussfuß festnähen und öffnen.

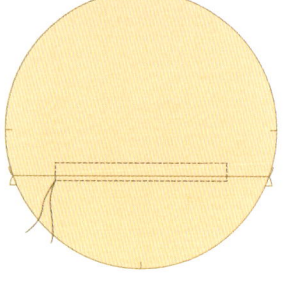

Wählen Sie harmonische Proportionen für Kissen und Rüsche.

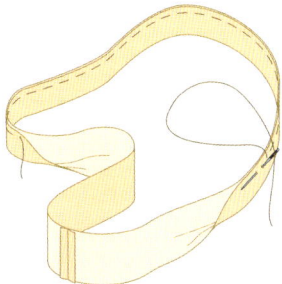

6 Vorder- und Rückseite rechts auf rechts zusammenstecken, Markierungspunkte aufeinander. Auf der vorherigen Nahtlinie zusammennähen. Falls nötig, beschneiden und Ränder mit Zickzackstich versäubern.

4 Doppelten Kissenumfang ausmessen und in dieser Länge 12,5 cm breite Stoffstreifen für Rüschen von 5 cm Breite zuschneiden. Die Streifen zusammennähen, Säume auseinanderbügeln und den Streifen der Länge nach auf die Hälfte falten und viertelweise mit Kräuselfaden zusammennähen.

5 In vier Teile raffen, Fäden sichern und unter Beachtung der vier Markierungspunkte Rüschen an die Kissenvorderseite anlegen. Auf gleichmäßige Raffung achten und festnähen.

7 Kissen auf rechts wenden, bügeln und Füllkissen einstecken.

Der Reißverschluss ist unter der Nahtkante auf der Rückseite des Kissens verborgen.

Nackenrollen

Nackenrollen haben eine zylindrische Form und werden oft für Betten oder beide Enden eines gemütlichen Sofas verwandt.

Mit glatten, paspelierten Enden kommt das Stoffmuster stärker zur Geltung.

Nackenrolle mit Paspelkanten

Dieses Kissen bekommt einen besonderen Akzent, wenn die Paspelierung aus Kontraststoff ist.

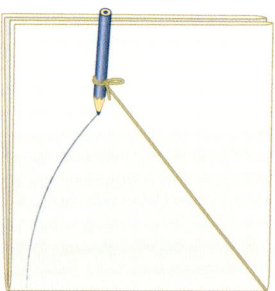

1 Zum Zuschneiden Umfang des Füllkissens messen und 3 cm Nahtzugabe hinzurechnen. Die Länge messen und 3 cm hinzufügen. Für die runden Seiten Schnittmuster herstellen: Ein Stück Papier, das 5 cm größer als der Durchmesser des Füllkissens ist, in Viertel falten, dann mit Bleistift und Schnur oder Zirkel einen Kreis mit einem Radius ziehen, der 1,5 cm größer ist als der der Kissenseite.

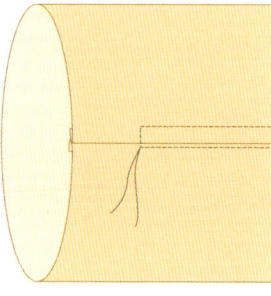

2 Durch alle Papierlagen hindurch ausschneiden, am Rand die Faltpunkte markieren, aufklappen und auf den Fadenlauf des Stoffes legen (siehe S. 38). Stoff ausschneiden und die Markierungen der Viertel mit einem Stoffmarker oder kleinen Einschnitten übertragen.

3 Das Hauptstoffstück mit den langen Seiten rechts auf rechts aufeinanderlegen und mit 1,5 cm Nahtzugabe zusammenstecken, dabei Lücke für den Reißverschluss lassen. Zusammennähen und Naht auseinanderbügeln. Stoffkanten mit Zickzackstich versäubern (siehe S. 52). Auf rechts drehen und Nahtzugaben nach unten umstecken. Reißverschluss unter den Stoff legen, eine Seite dicht an den Zähnen feststecken, die andere 1 cm vom Rand entfernt, dabei mit dem Stoffumschlag den Reißverschluss verdecken. Mit Reißverschlussfuß festnähen, dabei Stecknadeln entfernen. Reißverschluss öffnen.

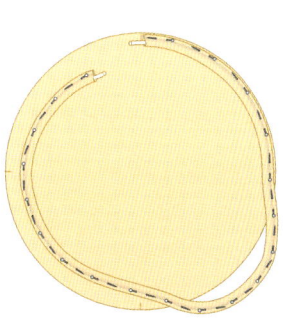

4 Schrägstreifen für die Paspeln vorbereiten und die Paspelschnur im Streifen feststecken (siehe S. 187-188). Rechts auf rechts die Paspel am Stoffkreis feststecken, dabei die Paspel nicht dehnen. ▼

5 Die Nadeln eine nach der anderen aus der Paspel ziehen und durch alle Lagen hindurchstechen, die Enden 1,3 cm überlappen lassen und im Fadenlauf abschneiden. Kordelenden auf Stoß abschneiden. ➤

8 Die Stoffröhre an den Enden in Viertel aufteilen und die Viertel mit einem kleinen Einschnitt oder einem Stoffmarker kennzeichnen. ▼

9 Bei geöffnetem Reißverschluss die Stoffkreise rechts auf rechts an die Enden der Stoffröhre stecken, Viertelmarkierungen übereinander. Eventuell müssen die Nahtzugaben des Mittelteils etwas eingeschnitten werden. Mit Reißverschlussfuß zusammennähen (von der Kreisseite aus auf der vorherigen Nahtlinie). Beim anderen Ende ebenso verfahren.

6 Paspelstreifenenden rechts auf rechts mit 6 mm Nahtzugabe zusammennähen. Auseinanderkniffen und Paspelschnur einschließen. ➤

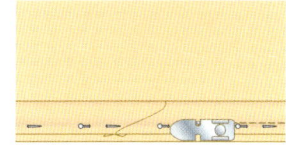

7 Mit Reißverschlussfuß Paspel um den Kreis herum annähen, dann beim anderen Ende der Rolle genauso verfahren. ▲

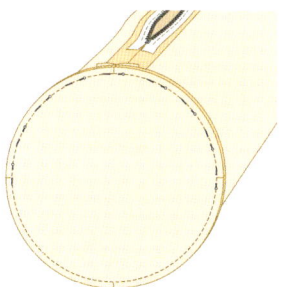

10 Wenn nötig Nahtzugaben beschneiden und dann mit Zickzackstich zusammen versäubern. ▼

11 Kissenhülle wenden, bügeln und Füllkissen vorsichtig einstecken, damit die Naht an den Reißverschlussenden nicht einreißt.

Nackenrolle mit gerafften Seiten und Knopf

Für diese Nackenrolle empfiehlt sich ein leichter Stoff wie Baumwolle oder Chintz, da dickere Stoffe sich nicht gut raffen lassen.

SCHWIERIGKEITSGRAD
- 2

ZUSÄTZLICHE MATERIALIEN
- Zwei Knöpfe

SIEHE AUCH
- Handstiche, S. 42

Der große bezogene Knopf verdeckt den Kräuselfaden.

1 Einen rechteckigen Stoff zuschneiden, Länge ist die Füllkissenlänge plus Seitendurchmesser und 3 cm Nahtzugabe. Für die Breite einmal um den Kissenumfang herum messen und 3 cm Nahtzugabe hinzufügen.

2 Rechts auf rechts die langen Seiten mit 1,5 cm Nahtzugabe zusammenstecken und zusammennähen. Kanten mit Zickzackstich versäubern und auseinanderbügeln.

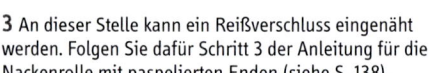

3 An dieser Stelle kann ein Reißverschluss eingenäht werden. Folgen Sie dafür Schritt 3 der Anleitung für die Nackenrolle mit paspelierten Enden (siehe S. 138).

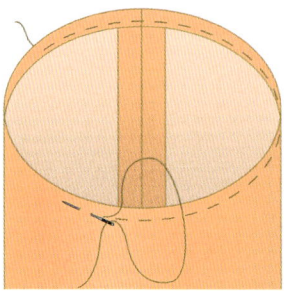

4 Stofftunnel auf rechts wenden. An jedem Ende 1,5 cm nach unten umbügeln. Mit einem Doppelfaden mit Hand nahe der umgefalteten Kante eine Reihe Kräuselstiche anbringen (siehe S. 48).

5 Nackenrolle einstecken und gleichmäßig positionieren.

6 Den Kräuselfaden zusammenziehen und Kräuselung zur Mitte der Nackenrolle hin gleichmäßig verteilen. Fadenende mit ein paar Rückstichen sichern.

7 Knöpfe nach Anleitung des Herstellers beziehen oder zwei Knöpfe kaufen, die groß genug sind, um die offenen Stellen zu verdecken. Knöpfe mit Doppelfaden auf die Seiten der Nackenrolle nähen, sodass Öffnungen und Stoffenden verdeckt sein.

Das Einnähen eines Reißverschlusses erleichtert später das Abziehen der Kissenhülle.

Bett- und Tischwäsche

Blickpunkt im Schlafzimmer ist das größte Möbelstück – im Allgemeinen ist dies das Bett. Das Bett sollte in einem Stil gestaltet sein, der die von Ihnen gewünschte Atmosphäre ausstrahlt und zum übrigen Interieur des Raumes passt. In Küche oder Esszimmer dagegen ist der Blickpunkt meist der Tisch, dessen Auflage praktische Funktionen erfüllen, ihn aber darüber hinaus zu einem attraktiven Designobjekt machen kann. In diesem Kapitel finden Sie Anleitungen zum Herstellen aller wesentlichen Textilien für Bett und Tisch – Bettbezüge, Laken, Kissenbezüge, Volants, Tischdecken, Tischläufer, Tischsets und Servietten. Außerdem finden Sie Vorschläge, um Ihren eigenen Designideen eine persönliche Note hinzuzufügen.

Bettwäsche

Natürlicher Baumwollstoff und Baumwollpolyestermischungen sind ideal, um einen gepflegten Eindruck hervorzurufen, vor allem bei Bettbezügen. Eher romantisch wirken Rüschen, Paspeln und Falten. Als Verschlüsse dienen bei Bettwäsche Druckknopfleisten, Knöpfe oder Bänder.

Was passt wo?

Zu einer modernen Einrichtung passen klaren Linien: ein Bettbezug mit Druckknopfleiste, ein Spannbettlaken, ein Kissen mit Stehsaum und ein Volant mit flachen Falten. Ein Bettbezug mit Bänderverschluss, ein Kissen mit Rüschenrand und ein gekräuselter Volant fügen verspielte Details hinzu und beleben eine ansonsten einfache Einrichtung oder passen zu einem traditionellen Country-Look. Kissenbezüge werden mit dekorativen Elementen interessanter oder können durch auf Vorhänge oder Rollos bezogene Kontraststoffe die Raumgestaltung vereinheitlichen.

Auch Stil und Größe von Matratze und Bett sollten bei der Wahl der Bettwäsche berücksichtigt werden – manche Bettuntergestelle verdeckt man vielleicht besser durch einen Volant. Außerdem kann ein Volant einen verdeckten Stauraum schaffen. Ist die Matratze besonders schwer, empfiehlt sich eher ein Spannbettlaken anstatt eines glatten Lakens, um das Bett einfacher beziehen zu können.

Berechnen des Stoffes

Standardgrößen für Bettzeug variieren von Land zu Land. Gehen Sie also von der Größe des Bettzeugs aus, das Sie beziehen wollen. Berücksichtigen Sie beim Berechnen auch Rüschen, Borten, Bänder und andere dekorative Details, die Sie hinzufügen möchten.

BETTBEZÜGE

Bettbezüge gibt es in Standard- und vielen Sondergrößen, zum Beispiel:

- Einzelbett — 135 x 200 cm
- Einzelbett lang — 140 x 220 cm
- Einzelbett groß — 155 x 220 cm
- Einzelbett extragroß — 155 x 240 cm

- Doppelbett — 200 x 200 cm
- Doppelbett lang — 200 x 220 cm
- Doppelbett extralang — 200 x 240 cm
- Doppelbett groß — 220 x 240 cm
- Doppelbett extragroß — 230 x 220 cm
- — 240 x 220 cm
- Super extragroß — 260 x 220 cm

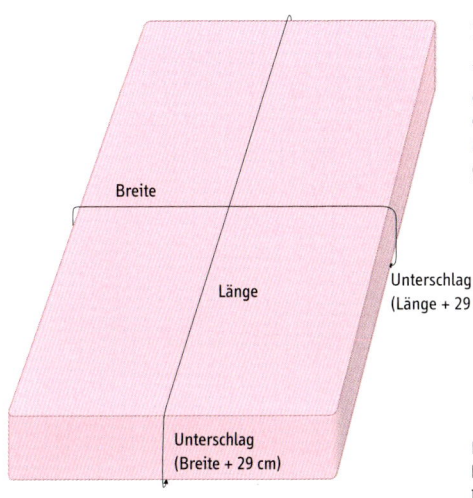

Breite

Länge

Unterschlag
(Länge + 29 cm)

Unterschlag
(Breite + 29 cm)

SPANNBETTLAKEN

Vor der Herstellung eines Spannbettlakens muss für exaktes Zuschneiden die Matratze ausgemessen werden. Für einen großzügigen Umschlag sollten 29 cm zur Matratzenbreite und –länge plus zwei Mal Höhe hinzugefügt werden (einschließlich Nahtzugabe).

Ein Kopfbrett mit passendem Bezug sieht besonders hübsch aus und ist als Ergänzung zu Ihrem Schlafzimmerensemble leicht herzustellen.

KOPFKISSEN

Standardkopfkissen sind 80 x 80 cm groß, messen Sie die Kissen aber besser aus, für die Sie einen Bezug nähen.

VOLANTS

Für exakte Zuschneidemaße für einen Volant muss das Bett exakt ausgemessen werden; der Volant sollte für ein professionelles Aussehen bis zum Boden reichen, und für die Stoffmenge ist wichtig, ob man eine geraffte Rüsche oder eine Verzierung mit glatten Falten wahlt. Für das Oberteil, das nicht zu sehen sein wird, einmal rundherum 1, 5 cm zum Umfang des Bettes hinzufügen, zur Länge des Volants für den Saum 7, 5 cm hinzurechnen. Auf den Seiten 160-163 finden Sie eine genaue Anleitung zur Berechnung des Stoffes für verschiedene Volantformen.

Bettbezüge

Bettbezüge werden aus Bettwäschestoff genäht oder Stoffen ähnlichen Gewichts, die sich leicht waschen lassen. Mit unterschiedlichen Farben oder gemusterten Stoffen kann ein Wendebettbezug hergestellt werden, der zum Rest der Bettwäsche passt. Die Bezüge werden mit Druckknopfband, Knöpfen oder Bindebändern verschlossen und können mit Spitze oder Rüschen verziert werden.

SCHWIERIGKEITSGRAD
• 1

WERKZEUGE
• Schere
• Maßband
• Nähzeug
• Reißverschlussfuß

MATERIALIEN
• Bettwäschestoff
• Nähgarn
• Druckknopfband

SIEHE AUCH
• Bettwäsche, S. 144
• Stoffeigenschaften, S. 38
• Maschinenstiche, S. 51
• Säume und Nähte, S. 54

MessTIPP

Auf Seite 144 finden Sie Hinweise zu Deckbettgrößen und zum Maßnehmen der Stoffe in diesem Abschnitt.

Einzel- oder Doppelbettbezug mit Druckknopfbandverschluss

Dies ist der am einfachsten herzustellende Bettbezug mit einem Verschluss aus gekauftem Druckknopfband.

1 Zwei Stoffstücke zuschneiden (siehe S. 144 Größen von Bettbezügen), zur gewünschten Größe 3 cm zur Breite und 6,5 cm zur Länge hinzurechnen. Stoff im Fadenlauf schneiden (siehe Stoffeigenschaften, S. 38). ▼

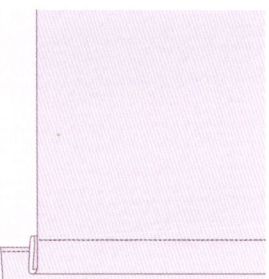

2 An der unteren Kante beider Stücke eine Doppelfalte von 2,5 cm nach links einlegen, feststecken und nahe am Saumrand festnähen. Die Mitte jedes Stoffstücks mit Stecknadel oder Markierstift kennzeichnen.

3 Ein 100 cm langes Druckknopfband abschneiden (für einen Doppelbettbezug 140 cm). Die beiden Streifen trennen und bei jedem die Mitte markieren. Bandmitte auf Mitte des Bezugs legen und von der Mitte nach den Außenseiten hin an den eingefalteten Rändern des Bezugs feststecken.

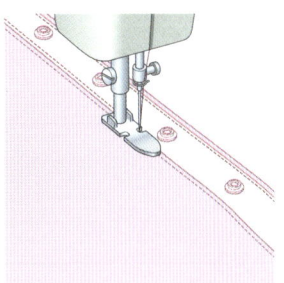

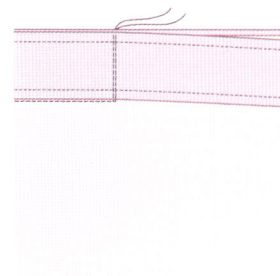

6 Bettbezug mit einer französischen Naht fertigstellen (siehe S. 55), die Festigkeit verleiht und die Schnittkanten verdeckt. Dazu Stoff links auf links legen und die übrigen drei Seiten mit 6 mm Nahtzugabe zusammenstecken. Nähen und Ecken beschneiden. Wenden und rechts auf rechts mit 1 cm Nahtzugabe zusammenstecken und nähen. Wenden und bügeln.

4 Dicht an der Kante des Bandes mit dem Reißverschlussfuß annähen, Band dabei nicht auseinanderziehen. Vor dem Nähen der zweiten Seite überprüfen, ob die beiden Seiten zusammenpassen.

5 Druckknöpfe schließen und die äußeren Ränder auf der Nahtlinie zusammenstecken. Von der äußeren Kante an zusammennähen bis kurz hinter dem Beginn des Bandes, Stoff drehen und einen rechten Winkel nähen, sodass die Schnittkanten des Bandes eingeschlossen werden. Doppelt nähen, da diese Stelle beim Öffnen der Druckknöpfe stark beansprucht ist.

Druckknöpfe sind eine einfache und praktische Verschlussmethode.

NähtechnikTIPP

Die Kanten des Bezugs können auch mit einer Overlockmaschine versäubert werden. Dazu die beiden Stoffteile rechts auf rechts zusammenstecken und mit der Maschine mit 1,5 cm Nahtzugabe mit der Overlock zusammennähen. Wenden und bügeln, Ecken vorsichtig nach außen drücken.

Doppelbettbezug mit Knöpfen und Knopflöchern

Auch dieser Bettbezug ist einfach herzustellen und Knöpfe und Knopflöcher bilden einen hübschen Verschluss.

SCHWIERIGKEITSGRAD
• 1

WERKZEUGE
• Schere
• Maßband
• Nähzeug
• Knopflochfuß

MATERIALIEN
• Bettwäschestoff
• Nähgarn
• Knöpfe

SIEHE AUCH
• Bettwäsche, S. 144
• Stoffeigenschaften, S. 38
• Maschinenstiche, S. 51
• Säume und Nähte, S. 54

1 Zwei Stoffstücke zuschneiden (siehe S. 144 Größen von Bettbezügen), zur gewünschten Größe 3 cm zur Breite und 6,5 cm zur Länge hinzurechnen. Stoff im Fadenlauf schneiden (siehe Stoffeigenschaften, S. 38). ▼

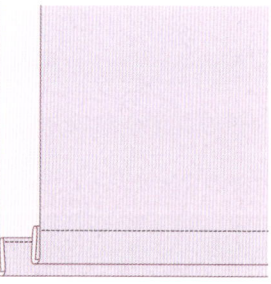

2 An der unteren Kante beider Stücke eine Doppelfalte von 2,5 cm nach links einschlagen, feststecken und dicht an der Saumkante festnähen. Die Mitte jedes Stoffstücks mit Stecknadel oder Markierstift kennzeichnen.

3 Von der Mitte her alle 25 cm die Stellen für Knöpfe und Knopflöcher markieren. Für ein Doppeldeckbett reichen fünf Knöpfe. Knopflöcher mit der Maschine anbringen und Knöpfe an den entsprechenden Stellen annähen.

Eine Öffnung mit Knöpfen ergibt ein weiches Fußende und passt gut zu leichten Stoffen.

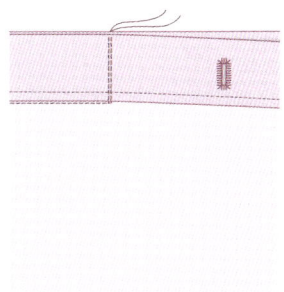

5 Bettbezug mit einer französischen Naht fertigstellen (siehe S. 55), die Festigkeit verleiht und die Schnittkanten verdeckt. Dazu Stoff links auf links legen und die übrigen drei Seiten mit 6 mm Nahtzugabe zusammenstecken. Nähen und Ecken beschneiden. Wenden und rechts auf rechts mit 1 cm Nahtzugabe zusammenstecken und nähen. Wenden und bügeln.

NähtechnikTIPP

Zum Versäubern der Kanten des Bezugs kann auch eine Overlockmaschine eingesetzt werden – siehe Hinweis auf S. 147.

4 Da die Knöpfe in der Innenseite des Bezugs sitzen, eignen sich flache Knöpfe am besten. Zuknöpfen und die äußeren Ränder rechts auf rechts auf der Saumlinie feststecken. Auf dieser Linie nähen, Stoff drehen und im rechten Winkel weiternähen. Zur Verstärkung doppelt nähen.

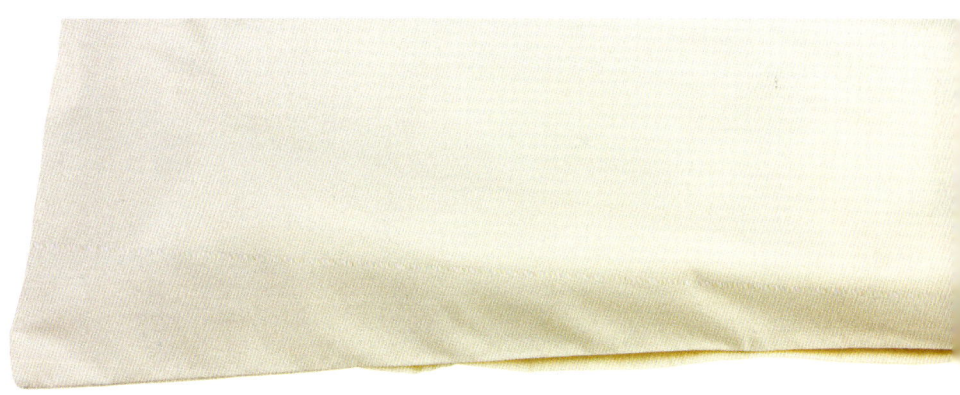

Kingsize-Bettbezug mit Bindebändern

Dieser Bezug erfordert etwas mehr Geschick, sieht dafür aber attraktiv aus. Ein besonderes Detail sind Bänder in Kontrastfarbe.

SCHWIERIGKEITSGRAD
• 1

WERKZEUGE
• Schere
• Maßband
• Nähzeug

MATERIALIEN
• Bettwäschestoff
• Nähgarn

SIEHE AUCH
• Bettwäsche, S. 144
• Stoffeigenschaften, S. 38
• Säume und Nähte, S. 54
• Handstiche S. 42
• Maschinenstiche, S. 51

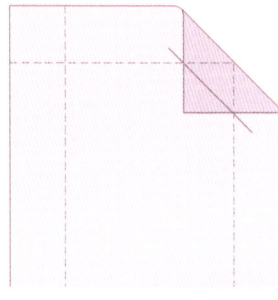

2 Für die Schleifen Stoff längsseits auf der Hälfte falten und bügeln. Wieder öffnen und dann rundherum 1,3 cm falten und bügeln. Die Ecken für Gehrungsnähte auf den inneren Umbruch klappen und beschneiden (siehe S. 59).

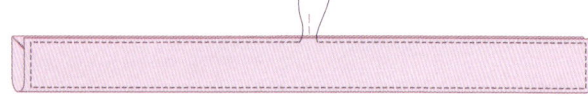

3 Die Stoffbahn wieder längsseits in der Mitte falten, feststecken und einmal rundherum nah an der Kante nähen. Dabei in der Mitte der langen Seite beginnen, da das Band dort halbiert wird und man die Unterbrechung der Nahtlinie später nicht sieht.

1 Zwei große Stoffstücke zuschneiden (siehe S. 144 Größe der Bettbezüge), zur gewünschten Größe zur Länge und Breite je 3 cm Nahtzugabe hinzufügen. Stoff im Fadenlauf zuschneiden (siehe S. 38). Zwei Besatzstücke in der gleichen Breite mal 7,5 cm zuschneiden und fünf Bänder 7,5 x 60 cm. Diese werden später halbiert.

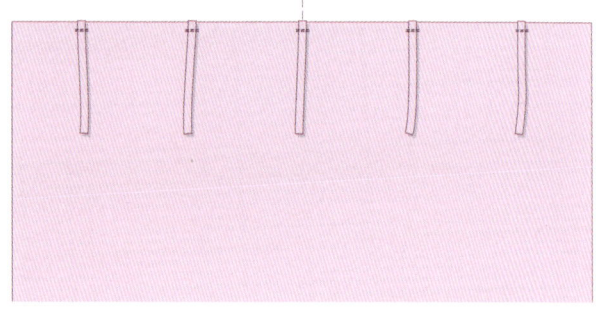

4 Von der Mitte aus rechts auf rechts die Bänder in gleichmäßigen, 30 cm langen Abständen auf die unteren Enden des Bettbezugs legen. 1,3 cm von der Kante entfernt mit der Maschine jedes Band mit einer Doppelnaht annähen.

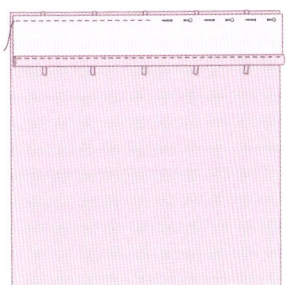 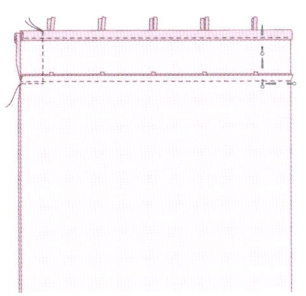 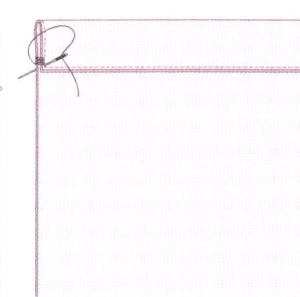

5 An der langen Seite jedes Besatzstückes eine doppelte, 6 mm breite Falte einschlagen. Feststecken und dicht an der Kante nähen. Rechts auf rechts die andere Kante der Besatzstücke an der unteren Kante des Bezugs feststecken und mit 1,5 cm Nahtzugabe annähen. Die Nähte, die die Bänder halten, sind jetzt verdeckt.

6 Bettbezug mit einer französischen Naht fertigstellen (siehe S. 55), die Festigkeit verleiht und die Schnittkanten verdeckt. Dazu Stoff links auf links legen und die übrigen drei Seiten mit 5 mm Nahtzugabe zusammenstecken. Nähen und Ecken beschneiden. Wenden und rechts auf rechts mit 1 cm Nahtzugabe zusammenstecken und nähen.

7 Bei dem flach gebügelten Besatz rechts auf rechts die äußeren Kanten dicht an der Besatznahtlinie 30 cm lang zusammenstecken. Auf dieser Linie von der äußeren Kante aus nähen, wenden und im rechten Winkel zur Saumkante des Besatzes nähen.

8 Die Besatzstreifen nach innen klappen und mit ein paar Stichen sichern, damit sie nicht nach außen klappen. Es entsteht ein leichter Briefumschlageffekt, die Decke wird im Bezug gehalten.

Bänder fügen einem ansonsten schlichten Bettbezug ein dekoratives Detail hinzu.

NähtechnikTIPP

Die Kanten des Bezugs können auch mit einer Overlockmaschine versäubert werden – siehe Hinweis auf S. 147.

Bettbezug mit Einschlagfalte und Druckknopfband

Dieser Bezug kann aus einem einzigen Stoff hergestellt werden oder mit einem Kontraststoff ähnlicher Qualität und ähnlichen Gewichts für die untere Vorderseite. So entsteht der Eindruck eines am oberen Rand umgeschlagenen Lakens. Der Einschlag kann mit quer über den Bezug aufgenähten Bordüren verziert werden, mit einem Spitzenrand, Stickerei oder Applikationen oder mit Haarbiesen oder kleine Falten.

SCHWIERIGKEITSGRAD
• 1

WERKZEUGE
• Schere
• Maßband
• Nähzeug
• Reißverschlussfuß

MATERIALIEN
• Bettwäschestoff
• Nähgarn
• Schmuckbänder, Stickerei-garn oder Spitze
• Druckknopfband

SIEHE AUCH
• Bettwäsche, S. 144
• Stoffeigenschaften, S. 38
• Biesen und Haarbiesen, S. 182
• Maschinenstiche, S. 51
• Säume und Nähte, S. 54

1 Rückseite zuschneiden (siehe S. 144 Größe der Bettbezüge) mit 3 cm Nahtzugabe für die Breite und 6,5 cm für die Länge. Im Fadenlauf zuschneiden (siehe S. 38). Für die Vorderseite werden zwei Stoffstücke zugeschnitten, das obere Teil zum Beispiel 40 cm lang. Für den Einschlag 10 cm plus 3 cm Nahtzugabe hinzufügen, zur Breite ebenfalls 3 cm Nahtzugabe. Biesen oder Falten benötigen mehr Stoff, der zur Länge hinzugefügt werden muss (siehe S. 182). Dem unteren Teil der Vorderseite zur Länge 6,5 cm und zur Breite 3 cm Nahtzugabe hinzufügen.

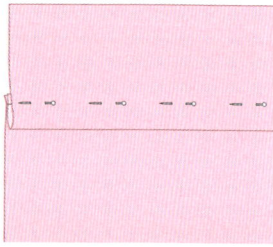

2 Oberes und unteres Teil der Vorderseite mit 1,5 cm Nahtzugabe rechts auf rechts feststecken und zusammennähen. Kanten mit Zickzackstich versäubern (siehe S. 52). Falte in Form bügeln und quer über den Bezug feststecken, genau auf der vorherigen Naht. Auf dieser Linie die Falte einnähen, eventuell vorher heften.

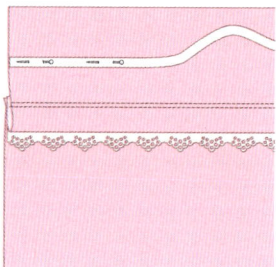

3 Eine zweite Naht 6 mm über der ersten verstärkt die erste und sieht hübsch aus. Nun kann verziert werden – zum Beispiel mit Schmuckband quer über dem Bezug, Spitze an der unteren Kante des Einschlags oder Biesen.

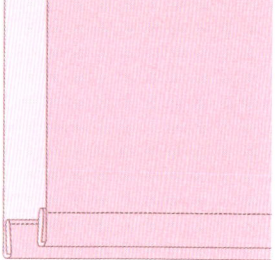

4 An den unteren Rändern von Vorder- und Rückseite eine Doppelfalte von 2,5 cm nach links einschlagen. Dicht am Saumrand feststecken und nähen. Die Mitte beider Stücke mit Stecknadel oder Marker kennzeichnen.

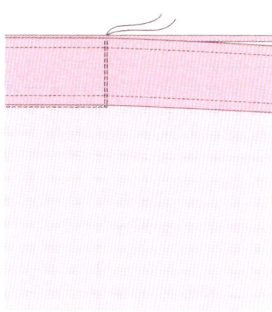

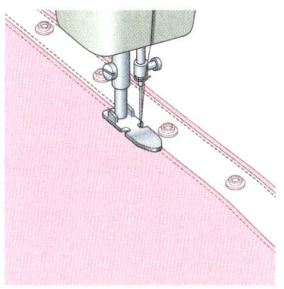

5 Ein 100 cm langes Druckknopfband abschneiden (für einen Doppelbettbezug 140 cm). Die beiden Streifen trennen und bei jedem die Mitte markieren. Bandmitte auf Mitte des Bezugs legen und von der Mitte nach den Außenseiten hin an den eingefalteten Rändern des Bezugs feststecken.

6 Dicht an der Kante des Knopflochbandes mit Reißverschlussfuß annähen, Band dabei nicht dehnen. Vor dem Nähen der zweiten Seite überprüfen, ob beide Seiten zusammenpassen.

7 Druckknöpfe schließen und die äußeren Ränder auf der Saumlinie zusammenstecken. Von der äußeren Kante an zusammennähen bis kurz hinter dem Beginn des Bandes, Stoff drehen und einen rechten Winkel nähen, sodass die Schnittkanten des Bandes eingeschlossen werden. Doppelt nähen, da diese Stelle beim Öffnen der Druckknöpfe stark beansprucht ist.

8 Bettbezug mit einer französischen Naht fertigstellen (siehe S. 55), die Festigkeit verleiht und die Schnittkanten verdeckt. Stoff links auf links legen und die übrigen drei Seiten mit 5 mm Nahtzugabe zusammenstecken. Nähen und Ecken beschneiden. Wenden und rechts auf rechts mit 1 cm Nahtzugabe zusammenstecken und nähen. Wenden und bügeln.

Schmuckbänder und Biesen setzen einen hübschen Akzent auf der Einschlagfalte.

NähtechnikTIPP

Zum Versäubern der Kanten des Bezugs kann auch eine Overlockmaschine eingesetzt werden – siehe Hinweis auf S. 47.

Spannbettlaken

Spannbettlaken erleichtern das Beziehen des Bettes und ergeben eine ordentliche und glatte Oberfläche. Sie können für jede Matratzenhöhe hergestellt werden, Man verwendet dafür meist Bettwäschestoff oder ein gekauftes normales Laken. Ein Gummizug im Eckbereich sorgt für den glatten Sitz.

SCHWIERIGKEITSGRAD
- 1

WERKZEUGE
- Schere
- Maßband
- Nähzeug
- Sicherheitsnadel
- Metalllineal oder Zeichendreieck
- Schneiderkreide oder Stoffmarkierstift

MATERIALIEN
- Bettwäschestoff
- Nähgarn
- Gummiband

SIEHE AUCH
- Maschinenstiche, S. 51
- Säume und Nähte, S. 54

1 In einem Stück zuschneiden, für die Breite die Matratzenbreite plus zwei Mal die Höhe, 26 cm für den Umschlag und 3 cm Nahtzugabe und für die Länge entsprechend berechnen. Das erlaubt ein großzügiges Umschlagen des Lakens, sodass es nicht wieder herausrutscht.

2 Stoff auf eine flache Oberfläche legen und mit Schneiderkreide oder Stoffmarker an jeder Ecke von der Ecke aus gemessen im Abstand von zusammengerechnet der Höhe der Matratze plus der Hälfte der Umschlagzugabe (13 cm) eine Markierung anbringen. Mithilfe eines Metalllineals oder Zeichendreiecks von diesen Markierungen aus einen Strich im rechten Winkel nach innen ziehen, bis die beiden Striche zusammenstoßen.

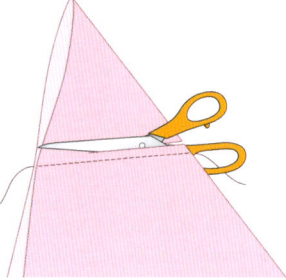

3 Stoff links auf links falten, sodass die Linien und Markierungen aufeinander liegen. Feststecken, es entsteht ein Abnäher. 1 cm neben der gesteckten Linie Richtung Spitze nähen. Übrigen Stoff bis auf 6 mm abschneiden. Stoff nun rechts auf rechts drehen, feststecken und mit 1 cm Nahtzugabe nähen – es entsteht eine französische Naht (siehe S. 55).

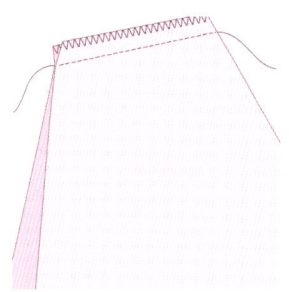
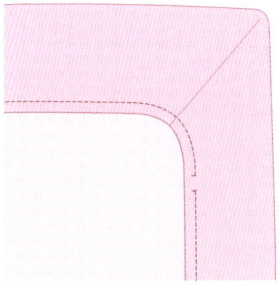
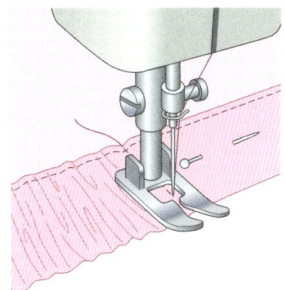

4 Alternativ kann mit einer Overlockmaschine die Ecke entsprechend rechts auf rechts zusammengesteckt und genäht werden. 1,3 cm Nahtzugabe lassen und die Kanten mit der Overlock versäubern.

5 Stoff einschlagen und um den ganzen Lakenrand einen Doppelsaum von 1,5 cm feststecken, dabei zum Einführen des Gummizugs eine kleine Lücke von 1,5 cm lassen. Zum Bestimmen der Lücken von den Ecken aus 25 cm in Längsrichtung abmessen. Saum bis auf die markierten Lücken nähen.

6 Sicherheitsnadel am Gummiband befestigen und durch den Schlitz einführen. Den Stoffrand raffen, bis das korrekte Maß erreicht ist, und Sicherheitsnadel feststecken. Gummiband an beiden Enden festnähen, Rest abschneiden. Den gleichen Vorgang an allen Ecken durchführen.

Die mit einem Gummizug versehenen Ecken sorgen für einen glatten Sitz des Lakens auf der Matratze.

Kopfkissenbezüge

Kopfkissenbezüge sind leicht herzustellen, entweder aus dem gleichen Stoff wie die übrige Bettwäsche, oder man setzt mit Baumwolldrucken interessante, eventuell kontrastierende Akzente ins Schlafzimmerdekor. Standardmaße für Kopfkissen sind 80 x 80 cm und 60 x 40 cm.

SCHWIERIGKEITSGRAD
• 1

WERKZEUGE
• Schere
• Maßband
• Nähzeug

MATERIALIEN
• Bettwäschestoff oder anderer waschbarer Stoff
• Nähgarn

SIEHE AUCH
• Stoffeigenschaften, S. 38
• Maschinenstiche, S. 51
• Säume und Nähte, S. 54

Kopfkissenbezug mit Hotelverschluss

Dieser Kopfkissenbezug ist leicht herzustellen und wohl die Art, die man am häufigsten antrifft.

1 Der Bezug kann aus einem Stoffstück hergestellt werden. Zum Zuschneiden zwei Mal die Länge des Kissens plus 28 cm und zwei Mal die Breite plus 3 cm abmessen. Stoff im Fadenlauf zuschneiden (siehe S. 38).

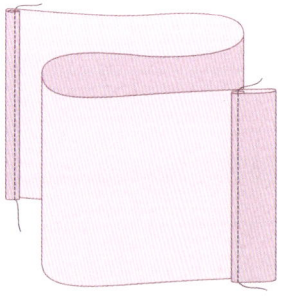

2 An einem der kürzeren Enden eine Doppelfalte von 6 mm nach links umklappen. Feststecken und dicht an der Kante zusammennähen. Am anderen kürzeren Ende zuerst 1,3 cm unterklappen, dann 5 cm. Feststecken und dicht an der Kante nähen. Dieser breitere Saum bildet auf der Vorderseite des Kissens ein dekoratives Element, das Sie noch betonen können, indem Sie zum Beispiel eine Bordüre aufnähen oder mit Satinstich eine Naht in Kontrastfarbe auf die Saumnaht setzen.

MessTIPP

Auch wenn es Standardkissengrößen gibt, sollte man das Kissen, für das man den Bezug näht, vorher abzumessen.

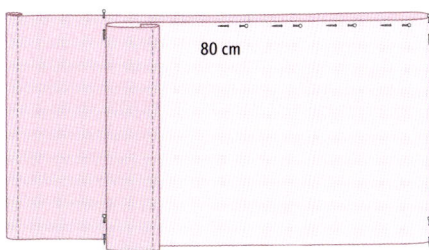
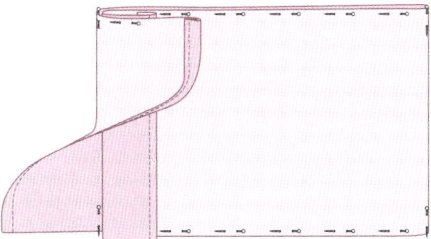

3 Stoff mit der rechten Seite nach oben auf eine flache Oberfläche legen und mit einer Stecknadel oder einem kleinen Einschnitt an der Stoffkante 80 cm und noch einmal 80 cm vom vorderen Seitenrand her abmessen und markieren. Vorgang an der anderen langen Stoffkante wiederholen. Von der ersten Markierung her umklappen, sodass die Saumkante auf die zweite Markierung trifft. Ränder rechts auf rechts mit 1,5 cm Nahtzugabe feststecken.

5 Mit 1,5 cm Nahtzugabe mit der Maschine zusammennähen. Kanten mit Zickzackstich oder auf der Overlock versäubern.

4 Stoffüberstand 20 cm umklappen und mit den Fingern kniffen. Stecknadeln unter dem Umschlag entfernen und durch alle Stofflagen hindurchstecken.

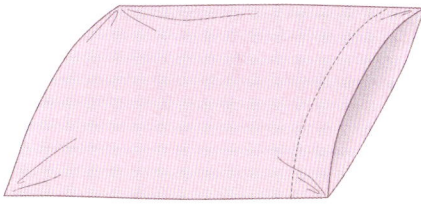

6 Wenden, bügeln und vorsichtig die Ecken nach außen drücken. Das Kissen wird hinter den Umschlag gesteckt und so im Bezug gehalten.

Der breite Saumrand kann mit Verzierungen dekoriert werden.

Kissenbezug mit Stehsaum

Bei diesem Kissenbezug wird mit einer Extranaht ein 5 cm breiter Schmuckrand erzeugt.

SCHWIERIGKEITSGRAD
• 1

WERKZEUGE
• Schere
• Maßband
• Nähzeug

MATERIALIEN
• Bettwäschestoff oder anderer waschbarer Stoff
• Nähgarn

SIEHE AUCH
• Stoffeigenschaften, S. 38
• Maschinenstiche, S. 51
• Säume und Nähte, S. 54

1 Dieser Kissenbezug besteht aus drei Stoffteilen. Für Vorder- und Rückseite rundherum 12,5 cm zur Kissengröße hinzurechnen. Umschlagklappe der Rückseite 28 cm lang plus 12,5 cm zuschneiden. Alle drei Stoffteile im Fadenlauf zuschneiden (siehe S. 38).

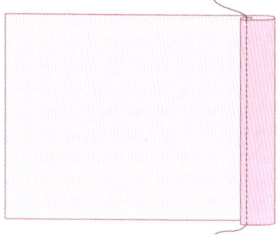

3 An dem rückseitigen Umschlag an einer langen Seite eine Doppelfalte von 6 mm nach links umschlagen. Feststecken und dicht an der Saumkante umnähen.

2 An der einen kurzen Kante des größeren Stoffteils der Rückseite 1,3 cm nach links unterschlagen, dann noch einmal 5 cm. Feststecken und dicht an der Saumkante umnähen.

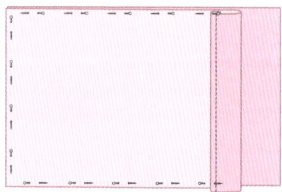

4 Rechts auf rechts Vorderseite und großes Teil der Rückseite mit 1,5 cm Nahtzugabe zusammenstecken. Stoffteil für die Rückseite endet 6,5 cm vor der Seitenkante.

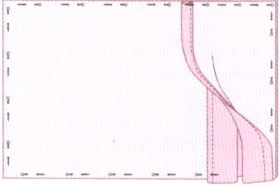

5 Schnittkante des rückwärtigen Umschlags rechts auf rechts auf diese Seitenkante legen. Dort feststecken und dann die Stecknadeln im unteren Umschlag entfernen und an den Seiten durch alle Stofflagen hindurchstecken.

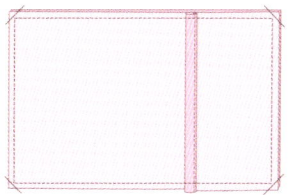

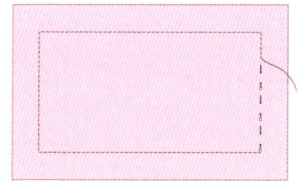

6 Die ganze Kissenhülle rundherum auf der Stecklinie zunähen. Ecken bis dicht zur Naht abschneiden. Nähte auseinanderbügeln, in den Ecken so weit wie möglich, dann Kissenbezug wenden. Noch einmal bügeln, dabei die Ecken vorsichtig nach außen drücken. Die Kante wird sauberer, wenn die Naht vorher auseinandergebügelt wird.

7 Von der Kante des Kissenbezugs 5 cm nach innen abmessen, zusammenstecken und Nahtlinie markieren.

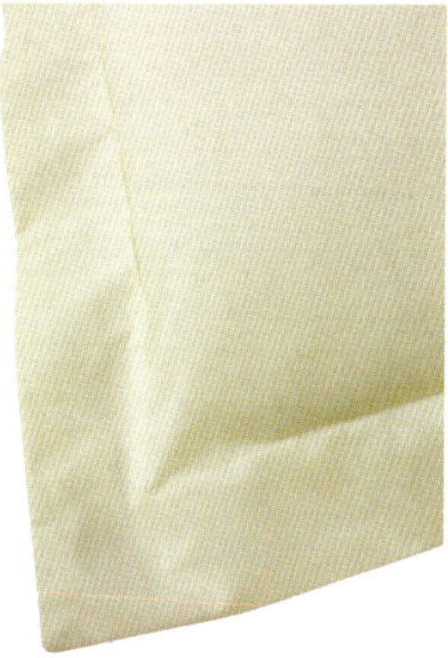

Ein einfacher Stehsaum setzt einen klaren, frischen Akzent.

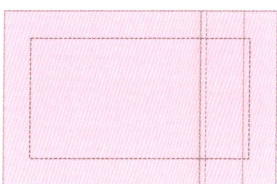

8 Die Nahtlinie kann zunächst geheftet werden und wird dann mit der Maschine genäht. Direkt neben der Naht noch einmal nähen, um mehr Halt und einen zusätzlichen Akzent zu verleihen. Diese Naht kann mit Satinstich genäht werden, eventuell in Kontrastfarbe, die auf die übrige Bettwäsche abgestimmt ist. Beim Nähen des Stehsaums darauf achten, dass man nicht über die Öffnung des rückwärtigen Umschlags näht, da dort das Kissen eingesteckt wird.

Volants

Volants werden unter die Matratze gesteckt und reichen bis zum Boden, sodass sie das Bettgestell verdecken. Meist sind sie aus Bettwäschestoff, können aber auch aus Vorhangstoff hergestellt werden, da sie nicht so oft wie die Bettwäsche gewaschen werden müssen.

SCHWIERIGKEITSGRAD
• 1

WERKZEUGE
• Schere
• Maßband
• Nähzeug

MATERIALIEN
• Bettwäsche- oder Vorhangstoff
• Nähgarn

SIEHE AUCH
• Stoffeigenschaften, S. 38
• Maschinenstiche, S. 51
• Säume und Nähte, S. 54
• Handstiche, S. 42

NähtechnikTIPP

Wenn die Webkante sehr fest ist, muss sie abgeschnitten und die Stoffteile mit einer französischen Naht zusammengefügt werden (siehe S. 55). Dafür den Stoff rechts auf rechts legen, feststecken und mit einer Nahtzugabe von 6 mm nähen. Wenden, feststecken und mit Nahtzugabe von 1 cm rechts auf rechts zusammennähen. An den beiden Enden des Volants einen Doppelsaum von 6 mm unterschlagen und dicht am Rand umnähen.

Volant mit Kellerfalten

Ein Volant mit Kellerfalten sieht besonders elegant aus mit Falten an den Ecken und in der Mitte jeder Bettseite. Wenn Sie Vorhangstoff verwenden, ist diese Volantart am besten geeignet, da sie nicht so voluminös wie ein Rüschenvolant ist.

1 Unterteil des Bettes ausmessen und rundherum 1,5 cm zugeben. Für den Volant zur erforderlichen Länge 7,5 cm zugeben. Für die Volantbreite die zwei langen Bettseiten, eine kurze Seite und 15-20 cm für jede Seite des Kopfendes berechnen. Dazu kommt der Stoff für die Falten – fünf volle und zwei halbe Falten am Kopfende. Die optimale Breite für die Kellerfalten beträgt 40 cm.

2 Das Mittelteil und die erforderliche Anzahl Stoffstücke für den Volant im Fadenlauf zuschneiden. Mit einem Teller die Ecken des Mittelteilstoffes abrunden. Überprüfen, ob die Form stimmt, dann alle vier Ecken abschneiden. Mitte der Ecke markieren. Mittelteilstoff in Viertel falten und Mittelpunkte jeder Seite markieren.

DesignTIPP

Da der Mittelteil des Volants unter der Matratze verborgen ist, kann er aus einem einfachen Stoff hergestellt werden.

3 Rechts auf rechts die Volantteile zusammenfügen. Nähte auseinanderbügeln, Webkanten eventuell einschneiden.

20 cm

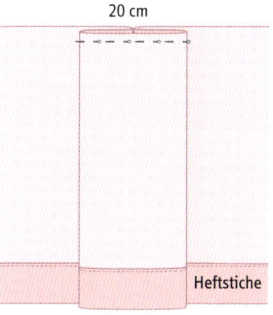

Heftstiche

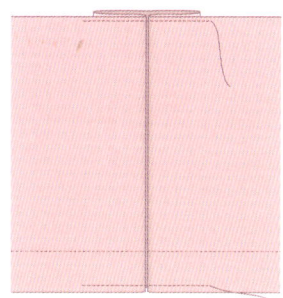

4 Am Saum des Volants 6,5 cm nach links umbügeln. Davon 1,3 cm nach unten umschlagen. Anstecken und dicht an der Saumkante nähen, dabei Saum nicht verdrehen. Saum heften oder Stecknadeln im rechten Winkel zur Saumlinie einstecken und beim Nähen nach und nach entfernen.

7 Diesen Vorgang an der Bettseite wiederholen. Am Kopfende braucht nur eine halbe Falte zu sein, und die Faltengröße kann angepasst werden, falls nötig. Der Volant muss 15 – 20 cm um das Kopfende des Bettes herumreichen.

8 Den Arbeitsgang auf der anderen Seite des Volants wiederholen. Dann rechts auf rechts den Volant auf das Mittelteil stecken, die Markierungen aufeinander. An den Ecken in der Mitte des Faltenstoffes einen kleinen Schnitt anbringen, damit die Falte locker liegt, und Volant feststecken. Auf das Bett legen und Sitz überprüfen. Falls nötig, einzelne Falten anpassen, anstatt die Stecknadeln auf der ganzen Länge wieder zu entfernen.

9 Mit 1,5 cm Nahtzugabe Mittelteil und Volant mit der Maschine zusammennähen. Nahtkanten mit Zickzackstich oder auf der Overlock versäubern. Die Nähte zum Mittelteil hin bügeln und Volant unter die Matratze legen.

5 Mitte des Volants markieren. Mit der rechten Stoffseite nach oben die erste Falte legen. Dazu 20 cm von der markierten Mitte entfernt nach jeder Seite oben und am Saum die Ränder der Falte kennzeichnen. Zur Mitte hin falten, oberen und unteren Rand feststecken und heften (siehe S. 44).

6 Lage der nächsten Falte abmessen (von der Mitte des Fußendes bis zur Mitte der gerundeten Ecke). Diese Abmessung auf dem Volant markieren und dann zwei Markierungen je 20 cm davon entfernt anbringen. Wie in Schritt 5 falten, feststecken und heften. Überprüfen, ob die Falte an der richtigen Stelle sitzt.

Rüschenvolant

Ein Rüschenvolant ist verspielter als ein Volant mit Kellerfalten. Er kann aus Bettwäsche- oder Vorhangstoff hergestellt werden.

SCHWIERIGKEITSGRAD
• 1

WERKZEUGE
• Schere
• Maßband
• Nähzeug

MATERIALIEN
• Bettwäschestoff oder Vorhangstoff
• Nähgarn

SIEHE AUCH
• Stoffeigenschaften, S. 38
• Maschinenstiche, S. 51
• Säume und Nähte, S. 54

1 Das Unterteil des Bettes ausmessen und rundherum 1,5 cm zugeben. Für den Volant die erforderliche Länge abmessen und 6 cm zugeben. Für die Volantbreite die zwei langen Bettseiten, eine kurze Seite und 15-20 cm für jede Seite des Kopfendes berechnen. Das Ergebnis verdoppeln, um genug Stoff für die Rüschung zu haben.

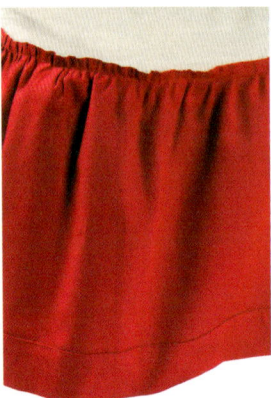

2 Das Mittelteil und die erforderliche Anzahl Stoffstücke für den Volant im Fadenlauf zuschneiden (siehe S. 38). Mit einem Teller die Ecken des Mittelteilstoffes abrunden. Überprüfen, ob die Form stimmt, dann alle vier Ecken entsprechend abschneiden. Stoff in Viertel falten und an jeder Seite die Mittelpunkte mit einer Stecknadel oder einem kleinen Einschnitt von 3 mm oder einem Stoffmarker kennzeichnen.

3 Rechts auf rechts die Volantteile für die erforderliche Länge zusammenfügen. Nähte auseinanderbügeln. Sehr feste Webkanten abschneiden und die Teile mit einer französischen Naht zusammenfügen (siehe S. 55). Dazu Stoff links auf links zusammenstecken und eine 6 mm breite Naht anbringen. Umdrehen, feststecken und rechts auf rechts mit 1 cm Nahtzugabe zusammennähen.
An den beiden Enden des Volants zwei Mal 6 mm einschlagen und umnähen.

Ein Rüschenvolant in leuchtender Farbe verhüllt ein Bettgestell und setzt einen auffallenden Akzent.

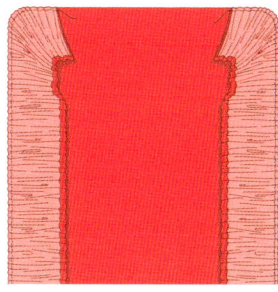

4 Am unteren Rand des Volants eine Doppelfalte von 2,5 cm einschlagen, feststecken und absteppen, eventuell vorher heften. Den Saum dabei nicht verdrehen. Nadeln im rechten Winkel einstecken und während des Nähens eine nach der anderen entfernen.

5 Volant in vier gleiche Teile teilen und jeweils am oberen Rand eine doppelte Reihe Steppstiche anbringen. Alle vier Teile mit den Fadenenden gleichmäßig auf das erforderliche Maß raffen und den Faden durch Umwickeln einer Stecknadel sichern. Rechts auf rechts auf das Mittelteil des Volants stecken, dabei Kennzeichnungen anpassen. Der gekräuselte Volant soll an jeder Seite des Kopfendes 15-20 cm herumreichen.

6 Mittleren Volantteil und Raffvolant mit 1,5 cm Nahtzugabe zusammennähen. Zur Verstärkung 6 mm weiter in der Nahtzugabe eine zweite Naht anbringen.

7 Die Kanten mit Zickzackstich oder auf der Overlockmaschine versäubern.

8 Den Saum zum mittleren, glatten Teil hin umbügeln.

Tischwäsche

Das Herstellen eigener Tischwäsche ermöglicht es Ihnen, Stoffe zu wählen, die zum Beispiel die Küchendekoration komplettieren oder zu den Esszimmerstühlen passen.

Tischdecken

Vor dem Herstellen einer Tischdecke muss man vor allem bedenken, welchem Zweck sie dienen soll. Soll sie einen hässlichen oder einen alten Tisch verhüllen, der in einer Zimmerecke steht? Wird sie auf einem viel benutzten Küchentisch liegen, sodass sie häufig gewaschen werden muss? Oder soll sie einen vornehmen Esstisch schmücken, an dem Gäste bewirtet werden? Wählen Sie einen Stoff, der zur Situation passt.

DAS BERECHNEN DES STOFFES

Verwenden Sie für Ihre Tischdecke möglichst einen Stoff, der breit genug für den ganzen Tisch ist, sodass keine Nähte zu sehen sind. Ist das nicht möglich, sollte sich wenigstens keine Naht in der Mitte befinden; besser ist es, an beiden Seiten eines breiten Mittelstreifens jeweils einen Stoffstreifen anzufügen. Dies gilt sowohl für runde als auch für quadratische, rechteckige oder ovale Tischdecken. Bei schmaleren Tischläufern wird sich das Problem kaum stellen.

- Decken für Beistell-, Ankleide- und Nachttische bestehen oft aus mehreren Stufen, wobei die unterste Stufe bis auf den Boden reicht oder sogar darauf aufliegt.

- Decken für Ess- oder Küchentische sollten dagegen nicht mehr als 15-30 cm Überhang haben, damit der Überhang die am Tisch Sitzenden nicht stört. Der eingeschlagene und mit der Maschine genähte Saum hat meist eine Breite von zwei Mal 1,3 cm. Der Saum kann mit einer Kontrastfarbe eingefasst, mit Spitze oder Fransen verziert werden oder eine dekorative Overlocknaht erhalten.

Radius

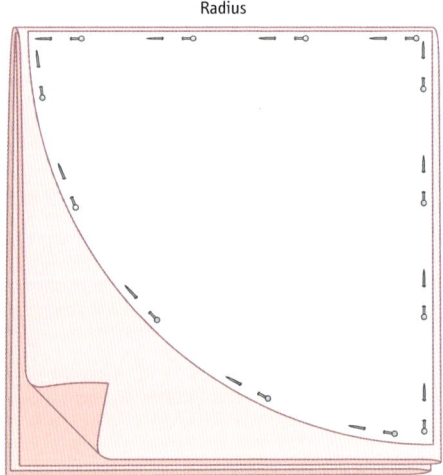

ZUSCHNEIDEN EINER RUNDEN TISCHDECKE

Diese Zuschneidevorlage ist für eine runde Tischdecke wie die auf S. 168 gedacht. Stoff auf ein Viertel zusammenfalten. Schnittmuster aufstecken und durch alle Stofflagen hindurch zuschneiden.

Tischsets

Tischsets oder Platzdeckchen kann man in den unterschiedlichsten Formen und Größen herstellen: Sie können rund und gerade groß genug für einen Teller sein oder oval, rechteckig oder quadratisch und auch noch Platz für das Besteck bieten.

Wie Tischtücher, können Sets mit Bordüren versehen oder auf viele andere Arten verziert werden. Kontrastränder sind besonders dekorativ, und Fransen erzeugen einen Country-Küchen-Look. Mit Bändern oder Borten verziert, bringen Sie Geschirr für besondere Gelegenheiten zur Geltung.

Servietten

Auch wenn sie klein und einfach sind, tragen Servietten zum Gesamteindruck des Esstisches bei, man sollte sie daher mit Bedacht auswählen. Servietten kann man ganz leicht herstellen, indem man ein quadratisches Stück Stoff mit einem kleinen Saum oder einem Rollsaum versieht. Ein Kontrastrand in der gleichen Stoffart wirkt dekorativ, ohne die Waschbarkeit zu beeinträchtigen.

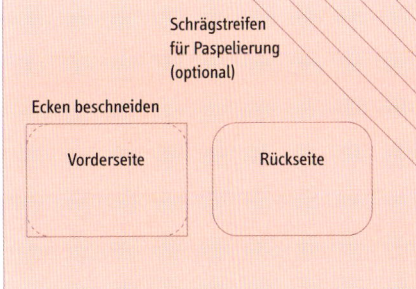

ZUSCHNEIDEN VON TISCHSETS

Diese Zuschneidevorlage ist für die Herstellung der Sets auf den S. 172-174 gedacht. Achten Sie beim Feststecken oder Markieren auf einen eventuellen Musterverlauf.

QUILTEN

Tischsets kann man durch Quilten verstärken, sodass sie die Tischoberfläche besser schützen. Allerdings erreicht man dadurch noch keinen Hitzeschutz. Eine Polyestereinlage oder ein anderes Material wird zwischen zwei Stofflagen geheftet, dann wird das gewählte Steppmuster auf dem Stoff markiert. (Siehe S. 174 – Anleitung für gequiltete Tischsets.)

Diagonales oder rechteckiges Quilten wird normalerweise mit mittlerer Stichlänge auf der Nähmaschine ausgeführt. Ein Obertransportfuß ist nützlich, um das Verziehen der Stofflagen zu vermeiden. Quilten kann man auch zum Herstellen einer Tagesdecke einsetzen, allerdings unterscheidet sich die Größe erheblich.

DesignTIPP

Für passende Untersetzer können Sie einfach eine sehr viel kleinere Ausführung der Tischsets herstellen.

Tischdecken

Tischdecken können sowohl dekorative wie praktische Zwecke erfüllen – sie können farblich und stilistisch das Gesamtdesign ergänzen, während sie gleichzeitig den Tisch schützen.

Quadratische Tischdecke mit doppeltem Saum

Für Decken, die häufig gewaschen werden, eignen sich Stoffe aus Baumwolle oder Baumwollmischgewebe oder sogar Bettwäschestoff. Für besondere Situationen kann man dicke Möbelstoffe verwenden, die mit einer Glasplatte oder einer Überdecke geschützt werden.

SCHWIERIGKEITSGRAD
- 1

WERKZEUGE
- Schere
- Maßband
- Nähzeug

MATERIALIEN
- Stoff
- Nähgarn

SIEHE AUCH
- Stoffeigenschaften, S. 38
- Säume und Nähte, S. 54
- Maschinenstiche, S. 51
- Handstiche, S. 42

MessTIPP

Auf S. 164 finden Sie eine Anleitung zum Maßnehmen von Tischtüchern.

1 Zu den Maßen des Tisches zwei Mal Länge des Überhangs plus 6,5 cm Saumzugabe hinzurechnen. Stoff zuschneiden, dabei Fadenlauf beachten (siehe S. 38).

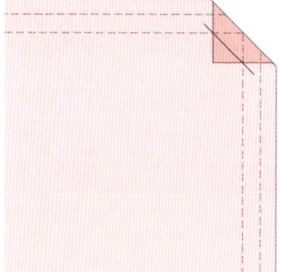

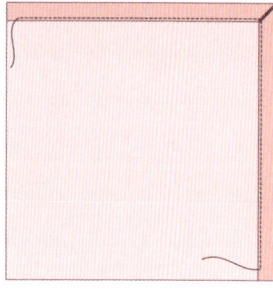

2 Kante 1,5 cm breit doppelt einschlagen und umbügeln. Den gefalteten Stoff an den Ecken wieder aufklappen. Ecke vom inneren Kniffpunkt aus nach innen falten. Spitze abschneiden und Saum wieder einschlagen.

3 Feststecken und dicht an der Kante mit der Maschine steppen. Ecken mit Leiterstich versäubern und Faden sichern (siehe S. 45).

Rechteckige Tischdecke

Dieses Tischtuch wird auf die gleiche Art hergestellt wie das quadratische. Wenn der Stoff nicht breit genug ist, brauchen Sie eine zweite Länge. Schneiden Sie das zweite Stück längs auf der Hälfte durch und fügen Sie es an die Außenseiten des Mittelteils an. Gegebenenfalls Musterverlauf beachten. Die Seitenbahnen mit einer flachen Kappnaht annähen (siehe S. 56). Nach dem Maßnehmen den Stoff in der Hälfte falten, damit das Mittelstück gleichmäßig ist – dazu beide Säume zusammenstecken. Dann die erforderliche Breite markieren. Zuschneiden und wie die quadratische Tischdecke fertigstellen.

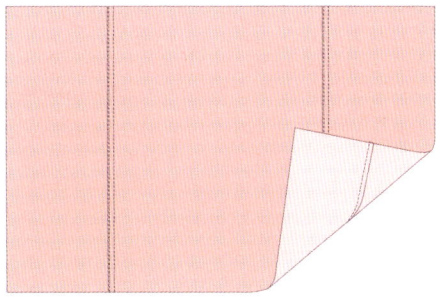

Ovale Tischdecke

Diese Tischdecke wird auf die gleiche Art wie die rechteckige hergestellt. Falls nötig, Stoffteile zusammenfügen, und für die maximale Breite und Länge des Tisches zuschneiden, dabei gewünschten Überhang und Saumzugaben hinzurechnen. Dann:

1 Tischtuch bügeln und so auf den Tisch legen, dass der Überhang an allen Seiten gleichmäßig herunterhängt. Gewichte auf den Tisch legen, damit der Stoff nicht verrutscht. Saum mit Stecknadeln oder Stoffmarker kennzeichnen, indem man den Überhang rundherum exakt abmisst. Überschüssigen Stoff abschneiden, sodass die ovale Form entsteht. 1,3 cm von der Kante entfernt rundherum steppen. ▼

3 Saumzugabe 6 mm breit einschlagen. Den Saum im gleichmäßigen Abstand von 15 cm feststecken, dann dazwischen Nadeln einstecken. Dadurch sitzt der Stoff glatt, ohne sich zu dehnen.

4 Falls nötig, den Saum vor dem Nähen heften oder im rechten Winkel zum Saum mit Stecknadeln feststecken, die beim Nähen eine nach der anderen entfernt werden.

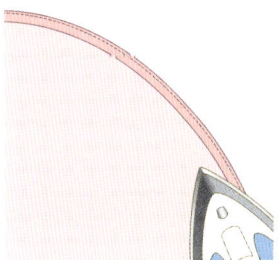

2 Kante auf links umbügeln, sodass die Steppnaht links gerade noch zu sehen ist. So entsteht ein glatter Bogen.

Runde Tischdecke

Runde Tischdecken können in jeder Form gut aussehen – mit Blumenmuster und einem kurzen Überhang oder aus dichtem, einfarbigem Gewebe und bodenlang. Sie werden aus einem quadratischen Stück Stoff hergestellt, dass auf die richtigen Maße zugeschnitten wird. Dazu berechnet man den Tischdurchmesser plus zwei Mal die Überhanglänge plus 2,5 cm Saumzugabe.

SCHWIERIGKEITSGRAD
- 1

WERKZEUGE
- Schere
- Maßband
- Nähzeug
- Schnur und Markierstift

MATERIALIEN
- Stoff
- Nähgarn

SIEHE AUCH
- Rechteckige Tischdecke, S. 167
- Säume und Nähte, S. 54
- Maschinenstiche, S. 51

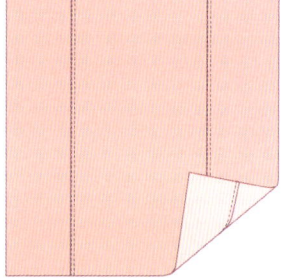

1 Stoff zuschneiden und wenn nötig wie bei der rechteckigen Tischdecke auf S. 167 Stoffbahnen anfügen.

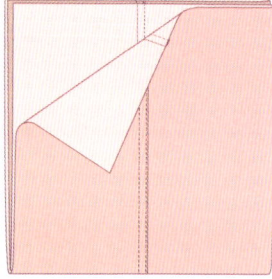

2 Stoff zwei Mal auf der Hälfte zu Vierteln falten, dabei Fadenlauf oder Nähte beachten. Auf eine flache Oberfläche legen. ▲

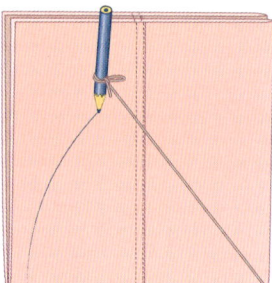

3 Stift an der Schnur befestigen und diese auf die richtige Länge bringen (halber Tischtuchdurchmesser plus Saumzugabe). Ende der Schnur an der gefalteten Ecke fixieren und im richtigen Abstand einen Viertelkreis auf dem Stoff zeichnen.

4 Auf dieser Linie entlang die Ecken aller vier Stofflagen abschneiden. Ist der Stoff zu dick, erst nur durch den obersten Stoff schneiden, dann die Markierung auf die nächste Lage übertragen, diese abschneiden und so weiter, bis alle Lagen zugeschnitten sind.

5 Stoff aufklappen und auf den Tisch legen, um zu überprüfen, ob die Länge stimmt (Saumzugabe beachten!).

DesignTIPP

Runde Tischdecken sehen besonders attraktiv aus, wenn sie bis zum Boden reichen. Sie hängen besser, wenn sie gefüttert sind.

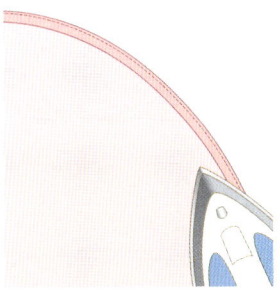

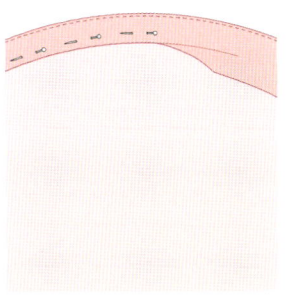

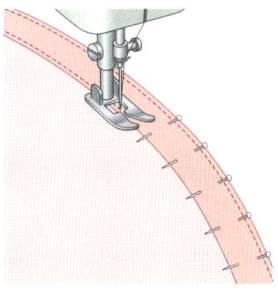

6 1,3 cm von der Kante entfernt rundherum steppen. Kante auf links umbügeln, sodass die Steppnaht gerade noch zu sehen ist. So entsteht ein glatter Bogen.

7 Saumzugabe 6 mm breit einschlagen. Den Saum zunächst alle 15 cm feststecken, dann auch dazwischen. Dadurch sitzt der Stoff glatt, ohne sich zu dehnen.

8 Falls nötig, den Saum vor dem Nähen heften oder im rechten Winkel zum Saum mit Stecknadeln feststecken, die beim Nähen eine nach der anderen entfernt werden. Eventuell Heftfäden entfernen und Saum bügeln.

Der Saum ist knapp gehalten, damit er den Gesamteindruck der Tischdecke nicht stört.

Gefütterter Tischläufer mit Quastenverzierung

Tischläufer bestehen in der Regel aus einem schmalen Stück Stoff, das längs über den Tisch gelegt wird und eher eine schmückende als eine praktische Funktion hat, sie fügen der Tischdekoration eine farbige oder glamouröse Note hinzu. Oft sind sie aus besonderem Stoff und manchmal mit Quasten verziert.

SCHWIERIGKEITSGRAD
• 1

WERKZEUGE
• Schere
• Maßband
• Nähzeug
• Reißverschlussfuß

MATERIALIEN
• Stoff
• Futter
• Nähgarn
• Zwei Quasten

SIEHE AUCH
• Stoffeigenschaften, S. 38
• Säume und Nähte, S. 54
• Handstiche, S. 42

1 Bestimmen Sie die Maße des Tischläufers. Legen Sie zur Probe verschiedene Stoffe auf den Tisch, um zu sehen, welche Größe am besten aussieht. Der Stoff kann über die Tischkanten hängen oder in der Mitte des Tisches liegen, um eine Tischdekoration zu betonen.

2 Zu der maximalen rechteckigen Form rundherum 3 cm Saumzugabe hinzurechnen und zuschneiden. Dabei dem Fadenlauf folgen (siehe S. 38) und ein eventuelles Muster gut zur Geltung bringen. Das gleiche Maß noch einmal aus Futterstoff oder einem Kontraststoff zuschneiden. Stoff längs in der Mitte falten und die gewünschte Form mit Lineal und Stoffmarker kennzeichnen. Aufklappen, lose feststecken und die Form überprüfen und falls nötig korrigieren.

3 Entlang der markierten Linie zuschneiden, beim Futter genauso verfahren.

 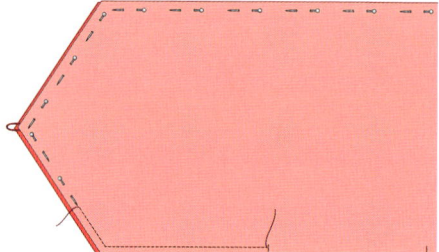

4 Das Hängeband der Quasten auf die Spitzen legen, die Quasten zeigen auf der rechten Stoffseite nach innen. Quaste auf der Maschine mit Reißverschlussfuß 6 mm von der Kante entfernt festnähen.

5 Rechts auf rechts den Futterstoff auf den Läuferstoff legen und 1,5 cm von der Kante entfernt feststecken. Auf einer der beiden geraden langen Seiten eine Lücke von 15 cm offen lassen.

6 Mit dem Reißverschlussfuß der Nähmaschine nähen, an allen Ecken den Stoff drehen. Die Ecken zur Verstärkung doppelt nähen.

LUXURIÖSER STOFF

Für einen luxuriösen, durchscheinenden Tischläufer keinen Futterstoff, sondern eine doppelte Lage Stoff verwenden. Vorgehen wie oben beschrieben. Wenn die Quastenschnur zu sehen ist, abschneiden. Damit sie nicht ausfranst, einen Tropfen Textilkleber darauf geben. Durchscheinende Stoffe mit niedriger Temperatur bügeln.

PERLENVERZIERUNG

Für einen einfachen rechteckigen Tischläufer mit einem Perlenrand die Kante des Bandes, an dem die Perlen befestigt sind, zum Versäubern umklappen, dann mit dem Reißverschlussfuß von rechts auf die obere Lage des Läufers nähen. Die zweite Lage rechts auf rechts obenauf legen und rundherum mit dem Reißverschlussfuß steppen. Darauf achten, keine Perle zu erfassen. An der unteren Kante eine Lücke von 15 cm offen lassen. Tischläufer wenden und wie oben beschrieben beenden.

7 Saumzugabe zurückschneiden und die Ecken beschneiden. Vorsicht, Quastenschnur nicht durchschneiden. Die Nähte an den langen Enden so weit wie möglich auseinanderbügeln, um später auf der rechten Seite einen möglichst glatten Rand zu erhalten.

8 Rechte Seite nach außen wenden, dabei vorsichtig die Ecken nach außen drücken und die Quaste an die richtige Stelle ziehen. Sorgfältig bügeln. Die seitliche Öffnung feststecken und per Hand mit Saumstich zunähen.

Die Quaste wird zwischen Stoff und Futterstoff eingenäht, damit der Tischläufer gewendet werden kann

Tischsets

Individuelle Tischsets sind eine hübsche Alternative zu einem Tischtuch, um den Tisch zu schonen, können aber auch zusammen mit einer Tischdecke benutzt werden. Man kann sie aus Vorhangstoff oder bedrucktem Baumwollstoff herstellen, auf jeden Fall sollten sie waschbar sein.

SCHWIERIGKEITSGRAD
• 1

WERKZEUGE
• Schere
• Maßband
• Nähzeug

MATERIALIEN
• Stoff
• Einlage
• Nähgarn

SIEHE AUCH
• Handstiche, S. 42
• Maschinenstiche, S. 51

Rechteckiges Tischset mit Stehsaum

Dieses schlichte Set, auf dem Teller und Besteck Platz finden, ist für den täglichen Gebrauch geeignet.

1 Zur Größe des Sets von 45 x 30 cm 3 cm zugeben und zwei Stück Stoff und ein Stück Futterstoff zuschneiden.

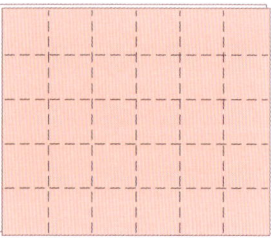 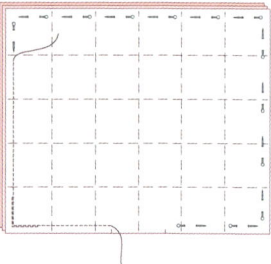

2 Futterstoff auf eine flache Oberfläche legen und ein Stück Stoff mit der rechten Seite nach oben darauflegen. Von der Mitte aus mit großen Stichen alle 7,5-10 cm zusammenheften (siehe S. 44). In der anderen Richtung wiederholen.

3 Rechts auf rechts mit der Rückseite zusammenstecken, dabei in der Mitte der unteren Kante eine Lücke von 10 cm offen lassen. Mit einer Nahtzugabe von 1,5 cm auf der Maschine steppen, an den Ecken den Stoff drehen. Die Ecken zur Verstärkung doppelt nähen.

NähtechnikTIPP

Zum Zuschneiden dieses und des rechteckig-ovalen Tischsets auf S. 174 die Schnittmuster auf S. 165 verwenden.

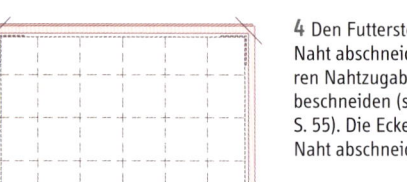 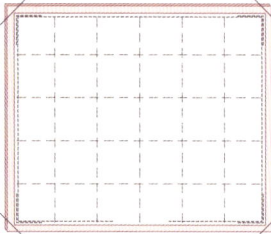

4 Den Futterstoff dicht an der Naht abschneiden und die anderen Nahtzugaben ebenfalls beschneiden (siehe Hinweis auf S. 55). Die Ecken dicht an der Naht abschneiden.

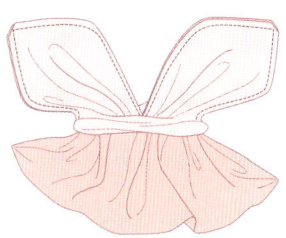 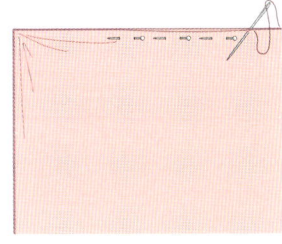 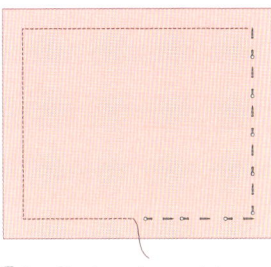

5 Rechte Seite nach außen wenden, dabei darauf achten, dass die Naht am Rand der Lücke nicht reißt. Die Ecken vorsichtig mit einem spitzen Gegenstand nach außen drücken.

6 Ränder bügeln und die Öffnung im Saum zusammenstecken. Mit Saumstich und zur Verstärkung mit doppeltem Faden zusammennähen. Sorgfältig die Heftstiche entfernen.

7 Vom Rand aus 4 cm nach innen abmessen und die Linie mit Stecknadeln markieren oder heften, dann auf der Nähmaschine steppen.

Dieses Tischset kann von beiden Seiten benutzt werden.

Gequiltetes Tischset mit eingefasstem Rand

Tischsets können mit einer Einlage, Watteline oder einem Thermostoff zum Hitzeschutz gefüttert und mit diagonalem oder quadratischem Muster gequiltet werden.

SCHWIERIGKEITSGRAD
- 2

WERKZEUGE
- Schere
- Maßband
- Nähzeug

MATERIALIEN
- Stoff
- Einlage oder Watteline
- Nähgarn
- 2,5 cm breites Schrägband für den Rand

SIEHE AUCH
- Handstiche, S. 42
- Maschinenstiche, S. 51

1 Zwei Stücke Stoff und den Einlagestoff in der gewünschten Größe des Sets plus 2,5 cm Saumzugabe zuschneiden.

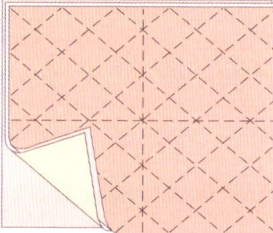

2 Die Einlage zwischen die beiden Stofflagen legen, die Ränder müssen exakt übereinstimmen. Feststecken und in der Mitte und dann alle 5-7,5 cm heften.

3 Die Entfernung der Quiltnähte voneinander bestimmen und die erste Steppnaht zwischen den gegenüberliegenden Ecken markieren. Die Linien mit Schneiderkreide und einem Lineal aufzeichnen oder die Linien mit dem Abstandslineal auf der Nähmaschine steppen. Diesen Vorgang in der anderen Richtung wiederholen. Beim Absteppen darauf achten, den Stoff nicht zu dehnen oder zu verziehen.

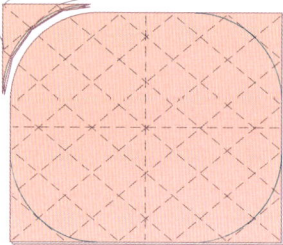

4 Untertasse oder kleinen Teller so auf eine Ecken platzieren, dass der Tellerrand genau auf der Kante des Sets liegt. Die runde Form mit einem Marker umfahren und die Ecke abschneiden. Stoff zusammenfalten und die anderen Ecken entsprechend abschneiden. Lose Fäden entfernen.

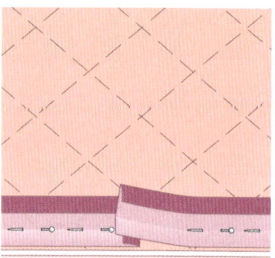

5 Eine Kante des Schrägbandes auffalten und – beginnend in der Mitte der längeren Seite – den Kniff 1,3 cm von der Stoffkante entfernt auflegen und entlang dieser Linie feststecken. Das Band locker um die Ecken führen. Die Bandenden 1,3 cm überlappen lassen und das untere Ende einschlagen, um die Schnittkanten einzuschließen.

6 Auf der Knifflinie steppen. Set umdrehen und das Schrägband umklappen, um die Naht zu überdecken. Feststecken und zusammennähen.

Servietten

Servietten kann man aus den verschiedensten waschbaren Stoffen herstellen. In der Regel versieht man sie mit einem 6 mm breiten doppelten Saum oder verziert sie mit einer Overlockmaschine mit einem dekorativen Rand.

Quadratische Serviette

Servietten sind im Allgemeinen zwischen 20 cm und 50 cm groß.

1 Quadrat in der gewünschten Größe plus 2,5 cm Saumzugabe zuschneiden. Im Fadenlauf schneiden (siehe S. 38).

2 An den Kanten 6 mm doppelt umschlagen und bügeln.

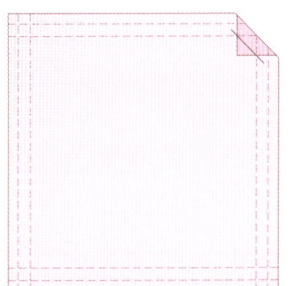 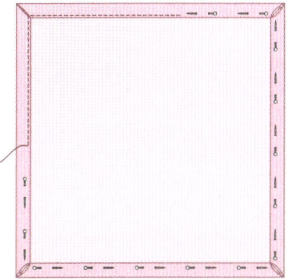

3 Ecken aufklappen und vom inneren Eckpunkt aus nach innen falten. Überschüssigen Stoff abschneiden und Ränder an den Knifflinien wieder nach innen umfalten.

4 Alle Säume feststecken und dicht an der Saumkante steppen – beginnend in der Mitte einer der Seiten. Stoff an den Ecken mit eingesteckter Nadel und gehobenem Nähfüßchen drehen. Naht sauber beenden und Saum bügeln. Die Ecken mit Leiterstich (siehe S. 45) zunähen.

SCHWIERIGKEITSGRAD
• 1

WERKZEUGE
• Schere
• Maßband
• Nähzeug

MATERIALIEN
• Stoff
• Nähgarn

SIEHE AUCH
• Stoffeigenschaften, S. 38
• Maschinenstiche, S. 51
• Handstiche, S. 42

ZIERNÄHTE

Eine interessante Wirkung kann man mit einer auf der Maschine genähten Ziernaht in Kontrastfarbe am Serviettenrand erzielen.

Für einen Fransenrand 1,3 cm von der Stoffkante entfernt eine Steppnaht anbringen und die Fäden bis zu dieser Linie ausfransen.

Auf einfarbigen Leinen- und Baumwollservietten sehen per Hand oder mit der Maschine aufgestickte Muster hübsch aus.

Dekorative Ideen

Alle Wohntextilien – Vorhänge, Rollos, Raffhalter,

Volants, Schabracken, Kissen, Bettwäsche und

Tischwäsche – können mit besonderen Details

geschmückt werden. Allerdings ist es wichtig, dass

die Verzierungen mit dem Gesamtdesign

harmonisieren oder seine Wirkung noch betonen.

Dafür finden Sie in diesem Kapitel eine Reihe

attraktiver Dekorationsideen.

Was passt wo?

Mit dekorativen Elementen, die Sie Ihren Vorhängen, Rollos, Kissen, Volants und Raffhaltern hinzufügen, können Sie die Umsetzung Ihrer eigenen Wohnideen perfektionieren. Eine große Spannweite von Schmuckelementen steht zur Auswahl: einfache Paspelränder sind möglich, geraffte oder gefaltete Rüschen, stylische Bordüren an den Rändern von Faltrollos oder Vorhängen, Kontrastränder an den unteren Enden von Volants, Haarbiesen auf Kissen und noch vieles mehr.

Dekorative Elemente können aus zum Objekt passendem Stoff sein, aber auch einen verblüffenden Kontrast bilden, der in Kombination mit anderen Stoffen und Farben im Raum den von Ihnen angestrebten Gesamteindruck unterstützt. Da solche textilen Accessoires kleiner sind als Ihr eigentliches Projekt, bilden sie eine ideale Gelegenheit, um kontrastierende Farben, Stoffe oder Muster hinzuzufügen. Einfarbige Vorhänge können mit farbigen oder gemusterten Schmuckborten, Paspeln oder Bändern eine attraktive Note erhalten. Ein Spitzenrand macht steife Baumwollrollos weicher, ein schwerer Samtvorhang kann mit einem Fransenband aufgelockert werden.

Schmuckelemente können auch dazu dienen, Formen und Proportionen den Erfordernissen anzupassen. Zum Beispiel bestimmt die Position des Raffhalters an einem Vorhang dessen Silhouette und beeinflusst so die einfallende Lichtmenge. Fransen am unteren Ende von Volants oder Vorhängen betonen die vertikale Linie und schaffen einen Eindruck von Bewegtheit.

Es gibt die verschiedensten Arten dekorativer Elemente und innerhalb jeder Art wiederum vielfältige Ausführungen, und mit etwas Fantasie werden Sie ganz sicher Ihre eigenen, individuellen Ideen entwickeln.

Schlaufen aus aufeinander abgestimmtem cremefarbenem und blauem Band machen aus diesem Kissen etwas ganz Besonderes. Die Naht ist geschickt unter einem cremefarbenen Band versteckt.

Borten mit kurzen, bürstenähnlichen Fransen oder mit Quasten sind typisch für englisches viktorianisches Dekor und haben etwas Opulentes. Heute können sie wirkungsvoll den Stil einer bestimmten Periode ergänzen oder einem Fensterbehang Bewegtheit verleihen. Modernere Borten mit Perlen oder Glastropfen erzeugen einen Hauch von Glamour. Solche Schmuckborten werden entweder aufgeklebt oder an der Stoffkante angenäht. Diese lose herunterhängende Dekoration passt oft gut zu transparenten oder leichten Stoffen und trägt außerdem dazu bei, dass das Material besser fällt.

Bänder und Borten gibt es in einer großen Vielfalt an Mustern, Breiten und Farben. Bei manchen wird die Struktur noch durch Schlaufen oder Bögen verstärkt. Wie bei Polstermöbeln geben Borten auch den Fensterbehängen manchmal den letzten Schliff und verleihen ihnen einen ausgewogenen Charakter. Farbige Borten können einfarbige Vorhänge oder Rollos zudem interessanter gestalten.

Paspeln und dekorative Kordeln sind eine attraktive Art, um den Rändern von Raffhaltern, Kissen und vielen anderen Wohntextilien einen markanten Abschluss zu geben. Sie betonen die Ränder mit einem interessanten Detail, während sie gleichzeitig einen sauberen Abschluss bilden und einer flachen Form Dimension verleihen. Paspeln kann man in verschiedenen Farben kaufen, man kann sie aber auch leicht selbst herstellen – entweder aus zum Nähprojekt passendem Stoff oder einem Kontraststoff. Der Stoff muss jedoch für das Einnähen der Paspelschnur geeignet sein, sehr dünne Stoffe verdecken die Struktur der Kordel nicht und nutzen sich schnell ab.

Quasten setzen Akzente an Fensterbehängen und werden häufig zusammen mit Kordeln an Raffhaltern verwendet. Es gibt sie in einer riesigen Auswahl an Größen und Stilen, oft sind sie aus Seide. Einzelne Quasten kann man auch an Kissenecken nähen und dem Kissen damit einen besonderen Pfiff verleihen.

Perlenband

Gedrehte Kordel

Zierband mit Quasten

Raffungen und Rüschen

Das Raffen von Stoff ist eine einfache Art, um einem Kissenrand, einem Raffhalter oder der unteren Kante eines Raffrollos eine Rüsche hinzuzufügen. Auch bei Bettvolants werden gerne Raffungen verwandt.

SCHWIERIGKEITSGRAD
• 1

WERKZEUGE
• Schere
• Maßband
• Rollbandmaß
• Nähzeug

MATERIALIEN
• Stoff
• Nähgarn

SIEHE AUCH
• Stoffeigenschaften, S. 38
• Maschinenstiche, S. 51

1 Die erforderliche Länge Stoff zuschneiden, eventuell Muster beachten. Im Fadenlauf zuschneiden (siehe S. 38).

2 Die Streifen rechts auf rechts mit 2,5 cm Nahtzugabe zusammennähen. Es entsteht ein Stoffkreis für die Rüsche.

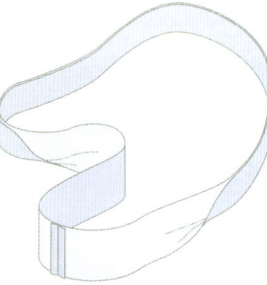 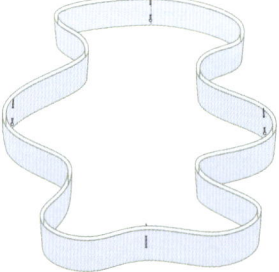

3 Nahtzugaben zurückschneiden oder Webkante einschneiden. Naht auseinanderbügeln und den Stoff längs auf die Hälfte falten.

4 Wenn die Rüsche für ein Kissen ist, in vier Teile teilen und mit Stecknadel markieren oder kleine Einschnitte in der Nahtzugabe anbringen.

5 Bei einem quadratischen Kissenbezug jeweils die Mitte der vier Seiten kennzeichnen. Einen runden Kissenbezug zweimal zur Hälfte falten und ebenso markieren.

Die größte Wirkung erzielt eine eng geraffte Rüsche.

MessTIPP

Doppelte Stofffülle ergibt eine großzügige Rüsche. Bei ausreichend Stoff ist eine doppelte Rüsche sehr schön und verbirgt gleichzeitig die Steppnaht an der Kante.

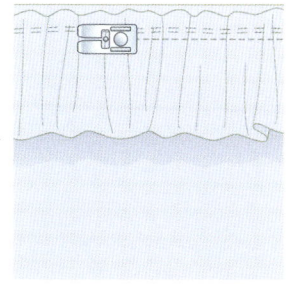

6 Zwischen den Markierungen der Viertel nun jeweils mit einem langen Steppstich auf der Maschine eine doppelte Reihe Kräuselstiche anbringen (siehe S. 53), den Stoff gleichmäßig raffen und mit den Markierungen aufeinander auf die Kissenvorderseite legen. Rüschen zurechtziehen und Kräuselfäden um eine Stecknadel herum sichern.

7 Dicht neben den Kräuselstichen festnähen, sodass diese Nähte auf Seiten der Nahtzugabe liegen. Vorher eventuell heften oder mit Stecknadeln fixieren, die man eine nach der anderen entfernt.

NähtechnikTIPP

Wenn die Rüsche ein Raffrollo schmücken soll, die erforderlichen Stoffteile zusammennähen. An den Enden den Stoff längs rechts auf rechts falten und am Ende mit 2,5 cm Nahtzugabe zusammennähen. Nahtzugabe auf 1,3 cm beschneiden und die Ecken beschneiden. Auf rechts wenden, bügeln und dann die Teilbereiche kräuseln. An die untere Kante des Rollos annähen.

FALTEN

Eine gefaltete Rüsche wird auf die gleiche Art hergestellt wie eine gekräuselte, man braucht jedoch etwas mehr Stoff. Sie wird oft als untere Kante eines Raffhalters verwandt, dann ist nicht viel Stoff nötig. Für leichte bis mittelschwere Stoffe eignen sich kleine Falten, bei dickeren Stoffen sollten die Falten größer sein. Bettvolants werden häufig mit Kellerfalten gearbeitet (siehe S. 160-161).

Biesen und Haarbiesen

Biesen sind kleine, in den Stoff eingenähte Falten, die unterschiedlich breit sein können. Sehr schmale Biesen nennt man Haarbiesen. Sie dienen nur dekorativen Zwecken und können einzeln oder zu mehreren Sofakissen, Kopfkissen und Bettbezüge schmücken. Am besten wirken Biesen bei leichten bis mittelschweren Stoffen und Polyesterbaumwollmischungen.

SCHWIERIGKEITSGRAD
• 1

WERKZEUGE
• Schere
• Maßband
• Rollbandmaß
• Zollstock oder Lineal
• Nähzeug

MATERIALIEN
• Stoff
• Nähgarn

SIEHE AUCH
• Maschinenstiche, S. 51
• Nähgarn

1 Beim Zuschneiden geben Sie je nach gewünschter Biesengröße 6-13 mm für jede Biese zu.

2 Die Position der ersten Biese auf der Vorderseite des Stoffes mit einem Zollstock oder Lineal markieren. Für fortlaufende Biesen von 6 mm nächste Markierung 2 cm weiter anbringen. Wiederholen, bis die gewünschte Anzahl Biesen gekennzeichnet ist.

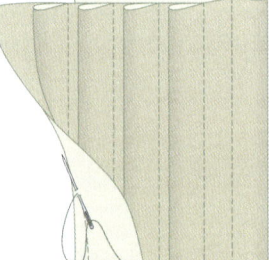

3 Stoff links auf links entlang der markierten Linie falten, feststecken und mit Geradstich auf der Nähmaschine nähen (siehe S. 51). Alle Biesen in derselben Richtung nähen, damit der Stoff sich nicht verzieht. Die Enden sichern. Mit glänzendem Schmuckgarn oder einer Schmucknaht kann ein weiteres dekoratives Element hinzugefügt werden.

4 Haarbiesen können mit einer 3 mm von der Falz entfernten Naht in den gewünschten regelmäßigen Abständen eingenäht werden. Die Biesen mit einem Bügeltuch in eine Richtung bügeln.

Biesen geben einem einfachen Kissen eine besondere Note.

Kontraststreifen für Kanten

Kontraststreifen an Kanten verbreitern oder verlängern Ihre Vorhänge oder Rollos und sind eine optimale Möglichkeit, dem Gesamteindruck einen farblichen Akzent hinzuzufügen. Beide Stoffe müssen ein ähnliches Gewicht haben, damit sie schön fallen. Der Randstreifen sollte aus einer einzigen Stoffbahn zugeschnitten sein, damit keine Nähte zu sehen sind. Beim Kombinieren von Stoffen empfiehlt es sich, diese vorher mit Dampf zu bügeln, um unterschiedliches Einlaufen zu vermeiden.

Kontraststreifen an der Vorhanginnenkante

Ein Kontraststreifen an der Innenkante eines Vorhangs verbreitert den Stoff und sieht stylish aus.

1 Ein Stück Stoff in der gleichen Länge wie den Hauptstoff zuschneiden (siehe gefütterter Vorhang, S. 70). Die Breite richtet sich nach dem erwünschten Ergebnis — bei den meisten Vorhängen sehen 5-10 cm gut aus. Bei kürzeren Vorhängen passen schmalere Streifen, bodenlange Vorhänge erfordern breitere Streifen, damit die Proportionen stimmen. Entsprechende Breite plus 1,5 cm Nahtzugabe plus 5 cm für den seitlichen Umschlag zuschneiden (Webkante nicht mitberechnen). An der Führungskante des Hauptstoffes Webkante abschneiden.

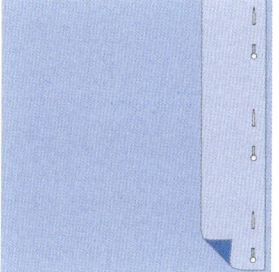

2 Rechts auf rechts mit 1,5 cm Nahtzugaben Kontraststreifen auf der Führungskante des Hauptstoffs feststecken, dabei von unten beginnen.

3 Mit der Maschine zusammennähen und darauf achten, dass der Stoff des Randstreifens sich nicht verzieht oder dehnt. Nahtzugaben auseinanderbügeln und fortfahren wie beim gefütterten Vorhang (siehe S. 70-73).

SCHWIERIGKEITSGRAD
• 1

WERKZEUGE
• Schere
• Maßband
• Rollbandmaß
• Nähzeug

MATERIALIEN
• Stoff
• Kontraststoff
• Nähgarn

SIEHE AUCH
• Maschinenstiche, S. 51

Das durchgehende Futter verdeckt die Nähte.

DesignTIPP

Ein Kontraststreifen sieht besonders hübsch bei Ösenvorhängen aus (siehe S. 88).

Kontraststreifen am oberen oder unteren Vorhangrand

Auch ein Kontraststreifen am oberen Vorhangrand sieht apart aus, vor allem bei einem Ösenvorhang. Mit dieser Methode kann man auch Vorhänge verlängern.

Zur Vorbereitung eines Kontraststreifens für den oberen oder unteren Vorhangrand die
Breite des Hauptstoffes plus 1,5 cm Nahtzugabe und 5 cm für den oberen Umschlag oder 20 cm
für den unteren Saum zuschneiden.

SCHWIERIGKEITSGRAD
• 1

WERKZEUGE
• Schere
• Maßband
• Rollbandmaß
• Nähzeug

MATERIALIEN
• Stoff
• Kontraststoff
• Nähgarn

SIEHE AUCH
• Säume und Nähte, S. 54
• Maschinenstiche, S. 51

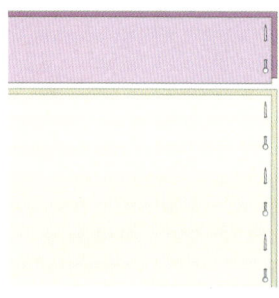

1 Die Stoffbahnen des Streifens
mit den gleichen Nahtzugaben wie
beim Hauptstoff zusammennähen,
sodass die Nähte bei beiden Stoffen den gleichen Abstand haben.

2 Nähte auseinanderbügeln und Nahtzugaben wenn nötig einschneiden oder
zurückschneiden.

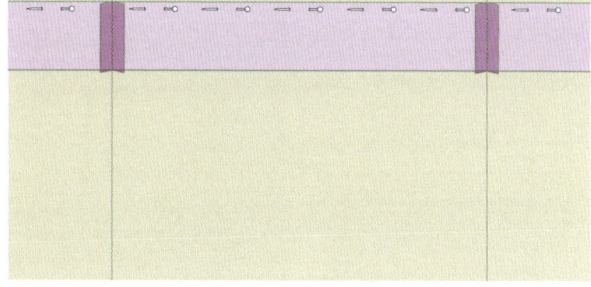

3 Rechts auf rechts den Kontraststreifen auf der oberen Kante des
Vorhangs feststecken, dabei Nähte
anpassen. Beim Annähen eines
Streifens an die untere Vorhangkante genauso verfahren. Mit der
Maschine zusammennähen und
Nähte auseinanderbügeln.

4 Bei der Fertigstellung des
Vorhangs den entsprechenden
Anweisungen folgen.

Kontraststreifen bei einem Faltrollo

Wie bei dem Konraststreifen für einen Vorhang ist es auch bei einem Faltrollo wichtig, einen geeigneten Kontraststoff zu wählen, der gut fällt.

Seitenrandstreifen

1 Breite des Randstreifens bestimmen und 1,5 cm Nahtzugabe plus 3,5 cm für den Seitenumschlag hinzurechnen.

2 Rechts auf rechts den Kontraststoffstreifen auf dem Hauptstoff feststecken, dabei vom unteren Rand nach oben arbeiten.

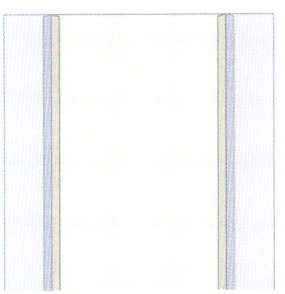
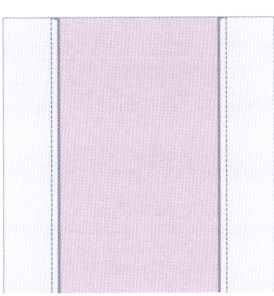

3 Zusammennähen und bei ähnlichen Farben Nähte auseinanderbügeln. Sind die Farben sehr verschieden, die Nahtzugabe zum dunkleren Stoff hin bügeln.

STREIFEN AM UNTEREN RAND

1 Für einen Kontraststreifen am unteren Rand wählt man am besten die Höhe des unteren Tunnels, sodass die Naht im Zusammenstoß von Kontraststreifen und Hauptstoff verschwindet. Den Streifenstoff in der Breite des Rollos mal 13 cm plus 8 cm zuschneiden. ▼

3 Rollo nach der Anleitung auf den S. 107-109 fertigstellen. Bei Schritt 8 die untere Einstecktasche von der rechten Stoffseite her feststecken und nähen, um genau auf der Naht zu bleiben.

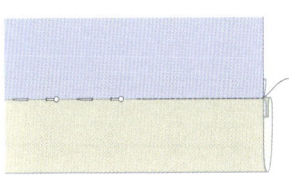

2 Rechts auf rechts mit 1,5 cm Nahtzugabe den Streifen auf der unteren Kante des Rollostoffes anfügen und Naht auseinander- oder zum dunkleren Stoff hin bügeln.

SCHWIERIGKEITSGRAD
• 1

WERKZEUGE
• Schere
• Maßband
• Rollbandmaß
• Nähzeug

MATERIALIEN
• Stoff
• Kontraststoff
• Nähgarn

SIEHE AUCH
• Maschinenstiche, S. 51

4 Für die Weiterverarbeitung siehe S. 107-109. Beim Fertigen des unteren Tunnels und Annähen des Klettverschlusses passendes Garn für die Konstränder verwenden.

Verzierungen

Es gibt die vielfältigsten Möglichkeiten, Ihre Wohntextilien mit zusätzlichen Verzierungen zu verschönern oder aufzufrischen. Bänder, Paspeln, Schmuckknöpfe, Quasten und Perlenborten sind in vielen verschiedenen Farben und Stilen erhältlich. Sie lassen sich leicht an bereits vorhandene Stücke anfügen oder können von vornherein Teil Ihres Projekts sein.

SCHWIERIGKEITSGRAD
- 1

WERKZEUGE
- Schere
- Maßband
- Rollbandmaß
- Nähzeug

MATERIALIEN
- Stoff
- Nähgarn
- Bänder
- Reißverschluss, 10 cm kürzer als Kissenbreite

SIEHE AUCH
- Zuschneidepläne, S. 120
- Maschinenstiche, S. 51

Bänder und Zierborten

In jeder Nähabteilung finden Sie hunderte verschiedener Bänder- und Bortenarten in allen Farben, zum Beispiel Samt-, Satin- und Organzabänder oder kunstvoll gewebte Borten. Es gibt sie in allen Breiten und sie können auf Kissen aufgenäht werden, als Bindebänder fungieren oder am oberen Rand eines durchscheinenden Vorhangs dazu dienen, ihn an der Gardinenstange zu befestigen.

KISSEN MIT SCHMUCKBÄNDERN

1 Stoffteile für das gewünschte Kissen zuschneiden (siehe S. 120-123).

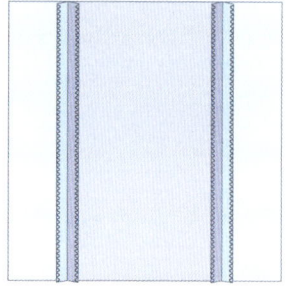

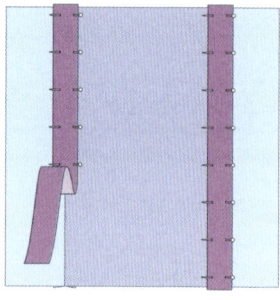

2 Stoffteile der Vorderseite zusammenstecken, Nahtzugaben auseinanderbügeln und Kanten mit Zickzackstich versäubern.

3 Bänder oder Borten senkrecht auflegen und feststecken.

4 Bänder beidseitig in derselben Richtung aufnähen, damit sie sich nicht verziehen.

5 Für die weitere Verarbeitung des Kissens der entsprechenden Anleitung folgen.

Paspeln

Paspelschnur ist in vielen unterschiedlichen Stärken erhältlich, von dünnen Bändern, die in der Regel für Kleider verwandt werden, bis zu dicken Kordeln zum Beispiel für Polstermöbel oder Raffhalter. Mittlere Stärken sind für die meisten Projekte geeignet und lassen sich am besten auf der Nähmaschine mit Paspel- oder Reißverschlussfuß verarbeiten. Wichtig ist, dass die Paspel nicht mehr einläuft. Falls nötig, können Sie sie vor dem Verarbeiten waschen.

Paspeln betonen die
Kontur von Stoffkanten.

SCHWIERIGKEITSGRAD
• 2

WERKZEUGE
• Schere
• Maßband
• Rollbandmaß
• Nähzeug
• Paspel- oder Reißverschlussfuß

MATERIALIEN
• Stoff
• Paspelband
• Nähgarn

SIEHE AUCH
• Maschinenstiche, S. 51
• Handstiche, S. 42
• Stoffeigenschaften, S. 38

PASPELSTREIFEN ZUSCHNEIDEN

1 Gewünschten Stoff in einem 45-Grad-Winkel falten. Dadurch kann sich das Band dehnen und um Ecken herum geführt werden und Kissen und Raffhaltern einen glatten Abschluss verleihen.

2 An der Bruchkante abschneiden und auf dem größeren Stoffstück die Paspelstreifen markieren.

AUSMESSEN DER BENÖTIGTEN BREITE

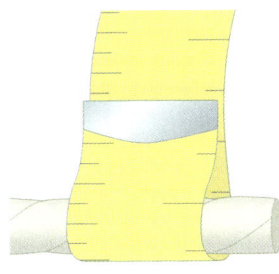

1 Ein Maßband um das Paspelband wickeln und 1,3 cm Nahtzugabe zum Annähen in der Naht zugeben – insgesamt 2,6 cm. Wenn Sie mittelstarkes Paspelband verwenden, reichen 4,5 cm breite Streifen. Franst der Stoff sehr stark aus, mehr Nahtzugabe berechnen und nach dem Nähen abschneiden.

2 Messen Sie den Kissenumfang oder den Umfang des zu paspelierenden Objekts, um zu berechnen, wie viele Schrägstreifen Sie brauchen.

KISSEN MIT PASPEL

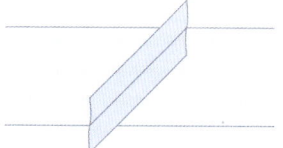

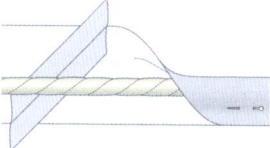

1 Streifen rechts auf rechts mit 6 mm Nahtzugabe zusammenfügen.

2 Auf der Maschine nähen oder mit Hand mit Steppstich (siehe S. 50). Nahtzugaben mit den Fingern auseinanderdrücken.

3 Paspelband in die Mitte der linken Stoffseite legen, umklappen und feststecken. Ausreichend Band für das gewählte Objekt vorbereiten.

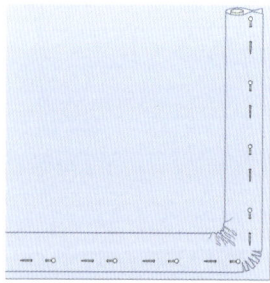

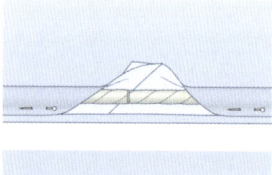

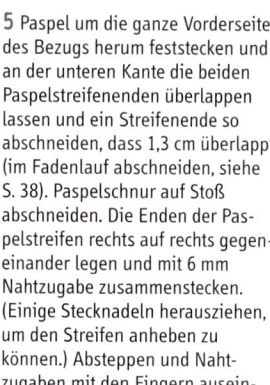

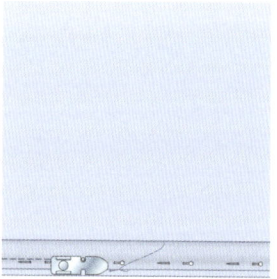

4 Bei einem quadratischen Kissenbezug in der unteren Mitte der Vorderseite beginnend die Paspel Kante auf Kante auflegen. Mit den Nadeln aus den Paspelstreifen am Kissenstoff fixieren. Paspel nicht dehnen – sie zieht sich sonst wieder zusammen und verzieht den Kissenstoff. Kissen auf eine flache Oberfläche legen und die Paspel ohne zu dehnen um die Kanten herumlegen. Eine Nadel nach der anderen aus der Paspel ziehen und durch alle Stofflagen stechen. Da die Paspel aus Schrägstreifen geschnitten ist, biegt sie sich leicht um die Ecken herum. Bei sehr festem Stoff Nahtzugaben eventuell einschneiden.

5 Paspel um die ganze Vorderseite des Bezugs herum feststecken und an der unteren Kante die beiden Paspelstreifenenden überlappen lassen und ein Streifenende so abschneiden, dass 1,3 cm überlappt (im Fadenlauf abschneiden, siehe S. 38). Paspelschnur auf Stoß abschneiden. Die Enden der Paspelstreifen rechts auf rechts gegeneinander legen und mit 6 mm Nahtzugabe zusammenstecken. (Einige Stecknadeln herausziehen, um den Streifen anheben zu können.) Absteppen und Nahtzugaben mit den Fingern auseinanderdrücken.

6 Paspel komplett feststecken und rundherum dicht an der Paspelschnur auf der Nähmaschine mit Reißverschlussfuß annähen.

7 Kissen fertigstellen, dafür den Anleitungen auf den S. 124-125 folgen.

ANBRINGEN EINER PASPEL AN EINEM ROLLO

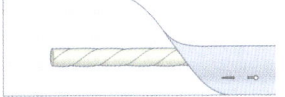 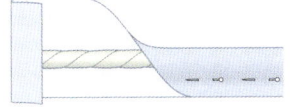 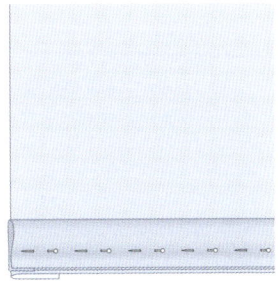

1 Paspelband in der erforderlichen Länge abschneiden und Schrägstreifen 1,3 cm länger zuschneiden.

2 Schrägstreifen eng um das Paspelband herumlegen und feststecken, damit ein fester Abschluss erzielt wird.

3 An der gewünschten Stelle feststecken und mit Reißverschlussfuß annähen. Projekt fertigstellen, dafür entsprechender Anleitung folgen.

Paspeln sind hilfreich, um Reißverschlüsse zu verbergen.

DesignTIPP

Bei Paspeln aus Kontrastfarbe ein ähnliches Stoffgewicht wie beim Kissenbezug wählen, um ein perfektes Ergebnis zu erzielen.

Zierkordel

SCHWIERIGKEITSGRAD
• 2

WERKZEUGE
• Schere
• Maßband
• Rollbandmaß
• Nähzeug
• Reißverschlussfuß

MATERIALIEN
• Stoff
• Kordel mit Nähfahne
• Nähgarn
• Reißverschluss, 10 cm
  kürzer als Kissenbreite

SIEHE AUCH
• Maschinenstiche, S. 51
• Paspeln, S. 187

Zierkordel gibt es mit und ohne Nähfahne zu kaufen. Für Hobbynäherinnen empfiehlt es sich nicht, die dicksten Kordeln zu verwenden, da sie schwierig anzubringen sind. Kordeln können mit Hand auf das fertige Kissen genäht werden, bei Kordeln mit Nähfahnen wird der Stoffstreifen wie bei Paspeln eingenäht.

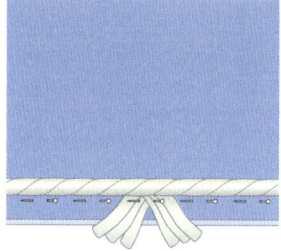

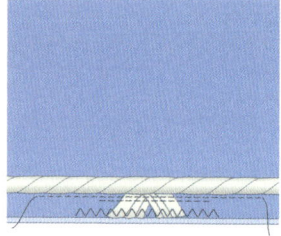

1 Ecken einschneiden, da die Nähfahne fest ist und sich nicht so um die Ecken biegt wie Schrägstreifen. Auch das Zusammenfügen des Kordelbandes wird anders ausgeführt. Die Kordel um 5 cm überlappen lassen und die Naht zwischen Kordel und Nähfahne auftrennen. Kordel auseinanderdrehen bis zu dem Punkt, an dem sie zusammenstößt, und umeinander schlingen. Feststecken.

2. Mit dem Reißverschlussfuß auf der Maschine über die Verbindungsstelle nähen. Noch einmal 6 mm entfernt in der Nahtzugabe nähen, um alle losen Enden zu sichern. Weiter um das ganze Kissen herum nähen. Lose Kordel abschneiden und die Enden mit Zickzackstich fixieren (siehe S. 52). Fertigstellen nach der Anleitung für ein Kissen mit Paspelrand auf S. 188.

3 Beim Annähen der Kordel an ein Kissen mit Hand die Kordelenden umeinander winden und in die Lücken der Maschinennaht stecken. Die Lücken zunähen, dann fertigstellen.

RANDVERZIERUNGEN

Randverzierungen gibt es in den unterschiedlichsten Arten. Borten mit Quasten und Bommeln eignen sich für Kissen, Volants und die untere Kante von Faltrollos; traditionell dichte Besätze schmücken die Führkante bodenlanger Vorhänge und konventionelle runde Tischdecken. Es ist einfacher, Schmuckborten dem fertigen Objekt hinzuzufügen, außer am Rand von Kissen, wo der Abschluss sauberer ist, wenn die Borte während der Fertigstellung zwischen die Lagen genäht wird.

Perlenfransen

Perlenfransen sind eine sehr beliebte Randverzierung und es gibt sie in vielen Designs und Qualitäten. Manche sind recht teuer, aber schon ein kleines Stück an einem Kissen kann sehr glamourös wirken. Perlenfransen können von innen auf die Führkante eines Vorhangs oder auf die untere Kante eines Faltrollos oder Volants genäht werden. Auch Raffhalter gibt es aus Perlenschnüren.

KISSEN MIT MITTELSTREIFEN UND PERLENFRANSEN

1 Kissen mit Mittelstreifen nach Anleitung auf S. 134 herstellen. Bei Schritt 3 die Perlenfransen einfügen.

2 Den mit Nähfahne versehenen Rand der Perlenfransen auf dem vorderen Stoffeinsatz feststecken, dabei 1,5 cm Nahtzugabe berücksichtigen. Dicht an der Kante des Bandes mit Reißverschlussfuß festnähen. Arbeitsvorgang auf der anderen Seite des Einsatzes wiederholen.

3 Seitenteile am Mittelstreifen feststecken und mit dem Reißverschlussfuß vorsichtig annähen, um keine Perle zu erfassen. Nach Anleitung fertigstellen.

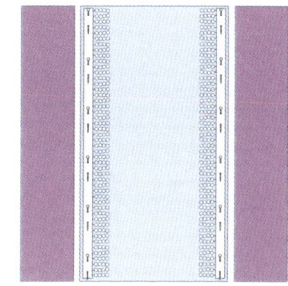

VOLANT MIT PERLENFRANSEN

Folgen Sie beim Zuschneiden und Vorbereiten von Stoff und Futter den Anleitungen für den gefütterten Volant mit Kontrast- oder Rüschenborte (siehe S. 100).

1 Am unteren Ende des Volants 5 cm vom Rand entfernt mit 1,5 cm Nahtzugabe die Perlenfransen feststecken. Das Bandende muss vor dem Platzieren umgeschlagen werden, um die Schnittkante zu verdecken.

2 Mit dem Reißverschlussfuß dicht an der Kante das Band festnähen.

3 Fortfahren mit Schritt 6 der Anleitung für einen gefütterten Volant auf S. 100.

Quasten

Mit Quasten kann man Kissen, Rollos, Tischläufern und sogar Schrank-
griffen auf einfache Art einen besonderen Clou hinzufügen. Das Spektrum
an fertigen Quasten ist äußerst vielfältig, meist sind sie zusammen mit
einer Auswahl an Kordeln, Fransen und Schmuckborten in vielen Farben
und Qualitäten zu finden. Quasten kann man leicht aus Wolle, Seiden- oder
Stickgarn selbst herstellen.

EINFACHE QUASTE

SCHWIERIGKEITSGRAD
• 1

WERKZEUGE
• Schere
• Nähzeug
• Gobelinnadel

MATERIALIEN
• Kleine Pappestücke
• Garn
• Wattierung/Watte

1 Zwei Pappstücke in der
gewünschten Quastenlänge
zuschneiden. Aufeinanderlegen
und das gewählte Garn in einer
oder mehreren Farben mindestens
20 Mal um die Pappe herumwi-
ckeln (ungefähr 10 Meter Garn).

2 Wenn die gewünschte Dicke
erreicht ist, einen anderen Garn-
faden zwischen die beiden Pappen
führen und an einer Seite mit
einem festen Knoten zusammen-
binden. Garnenden beschneiden
und den Knoten in den Schlaufen
verbergen.

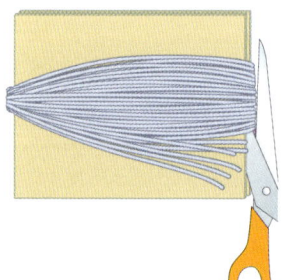

3 Blatt einer Schere durch die zwei
Pappen schieben und die Garn-
schlaufen am anderen Ende durchschneiden. Pappen entfernen.

4 Nach Wunsch den Kopf der
Quaste ausstopfen, indem man
winzige Stückchen Wattierung oder
Watte hineinschiebt. Etwa auf
einem Fünftel abwärts die Fäden
mit Garn umwickeln.

5 Beide Enden dieses Garns in eine Gobelinnadel einfädeln und diese in der Mitte durch die Spitze der
Quaste führen. Mit diesen Fäden kann die Quaste an
dem Objekt befestigt werden. Man kann zur Befestigung alternativ eine Kordel in die Spitze
der Quaste einführen.

QUASTE MIT KUGEL

Diese Quaste bekommt an der Spitze eine kleine Kugel (z. B. eine Holzperle oder Styroporkugel), die mit dem Quastengarn bedeckt wird. Alternativ ergeben auch nicht umwundene Perlen aus Glas oder Holz einen hübschen Effekt.

SCHWIERIGKEITSGRAD
• 1

WERKZEUGE
• Schere
• Nähzeug
• Gobelinnadel

MATERIALIEN
• Holzperle oder Styroporkugel
• Garn
• Kleine Pappestücke

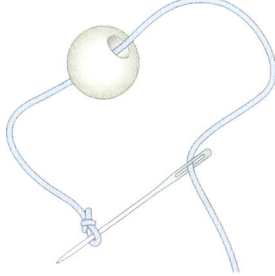

1 Überprüfen, ob das Loch in der Perle groß genug ist, um die Gobelinnadel hindurchzuführen — eventuell mit einer Stricknadel vergrößern.

2 Das gewählte Garn in eine Gobelinnadel einfädeln. Am Ende eines Garnfadens (lang genug, um die Kugel mehrere Male zu umwinden) eine kleine Schlaufe knüpfen. Die Nadel durch die Perle oder Kugel stechen und dann durch die Schlaufe festziehen.

3 Faden um die Kugel führen und von oben wieder einstechen. Wiederholen, bis die ganze Kugel in der gewünschten Stärke bedeckt ist. Restfaden hängt unten.

4 Nach der Anleitung auf der gegenüberliegenden Seite eine Quaste aus dem gleichen Garn herstellen. Nachdem einer der Bindefäden an der Spitze der Quaste ausgeführt wurde, diesen Faden durch die Kugel führen, über die Kugelseite wieder hinunter und in die Quaste hinein. Zum Sichern des Fadens wiederholen. Das Gleiche mit dem anderen Bindefaden ausführen und Quaste mit den Enden beider Fäden an dem Objekt befestigen.

Design-Leitfaden

Ob es um luxuriöses Aussehen oder um eher praktische Belange geht, die Entscheidung für den Stil eines Vorhangs, eines Rollos, eines Volants oder eines Kissens kann schwierig sein, denn für alle Wohntextilien gibt es eine schier unendliche Anzahl von Möglichkeiten. In diesem Kapitel finden Sie verschiedene Ideen, die Ihnen helfen, für Ihre Wohnung und Ihr ganz persönliches Vorhaben die perfekte Lösung zu finden.

Vorhang-Designs

Bei der Auswahl eines Vorhangs sind mehrere Aspekte zu bedenken: Bevorzugen Sie einen eher eleganten oder legeren Stil, was passt zur Einrichtung des Zimmers und welche Art Fenster wird der Vorhang schmücken?

Vorhanglänge

Prinzipiell ist jede Vorhang-länge möglich, es gibt aber einige praktische und stilistische Grundsätze, die man bei der Wahl der Länge berücksichtigen sollte. Allgemein kann man sagen, dass ein Vorhang desto vornehmer wirkt, je länger er ist.

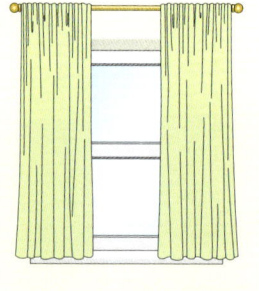

1 Vorhang bis zum Fensterbrett. Für ein Fenster in einer Nische oder über einem Möbelstück oder eines, das häufig geöffnet wird. Ideal für Küche und Badezimmer, da ein kurzer Vorhang leichter zu reinigen ist.

Schwierigkeitsgrad Abhängig von der Vorhangaufhängung
Maße Länge bis Fensterbrett
Stoffart Alle Gewichte

2 Vorhang, der über das Fensterbrett hängt

Schwierigkeitsgrad Abhängig von der Vorhangaufhängung
Maße 10 cm unter dem Fensterbrett (oder bis kurz über einer Heizung)
Stoffart Alle Gewichte

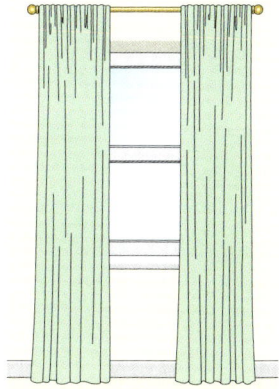

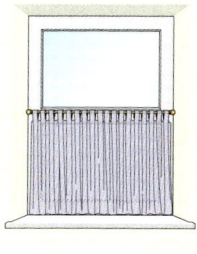

3 Bodenlanger Vorhang, stilvoll-elegante Option für ein Wohnzim-mer

Schwierigkeitsgrad Abhängig von der Vorhangaufhängung
Maße 1 cm über dem Fußboden
Stoffart Durchscheinende ungefütterte oder gefütterte Vorhänge fallen besser aus schwerem Stoff.

4 Auf dem Boden aufliegender Vorhang

Schwierigkeitsgrad Abhängig von der Vorhangaufhängung
Maße 12,5-15 cm zur Länge bis zum Boden hinzufügen
Stoffart Mittelschwer oder schwer

5 Lässige halblange Bistrogardi-ne, ideal für Küchen, da sie leicht zu reinigen ist.

Schwierigkeitsgrad 1
Maße Halbe Länge bis zum Fensterbrett
Stoffart Leicht oder durchscheinend

Siehe auch

• **Fensterdekoration,**
S. 62-91

DesignTIPP

Auf dem Boden aufliegende Vorhänge eignen sich nicht für Fenster, in deren Nähe es lebhaft zugeht.

Fensterart

Die Wahl des Vorhangstils wird beeinflusst von der Art des Fensters, das durch den Vorhang eingerahmt wird. Außerdem ist zu bedenken, wie sich der Vorhang öffnen lassen soll und wie leicht zugänglich er sein muss. Schließlich wird die durch das Fenster einfallende Lichtmenge eine Rolle spielen und inwieweit die Fensterdekoration diese verändern wird.

ERKERFENSTER

Erkerfenster bilden winkelige oder bogenförmige Vorsprünge. Man kann einen Vorhang vor dem Vorsprung anbringen und die einzelnen Fenster mit Rollos ausstatten. Alternativ können gebogenen Gardinenstangen oder Gardinenstangen mit Winkeln benutzt werden, damit die Vorhangbahnen direkt vor den Fensterrahmen hängen.

Siehe auch

- Vorhänge, S. 62-91
- Quasten, S. 192-193

DesignTIPP

Zwei Vorhänge hintereinander sind besonders wirkungsvoll, wenn der zum Fenster weisende Vorhang durchscheinend oder aus einem Kontraststoff ist.

1 Drei Schals, für zwei Fenstereinheiten

Schwierigkeitsgrad Abhängig von der Vorhangaufhängung
Maße Bodenlang: 1 cm über dem Boden
Stoffart Durchscheinende ungefütterte Vorhänge oder gefütterte Vorhänge fallen besser aus schwerem Stoff.

2 Vier Stoffbahnen für Erkerfenster

Schwierigkeitsgrad Abhängig von der Vorhangaufhängung
Maße Bodenlang: 1 cm über dem Boden
Stoffart Durchscheinende ungefütterte Vorhänge oder gefütterte Vorhänge fallen besser aus schwerem Stoff.

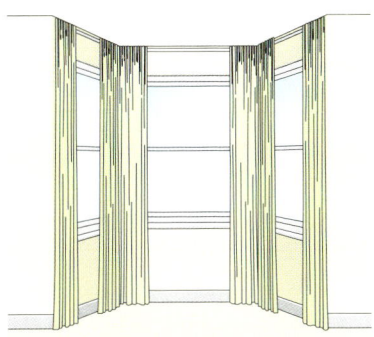

3 Mehrere Schals für optimale Vielseitigkeit bei einem Erkerfenster

Schwierigkeitsgrad Abhängig von der Vorhangaufhängung
Maße Bodenlang: 1 cm über dem Boden
Stoffart Durchscheinende ungefütterte Vorhänge oder gefütterte Vorhänge fallen besser aus schwerem Stoff.

4 Zwei Vorhänge hintereinander für Bogenerkerfenster

Schwierigkeitsgrad Abhängig von der Vorhangaufhängung
Maße Bodenlang: 1 cm über dem Boden
Stoffart Durchscheinende ungefütterte Vorhänge oder gefütterte Vorhänge fallen besser aus schwerem Stoff.

5 Vorhänge mit Quastenraffbändern und Rüschenvolant verlaufen vor der Erkernische

Schwierigkeitsgrad Abhängig von der Vorhangaufhängung
Maße Bodenlang
Stoffart Durchscheinende ungefütterte Vorhänge oder gefütterte Vorhänge fallen besser aus schwerem Stoff.

6 Rosettenverziertes Rollo und Vorhänge vor der Erkernische für Erker mit Vorsprung

Schwierigkeitsgrad Abhängig von der Vorhangaufhängung
Maße 7,5-10 cm Stoff zur Bodenlänge hinzufügen, damit der Vorhang locker aufliegt.
Stoffart Schwerer Stoff

DACHFENSTER

Da Dachfenster sich oft in einer Gaube befinden, die aus der schrägen Fläche eines Daches hervorspringt, gibt es an den Fensterseiten meist nicht genug Platz für Standardvorhänge. Eine mögliche Lösung sind schwenkbare Gardinenstangen direkt vorm Fenster, eine andere ist die Anbringung eines Vorhangs vor der Nische. Wenn man etwas weniger Lichteinfall in Kauf nimmt, kann man auch direkt am Fensterrahmen kurze Vorhänge montieren, die nach beiden Seiten zurückgezogen werden.

7 Spitzenschals vorm Fenster oder mit Raffhalter zurückgehalten, vor der Fensternische eines Gaubenfensters

Schwierigkeitsgrad 1
Maße Bis zur Hälfte zwischen Fensterbrett und Boden
Stoffart Leicht

8 Vorhänge mit Tunnelsaum und Raffhalter auf schwenkbarer Stange für Gaubenfenster

Schwierigkeitsgrad 1
Maße Bis zum Fensterbrett
Stoffart Alle Gewichte

9 Vorhang mit Ringaufhängung, von einer Stange zurückgehalten, für Gaubenfenster

Schwierigkeitsgrad 1
Maße Bodenlang, endet 1 cm über dem Boden
Stoffart Leicht

Siehe auch

• Vorhänge, S. 62-91
• Raffhalter, S. 92-95

DesignTIPP

Verwenden Sie Stores und ein Rollo als Lichtschutz.

Fenstertüren und Schiebetüren

Bei Vorhängen für Fenster- und Schiebetüren ist ein leichter Zugang zur Tür wichtig. Eine Lösung ist das Aufhängen der Vorhänge weit über dem Türrahmen und das Fortführen der Vorhangstange über den Türrahmen hinaus, sodass der Vorhang beim Bewegen der Tür nicht im Weg ist. Alternativ kann die Fensterdekoration an den Türen selbst angebracht werden, zum Beispiel Spitzenschals oder Stores oder Rollos, sodass sie mit den Türen mitbewegt werden.

10 Auf dem Boden aufliegende Seidenvorhänge mit Umschlag am oberen Abschluss und Raffhaltern für Fenstertüren/Schiebetüren

Schwierigkeitsgrad 2
Maße 12,5-15 cm zur Bodenlänge hinzufügen
Stoffart Alle Gewichte

11 Legere bodenlange Vorhänge mit einzelnen Faltrollos aus Jute, für Fenstertüren/Schiebetüren

Schwierigkeitsgrad Abhängig von der Verhängeaufhängung
Maße Bodenlänge, endet 1 cm über dem Boden
Stoffart Durchscheinende ungefütterte Vorhänge oder gefütterte Vorhänge fallen besser aus schwerem Stoff.

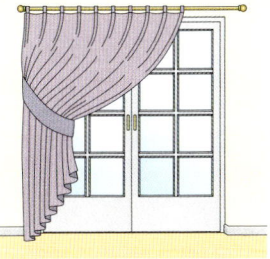

12 Asymmetrischer Schlaufenvorhang mit Raffhaltern aus Stoff, für Fenstertüren/Schiebetüren

Schwierigkeitsgrad 1
Maße Bodenlänge, endet 1 cm über dem Boden
Stoffart Alle Gewichte

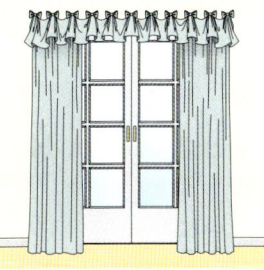

13 Volant mit Schleifen und bodenlangen Vorhängen, für Fenstertüren/Schiebetüren

Schwierigkeitsgrad 2
Maße Bodenlänge, endet 1 cm über dem Boden
Stoffart Durchscheinende ungefütterte Vorhänge oder gefütterte Vorhänge fallen besser aus schwerem Stoff.

Siehe auch

- **Vorhänge, S. 62-91**
- **Raffhalter, S. 92-95**
- **Volants, S. 96-101**

Die Wahl einer Oberkante

Die Wahl einer Oberkante hat großen Einfluss auf den Gesamteindruck des Vorhangs. Auch hier gibt es wieder ein breites Spektrum an Möglichkeiten, von einem weichen, gekräuselten Stil bis zu eher strengen, maßgeschneiderten Formen. Bei der Wahl des oberen Abschlusses sollten sowohl die Stoffart als auch das Muster berücksichtigt werden. Für leichte Stoffe eignen sich lockere, gekräuselte Abschlüsse, während zu schwereren Stoffen mit ausgeprägter Struktur eher steifere, gefaltete Abschlüsse passen.

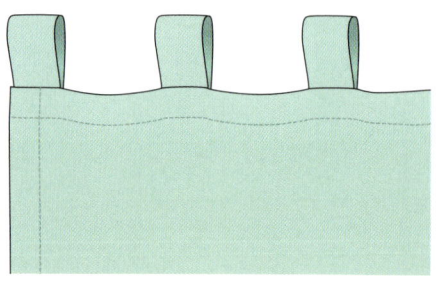

1 Schlaufenabschluss

Schwierigkeitsgrad 1
Maße 1 ½-mal Fensterbreite
Stoffart Leicht bis mittelschwer

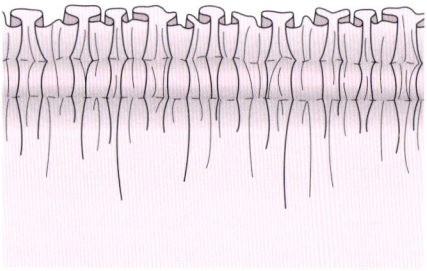

2 Geraffter Tunnelsaum

Schwierigkeitsgrad 2
Maße Doppelte Fensterbreite
Stoffart Leicht bis mittelschwer

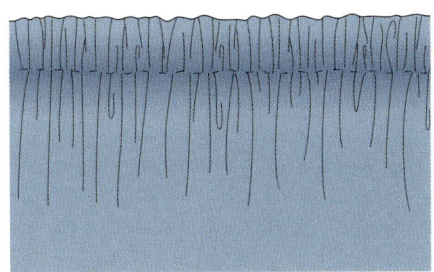

3 Einfacher Tunnelsaum

Schwierigkeitsgrad 1
Maße Doppelte Fensterbreite
Stoffart Leicht bis mittelschwer

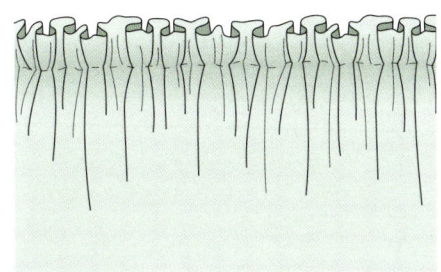

4 Gekräuselt

Schwierigkeitsgrad 1
Maße Doppelte Fensterbreite
Stoffart Alle Gewichte

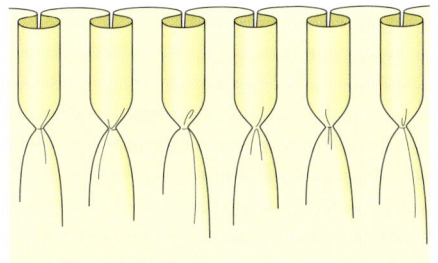

5 Pokal- oder Kelchfalten

Schwierigkeitsgrad 3
Maße Doppelte Fensterbreite
Stoffart Leicht bis mittelschwer

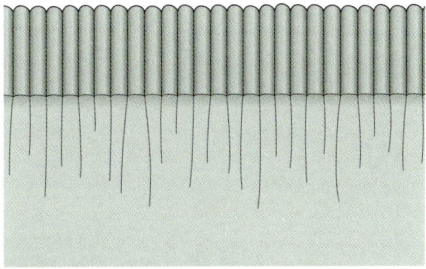

6 Bleistiftfalten

Schwierigkeitsgrad 1
Maße 2 ½-mal Fensterbreite
Stoffart Leicht bis mittelschwer

Siehe auch

- Schlaufenvorhänge, S. 74-77
- Weitere Vorhangköpfe, S. 82-89
- Ungefütterte Vorhänge, S. 68-69
- Gefütterte Vorhänge, S. 70-73

DesignTIPP

Bleistiftfaltenband ist das üblichste Gardinenband. Es ist in vielen Breiten erhältlich und wird für alle Vorhanglängen verwandt. Es enthält Taschenreihen in verschiedenen Positionen für Gardinenhaken.

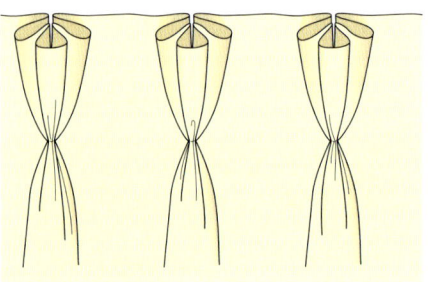

7 Flämische oder Dreierfalten

Schwierigkeitsgrad 3
Maße Doppelte Fensterbreite
Stoffart Mittelschwer bis schwer

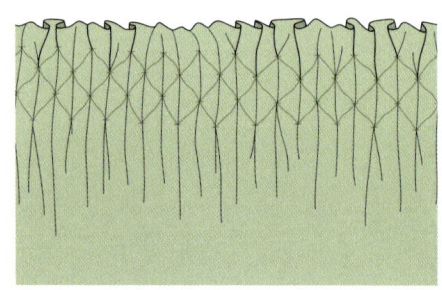

8 Gesmokt

Schwierigkeitsgrad 2
Maße 2 ½-mal Fensterbreite
Stoffart Alle Gewichte

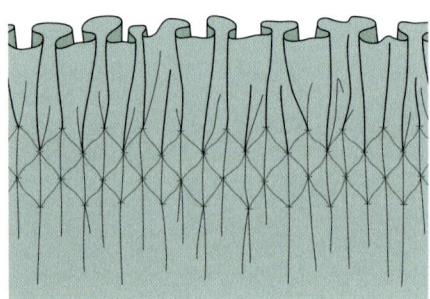

9 Gesmokt mit Raffung

Schwierigkeitsgrad 2
Maße 2 ½-mal Fensterbreite
Stoffart Leicht bis mittelschwer

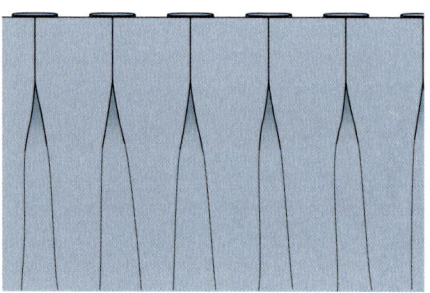

10 Quetschfalte

Schwierigkeitsgrad 3
Maße Doppelte Fensterbreite
Stoffart Alle Gewichte

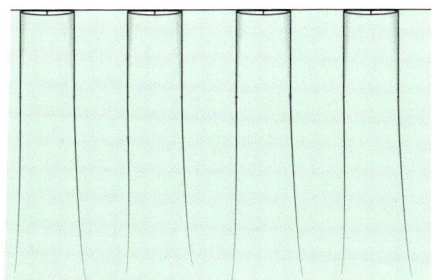

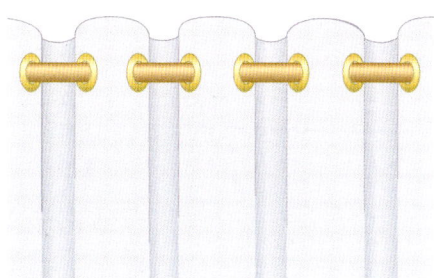

11 Kellerfalte

Schwierigkeitsgrad 3
Maße 2 ½- bis 3-mal Fensterbreite
Stoffart Alle Gewichte

12 Ösen

Schwierigkeitsgrad 2
Maße 1 ½-mal Fensterbreite
Stoffart Alle Gewichte

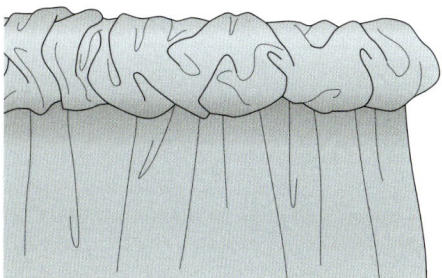

13 Rüsche

Schwierigkeitsgrad 1
Maße Doppelte Fensterbreite und Länge der
    Rüsche x 2 + 4 cm
Stoffart Leicht bis mittelschwer

Siehe auch

- **Gefütterte Vorhänge mit
  Dreierfaltenabschluss,
  S. 80-81**
- **Weitere Vorhangköpfe,
  S. 82-89**

MessTIPP

**Die in diesem Kapitel ange-
gebenen Maße sind nur
Richtlinien. Genauere Anga-
ben finden Sie für viele der
Projekte weiter vorn im
Buch.**

Designideen für Volants und Schabracken

Volants und Schabracken können interessante
Akzente setzen und das obere Fenster verschönern.
Sie verdecken die nötigen Schienen und Schnüre für
die Vorhänge, haben aber auch dekorative Funktion.

1 Bleistiftfalten

Schwierigkeitsgrad 1
Maße 2 ½- bis 3-mal Fensterbreite
Stoffart Alle Gewichte

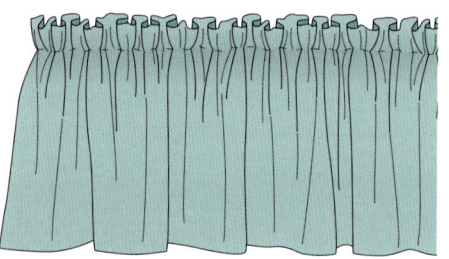

2 Gekräuselte Falten

Schwierigkeitsgrad 1
Maße Doppelte Fensterbreite
Stoffart Alle Gewichte

3 Quetschfalten

Schwierigkeitsgrad 3
Maße 2 ½-mal Fensterbreite
Stoffart Alle Gewichte

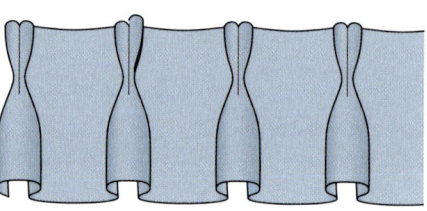

4 Flämische Falten

Schwierigkeitsgrad 3
Maße Doppelte Schienenlänge
Stoffart Alle Gewichte

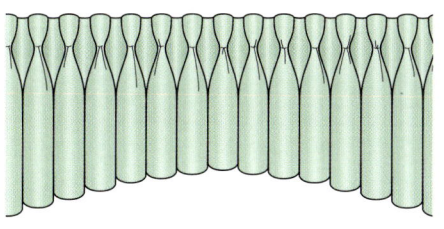

5 Flämische Falten mit Bogen

Schwierigkeitsgrad 3
Maße Doppelte Schienenlänge
Stoffart Alle Gewichte

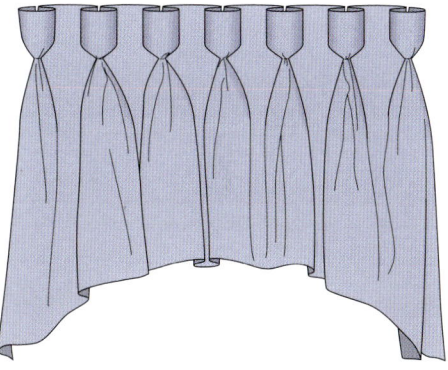

6 Pokalfalten

Schwierigkeitsgrad 3
Maße Doppelte Schienenlänge
Stoffart Alle Gewichte

Siehe auch

- Gefütterter Volant mit Bleistiftfaltenabschluss, S. 96-97
- Weitere Vorhangköpfe, S. 82-89
- Gefütterter Volant mit Dreierfalten- oder Pokalfaltenabschluss, S. 98-99

DesignTIPP

Ein Volant kann zur Harmonisierung der Proportionen beitragen und je nach Position ein Fenster kürzer, länger, breiter oder schmaler erscheinen lassen. Das Gleiche kann durch glatte Schabracken erreicht werden, die flächig sind und klarer wirken.

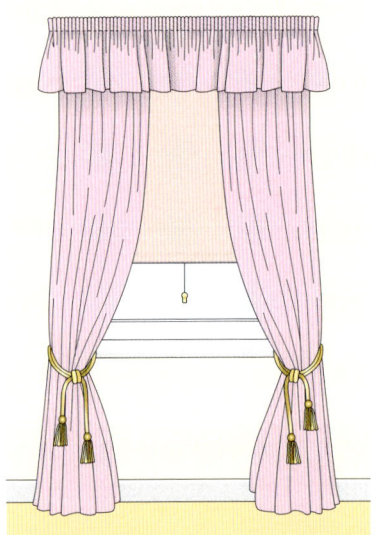

7 Volant mit Bleistiftfalten mit passendem bodenlangem Vorhang mit Raffhaltern und Springrollo.

Schwierigkeitsgrad 1

Maße Volant: 2½-mal Fensterbreite; bodenlange Vorhänge: 1 cm über dem Boden; Rollo: siehe Stoff berechnen, S. 104

Stoffart Durchscheinende ungefütterte oder gefütterte Vorhänge fallen besser aus schwerem Stoff.

8 Gefütterte Schabracke mit passenden boden-langen Vorhängen

Schwierigkeitsgrad 3

Maße Schabracke: 2½- bis 3-mal Fensterbreite; bodenlange Vorhänge: 1 cm über dem Boden

Stoffart Durchscheinende ungefütterte oder gefütterte Vorhänge fallen besser aus schwerem Stoff.

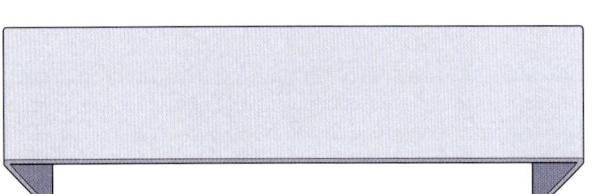

9 Schabracke mit geraden Kanten

Schwierigkeitsgrad 2

Maße Erforderliche Breite plus Tiefe an jeder Seite

Stoffart Alle Gewichte

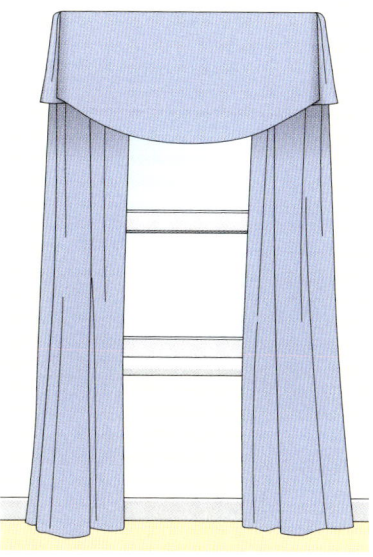

10 Mit Dekostoff verkleidete Schabracke mit Faltrollo

Schwierigkeitsgrad 2
Maße Schabracke: Fensterbreite + Seiten + Naht-
zugabe; Rollo: siehe Stoff berechnen, S. 104
Stoffart Alle Gewichte

11 Bogenschabracke mit Vorhängen

Schwierigkeitsgrad 3
Maße Schabracke: Fensterbreite + Seiten + Naht-
zugabe
Stoffart Durchscheinende ungefütterte oder gefütterte
Vorhänge fallen besser aus schwerem Stoff.

Siehe auch

- **Gefütterter Volant mit
  Bleistiftfaltenabschluss,
  S. 96-97**
- **Springrollos, S. 113**
- **Quasten, S. 192-193**
- **Schabracken, S. 114-115**
- **Faltrollos, S. 106-111**

Designideen für Rollos

Ein Stoffrollo eignet sich für die Lösung vieler Probleme. Was den Schutz gegen Einblicke von außen oder die Menge des Lichteinfalls angeht, kann es jedem Wunsch angepasst werden, da man es nach Belieben ganz öffnen oder schließen oder in jeder Höhe feststellen kann.

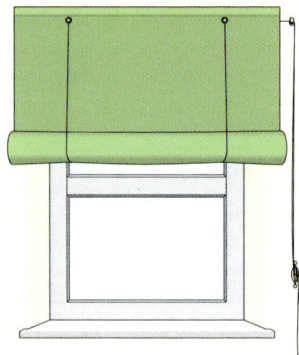

1 Springrollo

Schwierigkeitsgrad 1
Maße Siehe Stoff berechnen, S. 104
Stoffart Leicht und mittelschwer

2 Bändchenrollo

Schwierigkeitsgrad 2
Maße Gewünschte Länge am Fenster
    plus Aufrollbereich
Stoffart Leicht und mittelschwer

Siehe auch

- Springrollos, S. 113
- Raffrollos, S. 106-111
- Raffhalter, S. 92-95
- Volants, S. 96-101

DesignTIPP

Wie bei Vorhängen sind der Stil des Zimmers, die Notwendigkeit, das Fenster zu öffnen, und die Funktion des Rollos zu bedenken — ob es zum Beispiel als Dekoration dient oder zum Abschirmen der Privatsphäre.

3 Faltrollo mit auf dem Boden aufliegenden, durch Raffhalter zurückgehaltenen Vorhänge

Schwierigkeitsgrad 3

Maße Aufliegende Vorhänge: 12,5-15 cm zur Bodenlänge hinzufügen; Rollo: Siehe Stoff berechnen, S. 104

Stoffart Durchscheinende ungefütterte oder gefütterte Vorhänge fallen besser aus schwerem Stoff; leicht und mittelschwer für das Rollo

4 Faltrollo mit Vorhängen mit passendem Volant und Futter und Schalhaltern

Schwierigkeitsgrad 3

Maße Aufliegende Vorhänge: 12,5-15 cm zur Bodenlänge hinzufügen; Rollo: Siehe Stoff berechnen, S. 104

Stoffart Durchscheinende ungefütterte oder gefütterte Vorhänge fallen besser aus schwerem Stoff; leicht und mittelschwer für das Rollo

5 Faltrollos für Erkerfenster

Schwierigkeitsgrad 1
Maße Siehe Stoff berechnen, S. 104
Stoffart Leicht und mittelschwer

6 Doppeltes Faltrollo

Schwierigkeitsgrad 1
Maße Siehe Stoff berechnen, S. 104
Stoffart Leicht und mittelschwer

7 Einzelfaltrollo mit Seitenfenstern ohne Behang

Schwierigkeitsgrad 1
Maße Siehe Stoff berechnen, S. 104
Stoffart Leicht und mittelschwer

8 Doppelrollo mit Ziersaum

Schwierigkeitsgrad 2
Maße Rollo (siehe Stoff berechnen, S. 104) + Zierrand
Stoffart Leicht und mittelschwer

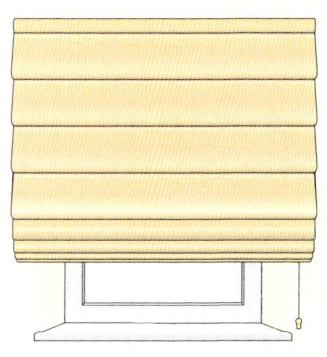

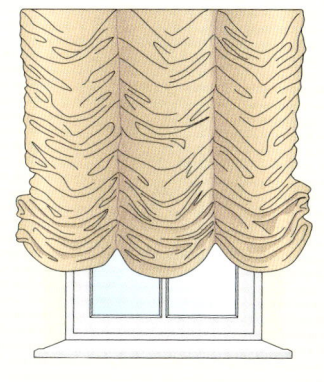

9 Kaskadenrollo

Schwierigkeitsgrad 1
Maße Wie Faltrollo (siehe Stoff berechnen,
S. 104), aber der Abstand zwischen den Ein-
stecktaschen wird nach oben immer kleiner
Stoffart Leicht und mittelschwer

10 Wolken-Raffrollo

Schwierigkeitsgrad 2
Maße Erfordert eine große Stoffmenge für die
Volants
Stoffart Durchscheinend; Baumwolldruck; Taft

Siehe auch

• **Faltrollos**, S. 106-111
• **Kaskadenrollos**, S. 112
• **Wolken-Raffrollos**, S. 113

Designideen für Kissen

Kissen können einem Zimmer den letzten Schliff geben, indem sie ein Sofa lebendig gestalten oder ein eintöniges Dekor aufmuntern. Sie dienen aber auch praktischen Funktionen und machen zum Beispiel einen Stuhl oder eine Gartenbank bequemer.

1 Quadratisch

Schwierigkeitsgrad 1
Maße Füllung + 1,5 cm Nahtzugabe für die Breite; Füllung + 2 cm Nahtzugabe für die Länge
Stoffart Alle Gewichte

2 Quadratisch mit Paspelrand

Schwierigkeitsgrad 2
Maße Wie quadratisch + 1,5 cm Nahtzugabe Vorderseite, + 1,5 cm Seiten, + 2 cm untere Kante
Stoffart Alle Gewichte

Siehe auch

- Quadratisches Kissen, S. 124-125
- Quadratisches Kissen mit Paspelrand, S. 126-128
- Kissen mit Stehsaum, S. 132-133
- Rechteckiges Kissen mit Einsatz, S. 134-135
- Stuhlkissen, S. 129-131
- Nackenrolle mit paspelierten Enden, S. 138-139

DesignTIPP

Die beliebteste Kissenform ist das quadratische Kissen. Es kann sehr vielfältig eingesetzt werden, da es auf die verschiedensten Arten geschmückt oder mit besonderen Rändern versehen werden kann. Auch eine schlichte Gestaltung kann zur Umgebung passen oder allein das Stoffmuster sehr dekorativ wirken.

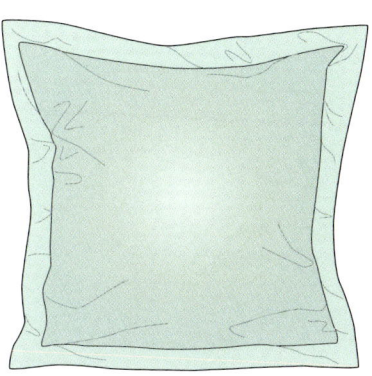

3 Stehsaum

Schwierigkeitsgrad 1

Maße 4-5 cm Rand + 1,5 cm Nahtzugabe für die
Vorderseite und 1,5 cm Nahtzugabe für die rückwärtigen Seiten; + 4 cm zur Länge für den
Reißverschluss oder 4,5 cm für einen Klettverschluss

Stoffart Alle Gewichte

5 Quadratisches Stuhlkissen

Schwierigkeitsgrad 2

Maße Füllung + 1,5 cm Nahtzugabe rundherum.
Vorderes Seitenteil: Höhe + 3 cm Naht-
zugabe; hinteres Seitenteil, Reißver-
schlussbereich: Höhe + 5,5 cm Nahtzugabe.
Maß für vorderes und hinteres Seitenteil =
Gesamtmaß des Seitenteils

Stoffart Waschbar und strapazierfähig

4 Rechteckig mit Einsatz

Schwierigkeitsgrad 2

Maße + 1,5 cm Nahtzugabe bei allen Stoffteilen;
unterer Rand + 2 cm Nahtzugabe bei allen Stücken

Stoffart Alle Gewichte

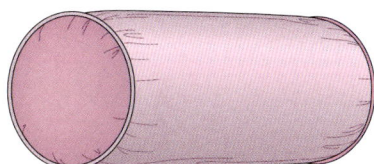

6 Nackenrolle mit Paspelkanten

Schwierigkeitsgrad 1

Maße Füllungsumfang + 3 cm Nahtzugabe;
Füllungslänge + 3 cm; Seiten = Radius + 1,5 cm

Stoffart Alle Gewichte

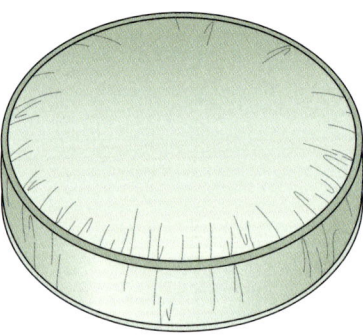

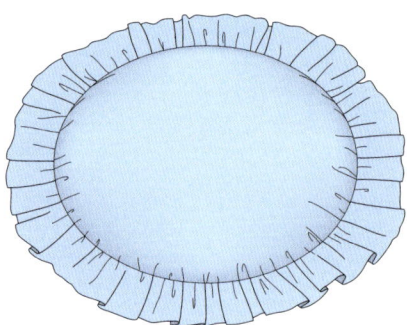

7 Rundes Stuhlkissen

Schwierigkeitsgrad 2
Maße Füllung und 1,5 cm Nahtzugabe rundherum.
Vorderes Seitenteil: Höhe + 3 cm Nahtzugabe; hin-
teres Seitenteil, Reißverschlussbereich: Höhe +
5,5 cm Nahtzugabe. Maße für vorderes + hinteres
Seitenteil = Gesamtmaß des Seitenteils
Stoffart Waschbar und strapazierfähig

8 Rund mit Rüsche

Schwierigkeitsgrad 1
Maße Rückseite: Umfang der Füllung + 1,5 cm
Nahtzugabe rundherum + 3 cm (für
Reißverschlussöffnung)
Stoffart Alle Gewichte

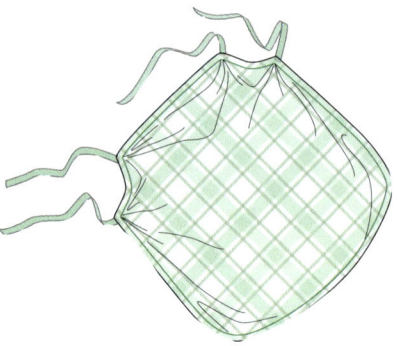

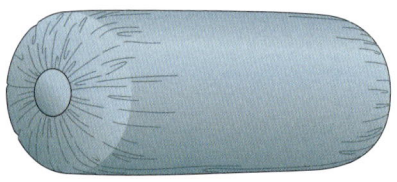

9 Nackenrolle mit gerafften Seiten und
Knopf

Schwierigkeitsgrad 1
Maße Länge der Füllung + Seitendurchmesser +
3 cm Nahtzugabe
Stoffart Alle Gewichte

10 Polsterkissen

Schwierigkeitsgrad 2
Maße Polstergröße + 1,5 cm Nahtzugabe
Stoffart Waschbar und strapazierfähig

Kissen in vielen verschiedenen Stilen, zusammen gruppiert, setzen einen interessanten Akzent und strahlen Behaglichkeit aus. Achten Sie aber auf eine harmonische Gesamtwirkung der Kissenbezüge.

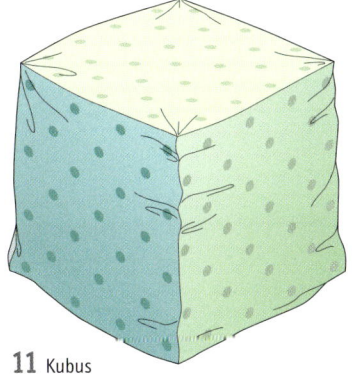

11 Kubus

Schwierigkeitsgrad 1
Maße Füllungsgröße + 1,5 cm Nahtzugabe
Stoffart Waschbar und strapazierfähig

Siehe auch

- Rundes Kissen, S. 136-137
- Nackenrolle mit gerafften Seiten und Knopf, S. 140-141

DesignTIPP

Polsterkissen werden genau nach der Form des Stuhlsitzes zugeschnitten und sind meist am Stuhlrücken festgebunden.

Leitfaden für Stoffe

Eine wesentliche Grundlage für den Erfolg Ihres Projekts ist die richtige Wahl des Stoffes. Zunächst gefällt einem vielleicht besonders die Farbe, das Muster oder die Struktur des Stoffes, aber es ist auch immer wichtig, dessen Gewicht und Material zu berücksichtigen. Denn es sind Gewicht und Material, die bestimmen, ob Ihr Stoff auch für die praktische Funktion Ihres Projekts und die erforderliche Pflege geeignet ist.

Leichte Stoffe

Als leicht bezeichnete Stoffe können sehr unterschiedlich sein. Einige sind leicht und weich (z. B. Thaiseide), andere leicht und steif (z. B. Organdy), während wieder andere recht stabil sind (z. B. Organza) oder auch durchscheinend oder durchsichtig (z. B. Voile). Leichte Stoffe eignen sich für eher zarte Ausführungen wie die Dekoration eines Fensters oder die Herstellung von Kissen oder Bettwäsche. Wenig geeignet sind sie für stark strapazierte Polster oder für Vorhänge mit praktischen Funktionen wie Lichtschutz und Wärmeisolierung.

ALLGEMEINE RATSCHLÄGE

- Da hundertprozentige Seide in direktem Sonnenlicht Schaden nimmt, ist es wichtig, Seidengardinen zu füttern oder nur dort aufzuhängen, wo kein direktes Sonnenlicht einfällt.

- Verwenden Sie zum Nähen leichter Stoffe feine Standard- oder Mikrostoffnadeln.

- Beim Nähen kurze bis mittlere Stichlänge – das heißt 2 mm oder 2,5 mm – wählen.

- Beim Nähen eines leichten Stoffes auf der Nähmaschine sollten Sie den Stoff vor und hinter der Nadel in Form halten, damit die Naht sich nach dem Nähen nicht kräuselt.

- Nähte vor dem Auseinanderbügeln und Versäubern der Schnittkanten zunächst flach bügeln. Dies verhindert wie die vorherige Maßnahme, dass sich die Nähte kräuseln, was bei leichten Stoffen schnell passieren kann.

- Eventuell ist es erforderlich, die Webkante abzuschneiden, bevor man Vorhangbahnen zusammenfügt, und mit einer französischen Naht (siehe S. 55) zu nähen, um alle Stoffkanten einzuschließen.

- Verwenden Sie für das Nähen leichter Stoffe mit Geradstich einen Nähfuß für Geradstich und eine Rundloch- oder Geradstichplatte. Dadurch wird verhindert, dass der Stoff in die Maschine hineingezogen wird.

- Leichte Stoffe sind im Allgemeinen empfindlicher als schwerere. Achten Sie also darauf, dass Ihr Projekt nicht allzu stark beansprucht wird.

- Bei durchscheinenden Stoffen empfehlen sich schmale Säume.

DURCHSCHEINEND

Beispiele: Voile, Organza, Organdy,
Spitze, Lochstickerei, Gittertüll,
Tüll, Musselin.
Geeignet für: Betthimmel, dekorative Gardinen, Rollos
Nicht geeignet für: Stark beanspruchte Sitzbezüge, Schonbezüge,
Zier- und Kopfkissen (es sei denn,
sie werden mit einer zweiten, dichteren Stofflage hinterlegt), und
Vorhänge, die Wärmeisolierung
und Lichtschutz bieten sollen.

STEIF

Beispiele: Organza, Voile, Organdy,
Gittertüll, Tüll, Taft, Dupionseide.
Geeignet für: Rollos mit Volumen,
Gardinen, Kissen, Zierkopfkissen.
Nicht geeignet für: Stark beanspruchte Polstermöbel, Schonbezüge.

WEICH

Beispiele: Musselin, Baumwolle,
Batist, Thaiseide.
Geeignet für: Bettwäsche, Kissen,
legere Vorhänge, Tischwäsche.
Nicht geeignet für: Stark beanspruchte Polstermöbel, Schonbezüge, Sitzsäcke.

SEIDEN-KARO

Beschreibung: Seidenstoff mit gewebtem oder bedrucktem Karomuster.

Geeignet für: Luxuriöse Vorhänge, Tagesdecken und Zierkissen. Größe des Objekts und des Karomusters sollten aufeinander abgestimmt sein – für große Vorhänge eignen sich eher große Karos.

Zuschneiden/nähen: Beim Zuschneiden auf vertikale und horizontale Streifen achten. Für einen exakten Musteranschluss Obertransportfuß der Nähmaschine verwenden, damit der Stoff sich nicht verzieht.

Pflege: Polster und Vorhänge mit dem Staubsauger mit Bürstenaufsatz, sonst chemisch reinigen. Seide bleicht im Sonnenlicht aus, Vorhänge daher füttern und sehr sonnige Fenster vermeiden.

MUSSELIN

Beschreibung: Traditionell zum Einschlagen von Käse benutzt, hat das lose gewebte Baumwolltuch eine knittrige Struktur mit einer unebenen Oberfläche.

Geeignet für: Musselin eignet sich für weich fallende Vorhänge und legere Rollos, weniger für klare, förmliche Design. Gut für Fensterdekoration und Betthimmel.

Zuschneiden/nähen: Mit scharfer Schere und langen Schnitten.

Pflege: Mit Bürstenaufsatz am Staubsauger Stofffalten in Rollos und Vorhängen entstauben, um weniger waschen zu müssen. Stoff vor der Verarbeitung waschen, damit er später nicht einläuft.

ORGANDY

Beschreibung: Feiner, durchscheinender, steifer Baumwollstoff in Leinwandbindung. Leichter, aber fester Stoff mit glatter Oberfläche.

Geeignet für: Organdy ist eher geeignet für eine anmutige Fensterdekoration als für Vorhänge mit praktischer Funktion, die das Licht abhalten sollen.

Zuschneiden/nähen: Mit langen, geraden Schnitten zuschneiden, um einen glatten Rand zu erhalten. Mit feiner Nähmaschinennadel nähen. Es empfehlen sich schmale Säume wie die französische Naht, da der Stoff durchscheinend ist.

Pflege: Mit Hand waschen oder im Schonwaschgang der Waschmaschine. Feucht bügeln, da Organdy stark knittert.

SPITZE

Beschreibung: Spitze gibt es je nach Machart in den unterschiedlichsten Formen, sie ist aber immer durchscheinend und weist charakteristische Löcher im Stoffmuster auf. Spitze ist als Meterstoff oder Borte in unterschiedlichen Breiten erhältlich, kann also auch als Verzierung eingesetzt werden.
Geeignet für: Fensterdekoration, Tischdecken, Bettwäsche und romantisch-leichte Gardinen und Rollos.
Zuschneiden/nähen: Achten Sie bei der Bearbeitung auf die rechte Stoffseite – sie hat eine erhöhte Textur – und das Anpassen des Musters. Mit einer feinen Standardnadel nähen und mit schmalen Säumen zusammenfügen.
Pflege: Handwäsche.

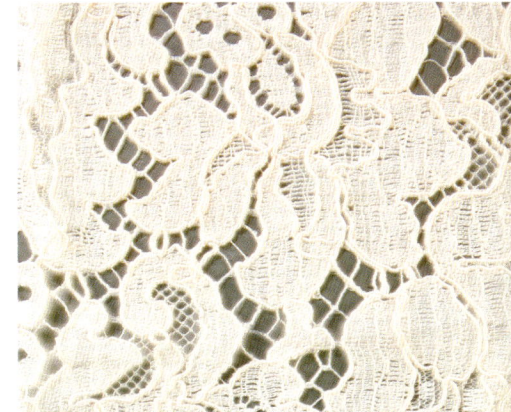

VOILE

Beschreibung: Ein dünner, leichter, transparenter Stoff in Leinwandbindung. Er hat einen festen Griff und kann aus Baumwolle oder Synthetik hergestellt sein. Voile ist manchmal einfarbig, meist aber mit einem Muster bedruckt.
Geeignet für: Voile ist gut geeignet für durchscheinende Gardinen und Betthimmel, da er weich fällt.
Zuschneiden/nähen: Mit langer Schere zuschneiden, um einen glatten Rand zu erreichen. Mit einer neuen feinen Nadel nähen.
Pflege: Polyestervoile lässt sich leicht waschen und trocknet schnell. Voile aus Baumwolle sollte in feuchtem Zustand gebügelt werden, da er knittert.

TAFT

Beschreibung: Glatter, fester, gewebter Stoff, der aus unterschiedlichen Materialien bestehen kann, darunter Naturseide und Synthetik oder Synthetikmischungen. Taft hat einen charakteristischen Glanz und einen etwas steifen Griff.
Geeignet für: Vorhänge, Kissen und Lampenschirme.
Zuschneiden/nähen: Taft franst leicht aus, daher empfiehlt es sich, die Nahtzugabe großzügig zu berechnen oder die Schnittkanten mit einer Overlockmaschine zu versäubern.
Pflege: Chemische Reinigung erzielt das beste Ergebnis. Synthetiktaft trägt sich besser als hundertprozentiger Seidentaft.

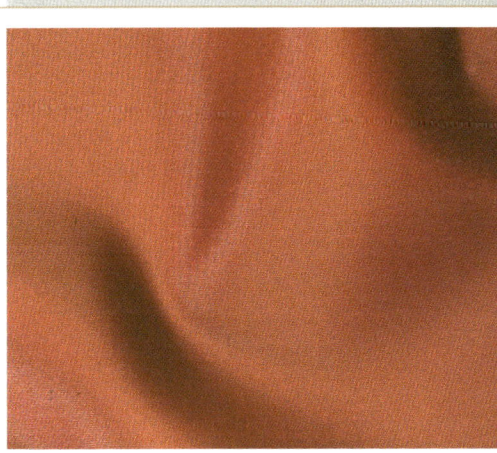

DUPIONSEIDE

Beschreibung: Dupionseide oder Dupioniseide ist ein ursprünglich aus Seide gewebter Stoff, der heute aber auch aus synthetischen Fasern hergestellt wird. Die Ungleichmäßigkeit der Garne erzeugt auf der gedämpft schimmernden Oberfläche eine unregelmäßige Textur. Synthetische Dupionseide weist auf der linken Stoffseite oft einen Satinglanz auf.
Geeignet für: Vorhänge, Rollos, Tagesdecken und Kissen.
Zuschneiden/nähen: Vorsichtig schneiden, da Dupionseide stark ausfransen kann. Mit einer neuen Standardnadel nähen.
Pflege: Chemische Reinigung, besonders wenn es sich um gefütterte Vorhänge handelt.

ORGANZA

Beschreibung: Organza ist aus Seide und sehr fest, da die Garne sehr dicht gewebt werden; gleichzeitig ist es aber leicht und durchscheinend.
Geeignet für: Vorhänge einfachen Stils und Raff- oder Girlandenrollos, bei denen für den gebauschten Eindruck eine gewisse Steifheit des Stoffes erforderlich ist.
Zuschneiden/nähen: Mit einer feinen Standardnadel nähen und wie beim Organdy mit schmalen Säumen, da der Stoff durchscheinend ist.
Pflege: Handwäsche und in feuchtem Zustand bügeln.

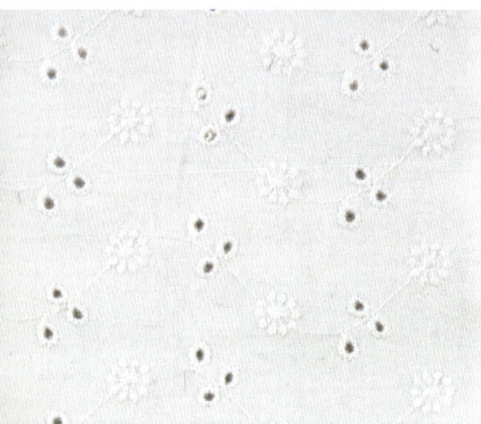

LOCHSTICKEREI

Beschreibung: Eine Art Spitzenstoff mit Durchbruchstickerei auf einem Grundlagenstoff aus Baumwolle oder Polyesterbaumwollmischung. Erhältlich als Stoff und auch als Kantenborte, die oft gekräuselt wird, um einen Rüscheneffekt zu erzielen.
Geeignet für: Lochstickerei ist ein weicher Stoff, der sich gut für Girlanden- oder Raffrollos und für sanft fallende, drapierte Vorhänge eignet. Auch hübsch für Kissen und Bettwäsche.
Zuschneiden/nähen: Mit einer scharfen Schere schneiden.
Pflege: Mit dem Bürstenaufsatz des Staubsaugers Stofffalten in Rollos und Vorhängen entstauben, um nicht so häufig waschen zu müssen. Bettwäsche und Kissen normal in der Waschmaschine waschen.

GITTERTÜLL UND TÜLL

Beschreibung: Gittertüll ist ein Fadennetz, das einen steifen und leichten Stoff offener Webart bildet. Tüll hat eine feinere Netzstruktur und einen weicheren Griff.

Geeignet für: Gittertüll und Tüll eignen sich für die Fensterdekoration, wenn man zwar Lichteinfall möchte, aber trotzdem von außen nicht gesehen werden will. Einfache Schlaufengardinen oder Scheibengardinen sehen aus Tüll hübsch aus.

Zuschneiden/nähen: Den Zuschneidetisch mit einem Baumwolltuch bedecken, damit der Gittertüll oder Tüll nicht verrutscht. Mit einer feinen Nähmaschinennadel nähen und die Säume schmal halten.

Pflege: Kalte Maschinenwäsche.

THAISEIDE

Beschreibung: Ein leichter Stoff in Leinwandbindung mit einer unebenen Oberfläche, die durch Noppen in den Schussfäden erzeugt wird. Thaiseide hat eine glänzende Oberfläche und ähnelt Dupionseide.

Geeignet für: Zierkissen, Kopfkissen und Gardinen sehen aus Thaiseide hübsch aus. Auch für Lampenschirme geeignet.

Zuschneiden/nähen: Thaiseide kann je nach Lichteinfall verschieden aussehen, achten Sie also darauf, alle Teile in derselben Richtung zuzuschneiden. Zum Nähen auf der Maschine eine neue feine Nadel verwenden.

Pflege: Es empfiehlt sich chemische Reinigung oder Handwäsche.

KALIKO

Beschreibung: Ein fester Baumwollstoff in Leinwandbindung, der oft ungebleicht ist.

Geeignet für: Kaliko wird oft als Unterlage für Einrichtungsgegenstände oder für Matratzenbezüge benutzt. Man kann ihn auch für Gardinen und Rollos verwenden.

Zuschneiden/nähen: Lässt sich leicht nähen und zuschneiden. Mit mittelstarker Standardnadel nähen.

Pflege: Geht beim Waschen ein, oft verändert sich dadurch auch die Textur des Stoffes. In feuchtem Zustand bügeln.

Mittelschwere Stoffe

Einige mittelschwere Stoffe sind sehr stabil und fest (z. B. Leinen), während andere weich und empfindlich sind (z. B. Batist). Manche haben eine glatte Oberflächenstruktur (z. B. Satin), andere werden mit erhöhten Mustern gewebt (z. B. Brokat). Es gibt einfache Stoffe in Leinwandbindung sowie sehr dekorative Stoffe, bei denen durch die Webart, einen Oberflächenauftrag oder ein gedrucktes Muster eine interessante Oberfläche erzeugt wird. Mittelschwere Stoffe sind am vielfältigsten einsetzbar und können für ein breites Spektrum von Projekten für die Raumgestaltung verwandt werden.

ALLGEMEINE RATSCHLÄGE

- Vor dem Zuschneiden die gesamte Stofflänge auf Fehler, gezogene Fäden oder leichte Schäden hin überprüfen.

- Stoff, der später gewaschen werden wird, sollte vor der Verarbeitung vorgewaschen oder mit Dampf gebügelt werden. Sonst kann er später nur chemisch gereinigt werden.

- Da hundertprozentige Seide kein direktes Sonnenlicht verträgt, sollten Seidenvorhänge gefüttert werden oder nur dort hängen, wo sie keiner direkten Sonneneinstrahlung ausgesetzt sind.

- Eventuell ist es erforderlich, die Webkante einzuschneiden oder abzuschneiden. Bei Vorhängen kann dies nach dem Zusammenfügen geschehen.

- Die einfache Naht und die Kappnaht eignen sich gut für mittelschwere Stoffe (siehe S. 54 und 56).

- Die meisten mittelschweren Stoffe nähen sich am besten mit einer mittelstarken Nadel.

- Für die meisten mittelschweren Stoffe ist ein Geradstich mit einer Länge von 2,5 mm empfehlenswert.

- Schnittkanten immer versäubern, da sie beim Tragen oder durchs Waschen ausfransen können.

- Bei Stoffen mit besonderer Oberfläche immer auf die erforderliche Reinigungsmethode achten, da beim Waschen manche Oberflächen leiden können.

LEINWANDBINDUNG

Beispiele: Lakenstoff, Batist, Leinen, Flanell, Polyester.
Geeignet für: Bettwäsche, Vorhänge, Kissen, Rollos, Lampenschirme, Tischdecken.
Nicht geeignet für: Kunstvolle und dekorative Projekte, für die Muster und Farbe gewünscht wird, es sei denn, die Stoffe werden mit anderen kombiniert. Auch nicht geeignet für einen eher duftigen Stil, der mit durchscheinenden Stoffen und Spitze besser zu erreichen ist.

STRUKTURGEWEBE

Beispiele: Brokat, Damast, Rohseide, Seersucker, Dupionseide.
Geeignet für: Gardinen, Kissen, Lampenschirme, Tagesdecken/Quilts, Schonbezüge, Tischwäsche.
Nicht geeignet für: Raff- und Girlandenrollos, da sich dort in der Strukturoberfläche Staub ansammelt und so mehr Pflege nötig ist, um den Stoff sauber zu halten.

GEMUSTERTE ODER OBERFLÄCHENBEHANDELTE STOFFE

Beispiele: Batik, Brokat, Chintz, Vichy-Karo, Moiré.
Geeignet für: Gardinen, Rollos, Quilts, Kissen, Lampenschirme, Schonbezüge und stärkere Qualitäten auch als Polsterstoff.
Nicht geeignet für: Objekte in minimalistischem Stil.

VICHY-KARO

Beschreibung: Ein mittelschwerer, dicht gewebter Stoff mit den für ihn charakteristischen Karos, der meist aus Baumwolle oder Polyesterbaumwollgemisch besteht. Ein Teil der Fasern wird vor dem Weben gefärbt, dadurch erhält der in Leinwandbindung hergestellte Stoff Quadrate und Streifen in Weiß und einer anderen Farbe.
Geeignet für: Bistrogardinen, Tischdecken, Kissenbezüge, Kopfkissenbezüge, Laken und Bettbezüge.
Zuschneiden/nähen: Achten Sie darauf, dass die Streifen und Karos genau aufeinander abgestimmt sind und arbeiten Sie auf der Maschine mit einem Obertransportfuß, um beim Nähen das Muster exakt zusammenfügen zu können.
Pflege: Vichy-Karo lässt sich gut waschen.

LAKENSTOFF

Beschreibung: Lakenstoff gibt es in Baumwolle oder Baumwollpolyestergemisch und in einer breiten Palette an Farben. Er wird auf einer breiten Webmaschine hergestellt, sodass die Stoffbreite für Bettwäsche gut geeignet ist.
Geeignet für: Laken, Volants, Bettbezüge und Kopfkissen.
Zuschneiden/nähen: Lakenstoff ist einfach zu handhaben und zu nähen, vor allem wenn er aus hundert Prozent Baumwolle besteht.
Pflege: Maschinenwaschbar. Baumwollpolyestergemische lassen sich gut waschen, trocknen schnell und brauchen kaum gebügelt zu werden. Reinen Baumwollstoff in feuchtem Zustand bügeln, um alle Knitterfalten zu entfernen.

DAMAST

Beschreibung: Damast bezeichnet einen Stoff mit einem eingewebten, satinartig glänzenden Muster, das auf einem Jacquardwebstuhl erzeugt wird. Traditionell wurde Damast einfarbig aus Leinen für Tischdecken und Servietten hergestellt. Heute ist er auch aus Baumwolle, Seide und Polyester erhältlich.
Geeignet für: Tischdecken und Servietten.
Zuschneiden/nähen: Damast lässt sich einfach nähen, aber achten Sie beim Zuschneiden auf das Muster.
Pflege: Je nach Materialzusammensetzung kann Damast in der Maschine gewaschen werden oder braucht eine schonendere Reinigung. Die Satinfäden des Musters an der Oberfläche können unter Umständen beschädigt werden.

BAUMWOLLSATIN

Beschreibung: Baumwollsatin ist ein in Satinbindung gewebter Baumwollstoff. Die langen Oberflächenfäden reflektieren das Licht und wenn sie merzerisiert sind, sind sie sehr fest und glänzen stark.
Geeignet für: Sehr gut geeignet für edles Vorhangfutter. Schwererer Baumwollsatin wird für Besätze an Raffrollos, Vorhängen und Volants verwendet. Der Stoff ist in einer großen Farbauswahl erhältlich.
Zuschneiden/nähen: Beim Zuschneiden von großen Stoffteilen für Futter muss man darauf achten, dass die Ränder gerade zueinander verlaufen. Schwerere Arten lassen sich leichter zuschneiden und verarbeiten.
Pflege: Die meisten Arten sind waschbar, laufen aber ein.

MAKOBATIST

Beschreibung: Ein dicht gewebter, fester Stoff in Leinwandbindung aus Baumwolle. Er hat einen sanften Oberflächenglanz, der ihm ein wenig Steifheit verleiht.
Geeignet für: Innenbezüge für Kissen- und Kopfkissenfüllungen und Bettdecken.
Zuschneiden/nähen: Makobatist ist einfach zu verarbeiten. Mit langer Schere zuschneiden und mit Standardnadel nähen.
Pflege: Lässt sich gut waschen. In feuchtem Zustand bügeln, um Knitterfalten zu entfernen.

MOIRÉ

Beschreibung: Charakteristisch für Moiré ist die auf seine Oberfläche aufgetragene Maserung, die Wasserzeichen ähnelt. Moiré gibt es aus Baumwolle, Seide oder Synthetik.
Geeignet für: Vorhänge, Kissenbezüge und leichte Polsterarbeiten.
Zuschneiden/nähen: Die Verarbeitung ist abhängig davon, aus welchen Fasern der Stoff hergestellt ist.
Pflege: Beim Waschen würde die typische Moiré-Oberfläche Schaden nehmen, daher Möbelstoffe mit dem Staubsauger entstauben. Vorhänge und Kissenbezüge chemisch reinigen.

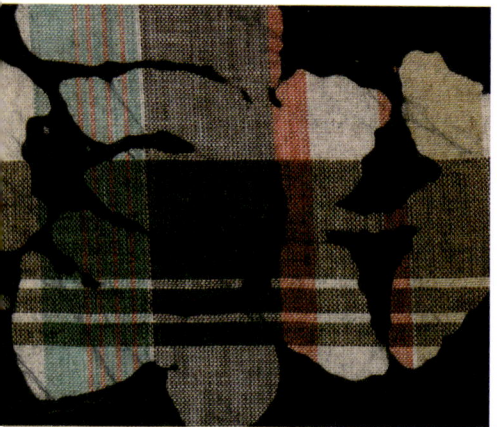

BATIKSTOFF

Beschreibung: Stoff mit der typischen Batikmusterung, die durch dauerhafte Färbung erzeugt wird – meist ein mittelschwerer Baumwollstoff.

Geeignet für: Wird oft für Patchwork- und Quiltarbeiten verwendet und eignet sich für Bettwäsche, Kissenbezüge, Tischdecken und dekorative Wandbehänge.

Zuschneiden/nähen: Batikstoff lässt sich mit Rollschneider und Schneidematte einfach zuschneiden und verarbeiten, er ist stabil und lässt sich gut greifen. Das durch den Färbeprozess entstehende abstrakte Muster macht es überflüssig, bei der Verarbeitung auf die Anpassung des Musters zu achten.

Pflege: Batikstoff vor der Verarbeitung waschen, da er einläuft. Die Farbe kann ausbluten, daher separat waschen.

BAUMWOLLFLANELL

Beschreibung: Leichter bis mittelschwerer Baumwollstoff mit einer warmen Oberfläche mit kurzem, weichen Flor.

Geeignet für: Baumwollflanell wird für Bettlaken und Kopfkissenbezüge verwendet.

Zuschneiden/nähen: Beim Aneinanderfügen von Flanellstücken ist es aufgrund des Flors wichtig, dass sie in einer Richtung zugeschnitten und genäht werden.

Pflege: Leicht zu waschen und sauber zu halten.

POPELINE

Beschreibung: Popeline wird meist aus Baumwolle hergestellt und hat eine diagonale Rippenstruktur. Ein sehr fester und strapazierfähiger Stoff, der nicht knittert.

Geeignet für: Vorhänge, Faltrollos und Kissenbezüge.

Zuschneiden/nähen: Der Stoff lässt sich leicht verarbeiten und nähen. Benutzen Sie auf der Nähmaschine eine mittelstarke Standardnadel.

Pflege: Popeline lässt sich gut waschen und bügeln.

ROHSEIDE

Beschreibung: Ein billigerer Seidenstoff, bei dem die kürzeren Abfallfasern verwebt werden, wodurch der Stoff seine typisch raue und unebene Oberfläche erhält, die einen gedämpften Glanz aufweist. Rohseide ist in mehreren Gewichten erhältlich. Sie franst leicht aus.

Geeignet für: Rohseide eignet sich sehr gut für Zierkissen- und Kopfkissenbezüge. Manche Arten kann man auch für Polstermöbel und Lampenschirme verwenden.

Zuschneiden/nähen: Die Schnittkanten müssen unbedingt gut versäubert werden, ansonsten lässt sich Rohseide gut verarbeiten.

Pflege: Gefärbte Seide separat waschen, da die Farben ausbluten können. Alternativ chemisch reinigen.

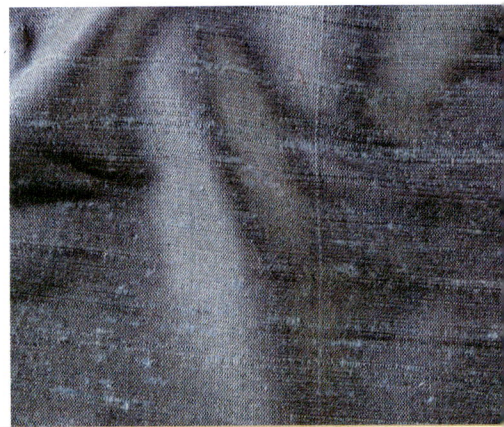

BAUMWOLLSATIN

Beschreibung: Baumwollsatin ist ein in Atlasbindung hergestellter Baumwollstoff. Die langen Oberfäden reflektieren das Licht als matten Glanz. Baumwollsatin ist in vielen Farben und unterschiedlichen Gewichten erhältlich.

Geeignet für: Leichter Satin eignet sich für das Füttern von Vorhängen, während schwerere Arten auch für die Vorhänge selbst benutzt werden können.

Zuschneiden/nähen: Baumwollsatin lässt sich gut verarbeiten. Mit einer scharfen, langen Schere in langen Schnitten zuschneiden, um einen glatten Rand zu erhalten. Mit Standardnadel nähen.

Pflege: Satin als einzelner Stoff kann gewaschen werden, dient er als Vorhangfutter, empfiehlt sich chemische Reinigung.

VISKOSE

Beschreibung: Viskose ist eigentlich die Bezeichnung für eine bestimmte Faserart aus Zellulose. Der auch Viskose genannte Stoff wird häufig mit anderen Fasern gemischt, um die Vorzüge unterschiedlicher Faserarten zu vereinen. Viskose selbst ist weich und lässt sich gut drapieren, knittert aber leicht.

Geeignet für: Stoffe mit Viskoseanteil können für Vorhänge, Kissenbezüge und Schonbezüge eingesetzt werden.

Zuschneiden/nähen: Viskose knittert leicht, die Falten lassen sich aber einfach wieder ausbügeln.

Pflege: Wegen der Tendenz zum Knittern empfiehlt sich für Viskose chemische Reinigung.

BROKAT

Beschreibung: Ein steifer Webstoff aus Baumwolle, Seide oder synthetischen Fasern mit Oberflächenmuster, der auf einem Jacquardwebstuhl gefertigt wird. Brokat kann einfarbig sein oder im Muster verschieden gefärbte Fäden eingewebt haben.

Geeignet für: Klassische Vorhänge, da der Stoff gut fällt. Für Kissen und Polstermöbel eignet sich Brokat aus synthetischen Fasern, da er strapazierfähiger ist.

Zuschneiden/nähen: Brokat franst aus, daher Nahtzugaben großzügig bemessen und Stoffkanten gut versäubern. Standardnadel mittelstark bis etwas stärker.

Pflege: Einige Brokatstoffe können gewaschen werden, abhängig davon, aus welchen Materialien sie bestehen. Mit chemischer Reinigung ist man auf der sicheren Seite.

POLYESTER

Beschreibung: Polyester ist die Bezeichnung der Faser, aus der der Stoff hergestellt ist. Es gibt ihn in allen Gewichten, Webarten und Oberflächen. Polyesterstoffe sind unempfindlich, doch anfällig für Pilling, weshalb sie oft mit anderen Fasern gemischt werden.

Geeignet für: Vorhänge, Vorhangfutter, Rollos und Kissenbezüge.

Zuschneiden/nähen: Polyester ist rutschig und kann schwierig zu verarbeiten sein.

Pflege: Polyesterstoffe lassen sich gut waschen und trocknen schnell.

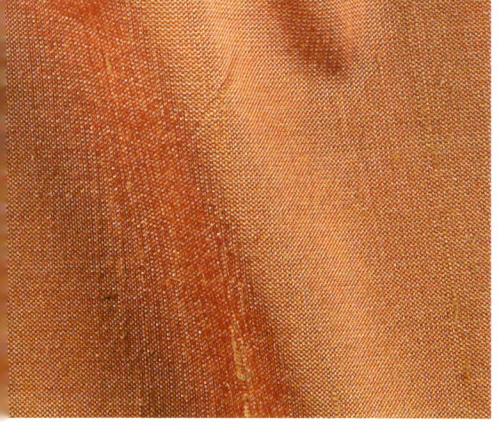

DUPIONSEIDE

Beschreibung: Dupionseide oder Dupioniseide wird aus natürlichen Seidenfäden unterschiedlicher Stärke gewebt, die dem Stoff eine ausgeprägte Oberflächenstruktur und einen edlen Glanz verleihen.

Geeignet für: Vorhänge und Rollos, außerdem Tagesdecken und dekorative Kissenbezüge.

Zuschneiden/nähen: Vorsichtig zuschneiden, da Dupionseide stark ausfranst. Mit einer neuen (und also scharfen) feinen Standardnadel nähen.

Pflege: Chemisch reinigen, vor allem gefütterte Vorhänge.

CRETONNE

Beschreibung: Cretonne kann einfarbig oder bedruckt sein und ähnelt Chintz, besitzt jedoch nicht dessen Oberflächenglanz. Cretonne ist auch etwas schwerer und strapazierfähiger als Chintz.
Geeignet für: Die meisten Wohntextilien, da der Stoff waschbar und ziemlich strapazierfähig ist.
Zuschneiden/nähen: Vorm Zuschneiden waschen, da der Stoff einläuft. Cretonne lässt sich leicht verarbeiten und nähen. Sehr starke Standardnadel verwenden. Beim Nähen auf der Maschine ist für das exakte Zusammenfügen des Musters ein Obertransportfuß hilfreich.
Pflege: Handwäsche oder wenn nötig auch Maschinenwäsche.

MIKROFASER

Beschreibung: Diese sehr dünnen, synthetischen Fasern sind von leicht bis schwer erhältlich und werden zu den unterschiedlichsten Stoffoberflächen verarbeitet. Bei Mikrofasern gibt es kein Pilling, und sie können auf spezielle Art behandelt werden, um sie zum Beispiel schmutz- und wasserabweisend machen. Stoffe aus Mikrofaser fallen gut und knittern nicht.
Geeignet für: Tischdecken, Polstermöbel, Kissenbezüge und Vorhänge.
Zuschneiden/nähen: Zuschneiden mit langer, scharfer Schere und darauf achten, ob der Stoff einen Flor hat. Mit Polyestergarn und einer Spezialnadel nähen.
Pflege: Mit der Maschine waschen, aber kein Weichspülmittel verwenden, da dies Flecken hinterlassen kann.

CHINTZ

Beschreibung: Chintz ist ein dichtes Baumwollgewebe mit einem Oberflächenglanz, der durch den Auftrag einer Harzschicht erzeugt wird. Er ist einfarbig oder bedruckt, häufig mit großen Blütenmustern.
Geeignet für: Polsterungen, Vorhänge, dekorative Kissen und Tischdecken.
Zuschneiden/nähen: Chintz lässt sich einfach verarbeiten und nähen. Um bei langen Vorhängen beim Zusammennähen das Muster aufeinander abzustimmen, ist ein Obertransportfuß hilfreich.
Pflege: Chemisch reinigen und nur mit niedriger Bügeltemperatur bügeln.

SEERSUCKER

Beschreibung: Dieser dekorative Stoff hat eine außergewöhnliche, blasig wirkende Oberfläche mit flachen und gekräuselten Streifen oder Karos. Traditionell aus Baumwolle hergestellt, wird der Stoff heute oft mit Polyester gemischt.

Geeignet für: Mit Seersucker lassen sich aparte Tischdecken, Servietten und Vorhänge herstellen.

Zuschneiden/nähen: Größere Nahtzugaben berechnen, da die Stoffkante in dem gekräuselten Stoff vielleicht nicht ganz gerade wird. Vorsicht beim Benutzen eines Bügeleisens zwischen den Nähvorgängen, da die Oberfläche des Stoffes vom Bügeln flach wird.

Pflege: Lässt sich leicht waschen. Falls nötig, mit einem Dampfbügeleisen leicht über den Stoff fahren, ohne Druck auszuüben.

BAUMWOLLBATIST

Beschreibung: Ein feiner, weicher Stoff in Leinwandbindung mit zarter, glatter Textur. Er ist einfarbig oder bedruckt erhältlich.

Geeignet für: Seine zarte Beschaffenheit macht Baumwollbatist geeignet für weiche Rollos, luftige Vorhänge, Bettwäsche, Tischtücher und Servietten.

Zuschneiden/nähen: Mit feiner Standardnadel nähen. Für einen nostalgischen Rand Tischdecken und Servietten mit einer Flügelnadel mit Festonstich verzieren.

Pflege: Lässt sich leicht waschen. Feucht bügeln, um alle Knitterfalten zu entfernen.

SATIN

Beschreibung: Satin, ob aus Baumwolle, Seide oder Synthetikfasern hat einen schönen Glanz, der durch die langen Fäden an der Oberfläche erzeugt wird, die das Licht reflektieren. Die Oberflächenfäden können leicht beschädigt werden, Baumwollsatin ist haltbarer als Seidensatin.

Geeignet für: Tagesdecken, Kissen- und Kopfkissenbezüge.

Zuschneiden/nähen: Das Zuschneiden von Satin kann schwierig sein, da der Stoff sehr rutschig ist. Legen Sie ihn daher am besten auf ein Baumwolltuch und nicht auf eine glänzende Tischfläche. Mit einer neuen, feinen Nadel nähen, um die Stofffäden nicht zu beschädigen.

Pflege: Satin ist sehr schmutzempfindlich und wird leicht beschädigt, bedenken Sie daher sorgfältig, wo Sie ihn einsetzen.

LEINEN

Beschreibung: Leinen ist ein sehr alter Stoff, der aus Flachs hergestellt wird. Er ist fest und haltbar. Er wird in Leinwandbindung, Köperbindung oder Atlasbindung hergestellt.

Geeignet für: Traditionell für Tischdecken und Servietten, Kissenbezüge und Schonbezüge verwendet.

Zuschneiden/nähen: Leinen lässt sich leicht verarbeiten und nähen.

Pflege: Leinen knittert sehr stark, wenn es nicht speziell behandelt ist. Es kann gewaschen oder chemisch gereinigt werden.

SCHWESTERNSTREIFEN

Beschreibung: Dies ist ein sehr haltbarer Baumwollköperstoff, dicht gewebt und traditionell mit schwarzweißen Streifen versehen, die ihm seinen Namen gaben.

Geeignet für: Matratzen- und Kissenbezüge. Kann auch als einfacher Stoff für Möbel genommen werden, zum Beispiel für Liegestühle oder Regiestühle.

Zuschneiden/nähen: Der aufgrund seiner dichten Webart derbe Stoff lässt sich nur schwer nähen.

Pflege: Oberfläche möglichst mit dem Staubsauger reinigen und abwischen, da das Waschen aufwändig ist.

BAUMWOLLDRUCK

Beschreibung: Dieser Stoff ist zu hundert Prozent aus Baumwolle, oder es werden dem natürlichen Garn synthetische Fasern beigemischt, damit der Stoff nicht so leicht knittert und sich besser drapieren lässt. Es gibt ihn von leicht bis schwer.

Geeignet für: Einer der beliebtesten und am vielfältigsten einsetzbaren Stoffe für Rollos, Kissenbezüge und Vorhänge – von fließenden, ungefütterten bis zu solchen mit Futterstoff.

Zuschneiden/nähen: Beim Zuschneiden auf das Anpassen des Musters achten. Die Nadelstärke ist abhängig vom Stoffgewicht.

Pflege: Hundertprozentigen Baumwollstoff vor dem Verarbeiten waschen oder mit berechnen, dass der Stoff bei der Wäsche einläuft.

Schwere Stoffe

Schwere, feste Stoffe können schwierig zu verarbeiten und zu nähen sein. Manche sind weich, andere steif, manche haben interessante Strukturen (z. B. Gobelingewebe) andere glatte Oberflächen (z. B. Vinyl und Leder). Es gibt schwere Stoffe mit Flor (z. B. Samt und Cord), der sie voluminös macht und außerdem eine Strichrichtung hat, sodass man darauf achten muss, die Stücke in derselben Richtung zuzuschneiden und zu hängen. Schwere Stoffe eignen sich gut für Polstermöbel und Vorhänge mit praktischer Funktion, die Wärmeisolierung und einen guten Lichtschutz bieten sollen.

ALLGEMEINE RATSCHLÄGE

- Stoffe mit Flor oder mit einer aufgerauten Oberfläche so zuschneiden, dass später alle Stücke in derselben Richtung zum Liegen kommen.
- Beim Zuschneiden von Tierhäuten die Lage der Wirbelsäule als Fadenlauf annehmen.
- Halten Sie beim Zuschneiden von Florstoffen den Staubsauger bereit, um lose, herabgefallene Fasern gleich aufsaugen zu können.
- Da schwere Stoffe aus hundert Prozent Seide durch direkte Sonneneinstrahlung geschädigt werden, Seidenvorhänge unbedingt füttern oder nur dort vorsehen, wo sie dem Sonnenlicht nicht direkt ausgesetzt sind.
- Vor dem Zusammennähen von Vorhangbahnen sollte unter Umständen die Webkante abgeschnitten werden. Mit französischer Naht zusammennähen, um alle Schnittkanten einzuschließen.
- Wählen Sie möglichst flache Nähte, um dicken und schweren Stoffen nicht unnötiges Volumen hinzuzufügen.
- Nähen Sie mit entsprechend starker Nadel, einer Denimnadel oder einer Ledernadel (für Leder und Wildleder).
- Wegen der Dichte der Stoffe die Stichlänge auf etwa 3 mm vergrößern.
- Druck des Nähfußes verkleinern oder einen Obertransportfuß verwenden. Das verhindert ein Verrutschen der Stofflagen beim Zusammennähen.
- Polstermöbelstoffe an ihrem Einsatzort mit einem Staubsauger reinigen und wenn nötig mit einem entsprechenden Reinigungsmittel. Wenn der Stoff abgenommen werden kann, chemisch reinigen und nur waschen, wenn der Stoff ausdrücklich als dafür geeignet bezeichnet wird.

TIERHÄUTE

Beispiele: Leder, Wildleder.
Geeignet für: Polsterbezüge, Sitzkissen, Kopfende am Bett.
Nicht geeignet für: Vorhänge in weichem Stil mit Drapierung, Kissenbezüge, Girlandenrollos, Bettwäsche.

STEIFE STOFFE

Beispiele: Buckram, beschichteter Verdunkelungsstoff, Sackleinen.
Geeignet für: Zur Unterstützung anderer Stoffe.
Nicht geeignet für: Zarte und drapierte Stile.

STOFFE MIT FLOR

Beispiele: Cord, Samt, Velourssamt.
Geeignet für: Polsterbezüge, Schonbezüge, warme und schwere Vorhänge, Kopfenden am Bett, Sitzkissen, Überwürfe.
Nicht geeignet für: Luftige Vorhänge, Raffrollos, Bettwäsche, Tischdecken.

FESTE STOFFE

Beispiele: Denim, Cord, Leinwand, Leder, Polsterstoff.
Geeignet für: Polsterbezüge, Schonbezüge, Vorhänge, Faltrollos. Kopfenden am Bett.
Nicht geeignet für: Weiche, drapierte Vorhänge, Bettwäsche, Bettbezüge, Kissenbezüge.

FILZ

Beschreibung: Filz entsteht nicht durch einen Web- oder Strickprozess, sondern durch ein Verfilzen der Fasern. Der Stoff besitzt nur geringe Festigkeit.

Geeignet für: Filz kann als zusätzlicher Schutz für Tische unter der Tischdecke eingesetzt werden oder in leuchtenden Farben als Appliqués bei textilen Wohndekorationen.

Zuschneiden/nähen: Filz hat keine rechte Seite und keinen Fadenlauf, daher kann man ihn so zuschneiden, dass wenig Abfall bleibt.

Pflege: Beim Waschen lösen sich die Fasern voneinander, falls nötig muss Filz chemisch gereinigt werden.

SCHOTTENTUCH

Beschreibung: Schottentuch ist ein traditioneller, schottischer Wollstoff in Köperbindung mit einem typischen Karomuster. Die Fäden werden vor dem Weben eingefärbt.

Geeignet für: Schottentuch wird gerne für Vorhänge verwendet, ist aber auch für Schonbezüge oder für Kissenbezüge geeignet.

Zuschneiden/nähen: Beim Zuschneiden von Schottentuch ist es wichtig, das Muster passend zusammenzufügen. Dafür ist ein Obertransportfuß nützlich.

Pflege: Beste Ergebnisse erzielt man mit chemischer Reinigung.

BUCKRAM

Beschreibung: Buckram oder Steifleinen ist ein lose gewebter Stoff mit versteifender Appretur.

Geeignet für: Buckram wird für Zwischenfutter oder Futter benutzt, um Schabracken und Raffhalter zu verstärken und ihnen mehr Volumen zu verleihen.

Zuschneiden/nähen: Beim Zuschneiden die Nahtzugaben weglassen, da der Stoff nicht ausfranst, und zum Fixieren Gewichte anstatt Stecknadeln verwenden.

Pflege: Buckram kann nicht gewaschen werden.

MOHAIR

Beschreibung: Die von der Angoraziege stammende Mohairfaser ergibt einen wunderbar weichen, warmen und seidigen Stoff. Er ist haltbar, aber teuer, daher wird er oft mit anderen Fasern gemischt.
Geeignet für: Aus Mohair kann man wunderbare Kissenbezüge fertigen, die warm und weich sind.
Zuschneiden/nähen: Alle zuzuschneidenden Stücke in derselben Richtung auflegen. Mit Polyestergarn nähen.
Pflege: Handwäsche.

CORD

Beschreibung: Cord ist ein Gewebe mit in Längsrichtung eingewebten Rippen. Cord ist normalerweise aus Baumwolle. Es gibt ihn in verschiedenen Gewichten von sehr feinem Nadelcord für Kleidung bis zu schwerem Stoff Polsterbezüge. Cord ist ein fester, sehr strapazierfähiger Stoff.
Geeignet für: Cord kann außer für Polsterbezüge auch für Vorhänge und Kissenbezüge verwendet werden.
Zuschneiden/nähen: Es ist wichtig, dass die Stoffbahnen in derselben Richtung verlaufen, da die Farbe des Stoffes je nach Lichteinfall auf den Flor anders wirkt. Schnittkanten versäubern, da Cord ausfranst.
Pflege: Seien Sie vorsichtig beim Bügeln von Cord, da durchs Bügeln der Flor flacher werden kann.

DENIM

Beschreibung: Denim, aus dem traditionell Arbeitskleidung hergestellt wurde, ist ein fester Baumwollstoff in Köperbindung. Normalerweise sind die Kettfäden blau und die Schussfäden weiß. Ein steifer, sehr strapazierfähiger Stoff, der in verschiedenen Gewichten erhältlich ist.
Geeignet für: Schonbezüge, Polsterbezüge, Vorhänge und Kissenbezüge.
Zuschneiden/nähen: Die schweren Arten sind nicht einfach zu verarbeiten. Auf jeden Fall eine Spezialnadel für Denim benutzen.
Pflege: Denim kann in der Maschine gewaschen werden, bleicht davon jedoch mit der Zeit aus und bekommt einen weicheren Griff.

SACKLEINEN

Beschreibung: Ein grober und lose gewebter Stoff aus Hanf oder Jute. Traditionell zur Herstellung von Säcken verwendet.

Geeignet für: Kann für Kissenbezüge, Vorhänge und Rollos verwendet werden, wenn ein rustikaler Stil gewünscht wird.

Zuschneiden/nähen: Das Verarbeiten von Sackleinen kann die Hände rau machen, und Sackleinen ist auch nicht einfach zu nähen und zu verarbeiten. Der Stoff franst stark aus.

Pflege: Sackleinen läuft beim Waschen ein, es empfiehlt sich also, ihn vor der Verarbeitung zu waschen. Bügeln kann das Gewebe verzerren, daher empfiehlt sich chemische Reinigung.

GOBELINGEWEBE

Beschreibung: Gobelingewebe ist ein strapazierfähiger und dekorativer Stoff mit kunstvollen Mustern.

Geeignet für: Da der Stoff sehr haltbar ist, ist er gut geeignet zum Beziehen von Sofas, Sesseln und Stuhlpolstern. Auch für Kissenbezüge und Vorhänge kann man ihn verwenden.

Zuschneiden/nähen: Zuschneiden mit scharfer Schere und auf die Musteranpassung an den Nähten achten. Mit einer starken Nadel nähen und einen Obertransportfuß in die Maschine einsetzen, damit die Lagen dieses dicken Stoffes übereinandergehalten werden.

Pflege: Mit dem Bürstenaufsatz des Staubsaugers regelmäßig entstauben und wenn nötig chemisch reinigen. Gobelingewebe ist oft durch eine spezielle Behandlung schmutzabweisend gemacht worden.

JACQUARDGOBELIN

Beschreibung: Dieser kunstvoll gemusterte und gefärbte Stoff wird auf einer Jacquard-Webmschine hergestellt. Er ist sehr schwer und fest und äußerst dekorativ.

Geeignet für: Polsterbezüge, Kissenbezüge und schwere, opulente Vorhänge.

Zuschneiden/nähen: Zuschneiden mit scharfer Schere und auf die Musteranpassung an den Nähten achten. Mit einer starken Nadel nähen. Ein Obertransportfuß ist beim Nähen dieses dicken Stoffes hilfreich.

Pflege: Mit dem Bürstenaufsatz des Staubsaugers regelmäßig entstauben und wenn nötig chemisch reinigen.

LEDER

Beschreibung: Leder ist eine behandelte, manchmal auch eingefärbte Tierhaut, die in Textur und Dicke sehr unterschiedlich ist. Es gibt auch eine große Auswahl synthetisch hergestellter Lederimitate.

Geeignet für: Leder ist beliebt für Sofabezüge und Kopfenden von Betten.

Zuschneiden/nähen: Die erforderlichen Zuschnitte auf der linken Seite des Leders markieren und mit dem Cutter auf einer Schneidematte ausschneiden. Nähen mit einer speziell zum Durchdringen der Tierhaut geeigneten Ledernadel und mit starkem Polyester- oder Knopflochgarn. Längere Stichlänge wählen und wenn möglich kleben statt zu nähen.

Pflege: Mit Lederreiniger reinigen.

PLASTIK/VINYL

Beschreibung: Vinyl wird oft auf die Rückseite von Baumwollstoff aufgetragen, um diesem mehr Festigkeit zu verleihen, kann aber auch selbst als Stoff eingesetzt werden. Vinyl kann durch Farbe und Textur Leder imitieren, es kann aber auch glänzend glatt oder sogar durchsichtig sein. Es ist wasserundurchlässig und praktisch.

Geeignet für: Plastik oder Vinyl eignet sich ideal für Sitzbezüge, Tischdecken und Duschvorhänge

Zuschneiden/nähen: Beim Zuschneiden keine Stecknadeln verwenden, sondern Gewichte oder Klebeband. Vinyl ohne Beschichtung ist nicht sehr haltbar und Nadellöcher machen es anfällig für Schäden.

Pflege: Plastik lässt sich mit feuchtem Tuch und bei Bedarf mit Reinigungsmitteln säubern.

TWEED

Beschreibung: Traditionell wurde dieser Wollstoff in zwei oder mehreren Farben gewebt. Heute besteht er oft aus einer Materialmischung. Tweed hat eine grobe Struktur und wärmt gut.

Geeignet für: Tweed ist für Vorhänge geeignet, da der Stoff gut fällt und wärmeisolierend ist. Auch für legere Überdecken und Kissenbezüge.

Zuschneiden/nähen: Wenn der Stoff ein Muster hat, beim Zuschneiden und Zusammennähen sorgfältig anpassen.

Pflege: Handwäsche oder chemische Reinigung. Lange Vorhänge sollte man regelmäßig mit dem Staubsauger von Staub befreien.

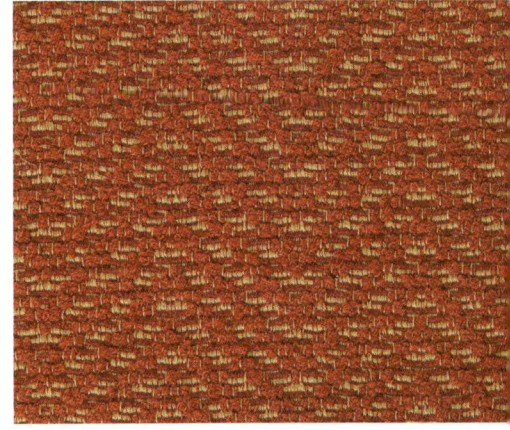

VERDUNKELUNGSSTOFF

Beschreibung: Verdunkelungsstoffe sind oft beschichtet oder bestehen aus mehreren Schichten, sodass sie lichtundurchlässig werden. Außerdem sind sie ein Schutz gegen Lärm und Kälte von außen.
Geeignet für: Ideal zum Füttern von Raffrollos, da sie dem Rollo mehr Gewicht und Volumen verleihen. Einige Stoffarten sind etwas steif.
Zuschneiden/nähen: Nähen Sie mit einer stärkeren Nähmaschinennadel. Manchmal bleibt die Beschichtung beim Nähen an der Maschine kleben, dagegen kann Talkumpuder auf der Maschine helfen.
Pflege: Je nach Stoffart abwischen oder mit Verdunkelungsstoff gefütterte Vorhänge mit Hand waschen.

WILDLEDER

Beschreibung: Wildleder ist die Innenseite von Tierhäuten. Auch synthetisch hergestelltes Wildleder ist beliebt, da es sehr echt aussieht, aber leichter zu reinigen und vom Meter erhältlich ist.
Geeignet für: Echtes und synthetisches Wildleder sind ideal für Vorhänge, Lampenschirme und Möbelpolster.
Zuschneiden/nähen: Beim Zuschneiden von echtem Wildleder die angenommene Wirbelsäule als Fadenlauf nehmen. Mit Cutter schneiden, oder wenn das Leder weich genug ist, auch mit der Schere. Nähen mit einer Ledernadel. Kunstwildleder lässt sich leicht nähen und verarbeiten.
Pflege: Wildleder mit Lederreiniger säubern. Synthetisches Wildleder kann oft mit der Maschine gewaschen werden.

RIPS

Beschreibung: Rips ist ein sehr strapazierfähiger Stoff mit einem deutlichen Rippenmuster. Er besteht meist aus Baumwolle oder einem Baumwollgemisch.
Geeignet für: Seine Festigkeit macht Rips zu einem idealen Stoff für Polsterbezüge und Schonbezüge.
Zuschneiden/nähen: Rips franst sehr stark aus, es empfiehlt sich daher, die Schnittkanten vor dem Zusammenfügen der Stoffbahnen zu versäubern. Achten Sie darauf, dass das Rippenmuster immer in derselben Richtung verläuft.
Pflege: Chemische Reinigung ist empfehlenswert.

KAMMGARN

Beschreibung: Kammgarn besteht aus langen gekämmten Wollfasern und besitzt eine glatte, feste Webstruktur. Kammgarn kann in Leinwand- oder Köperbindung hergestellt sein. Es ist strapazierfähig und sehr haltbar.
Geeignet für: Wegen seiner Festigkeit und Strapazierfähigkeit ist Kammgarn sehr gut für Möbelbezüge und Schonbezüge geeignet.
Zuschneiden/nähen: Mit Polyesterfaden und Standardnadel nähen. Beim Bügeln die Oberfläche des Stoffes mit einem Bügeltuch schützen.
Pflege: Es ist ratsam, für Polsterbezüge Kammgarn zu verwenden, das vorgeschrumpft ist und einer schmutzabweisenden Behandlung unterzogen wurde. Chemisch reinigen.

SEGELTUCH

Beschreibung: Segeltuch ist ein sehr starker und derber Baumwollstoff in Leinwandbindung.
Geeignet für: Wegen seiner Stärke und Steifheit ist Segeltuch nur für Liegestühle und Regiestühle geeignet, leichteres Segeltuch kann man auch für einfache Vorhänge verwenden.
Zuschneiden/nähen: Segeltuch ist im Allgemeinen zu steif, um auf einer Haushaltsnähmaschine genäht werden zu können. Wenn Sie leichteres Segeltuch nähen, unbedingt eine sehr starke Nadel verwenden.
Pflege: Wenn das Segeltuch von seinem Verwendungsplatz entfernt werden kann, im Schonwaschgang waschen und feucht wieder anbringen. Kann der Stoff nicht entfernt werden, mit einem Polsterreinigungsspray säubern.

POLSTERSTOFF

Beschreibung: Es gibt viele verschiedene Arten Polsterstoff, aber er ist immer fest, robust und strapazierfähig.
Geeignet für: Außer für Möbelpolsterbezüge kann man den Stoff auch für Schonbezüge, Kissen, Vorhänge und Rollos verwenden.
Zuschneiden/nähen: Das Zuschneiden und Nähen von Polsterstoff ist relativ schwierig, da der Stoff stark und fest ist. Einlagig zuschneiden und mit einer sehr starken Nadel nähen. Stichlänge vergrößern und Obertransportfuß verwenden.
Pflege: Regelmäßig mit dem Staubsauger den Staub entfernen und chemisch reinigen.

SAMT

Beschreibung: Samt ist ein Webstoff mit einem dichten Flor auf der rechten Seite. Samt kann aus Baumwolle, Seide oder Synthetikfasern hergestellt sein.
Geeignet für: Meist wird er als Vorhang verwendet.
Zuschneiden/nähen: Stoffteile auf der linken Seite mit Kreide markieren und von links zuschneiden. Darauf achten, dass bei allen Teilen die Strichrichtung gleich ist. Mit Obertransportfuß arbeiten, um ein Verziehen zu verhindern. Mit starker Nadel und größerer Stichlänge nähen. Baumwollsamt ist leichter zu verarbeiten als Polyestersamt. Von links auf einem übrig gebliebenen Stück Samt oder einem Spezialbrett für Samtbügeln bügeln.
Pflege: Mit dem Staubsauger den Staub entfernen und chemisch reinigen.

VELOURSAMT

Beschreibung: Veloursamt ähnelt Samt, hat aber einen kürzeren Flor und ist weniger empfindlich.
Geeignet für: Veloursamt findet aufgrund seiner höheren Strapazierfähigkeit breitere Verwendung als Samt. Eine gute Wahl für Schonbezüge, Kissenbezüge, Sitzsäcke und Vorhänge.
Zuschneiden/nähen: Veloursamt lässt sich leicht verarbeiten und nähen. Achten Sie darauf, dass bei allen Stoffteilen die Strichrichtung gleich verläuft, da die Teile sonst bei Lichteinfall unterschiedlich aussehen.
Pflege: Chemisch reinigen.

DRILLICH

Beschreibung: Drillich ist ein kräftiger und strapazierfähiger Baumwoll- oder Baumwollpolyesterstoff in diagonaler Köperbindung.
Geeignet für: Einfache Vorhänge und Faltrollos, Schonbezüge, Sitzsäcke und Kissenbezüge.
Zuschneiden/nähen: Zuschneiden mit einer scharfen Schere in langen Schnitten, damit der Rand gerade wird. Drillich erfordert eine sehr starke Nähnadel.
Pflege: Handwäsche oder Maschinenwäsche.

CHENILLE

Beschreibung: Das Garn ist samtig, daher hat der Stoff einen weichen, unregelmäßigen Flor. Chenille ist dick und warm und kann aus Wolle, Baumwolle oder Synthetikfasern hergestellt werden.
Geeignet für: Die weichen Arten können für Überwürfe und Kissenbezüge benutzt werden, die schwereren Arten für Vorhänge oder Polsterbezüge.
Zuschneiden/nähen: Chenille ist leicht zu verarbeiten. Je nach Stoffgewicht variiert die Stärke der Nadel.
Pflege: Beim Bügeln wie Samt behandeln. Die meisten Veloursstoffe erfordern chemische Reinigung.

LEINENMISCHGEWEBE

Beschreibung: Eine Mischung aus Leinen und verschiedenen anderen Fasern, im allgemeinen Baumwolle. Leinenmischgewebe sehen aus wie Leinen, knittern aber nicht so stark. Sie sind strapazierfähig.
Geeignet für: Leinenmischgewebe sind ideal für bodenlange Vorhänge, Kissenbezüge und Sitzbezüge.
Zuschneiden/nähen: Da diese Stoffe im Allgemeinen ein Muster aufweisen, ist darauf zu achten, dass der Musterverlauf sich auf den einzelnen Stücken fortsetzt.
Pflege: Chemische Reinigung.

Glossar

BETTVOLANT
Ein Stoffvorhang, der das Bettgestell und den Raum unter dem Bett verdeckt.

BOGENERKERFENSTER
Mehrteilige Fenstereinheit in einem Bogenerker.

DREIERFALTEN
Siehe Flämische Falten.

EINLAGE
Weicher, undurchsichtiger Stoff, der zwischen Vorhangstoff und Futter eingenäht wird, um Lichtschutz zu bieten, den Fall des Vorhangs zu verbessern und die Wärmeisolation zu verstärken.

ERKERFENSTER
Mehrteiliges Fenster in einem winkligen Zimmervorsprung.

FALTROLLO
Stoffrollo, das sich in horizontalen Falten nach oben ziehen lässt. Es wird durch Schnüre betätigt, die auf die Rückseite des Stoffes aufgenäht werden.

FLÄMISCHE FALTEN
Flämische Falten werden regelmäßig und fächerförmig am oberen Vorhangsaum eingenäht. Auch als Dreifachfalten bezeichnet.

FRANSEN
Dekorativer Rand aus herabhängenden Fäden oder Quasten.

GAUBENFENSTER
Senkrechtes Fenster, das in einer Dachschräge nach außen vorsteht und innen eine kleine Nische bildet.

GEHRUNGSNAHT
Das Zusammennähen einer Ecke mit einer diagonal verlaufenden Naht.

GEKRÄUSELTER ABSCHLUSS
Ein Vorhangabschluss, bei dem an der oberen Vorhangrückseite ein Kräuselband aufgenäht wird; darin sind Schnüre eingearbeitet, mit denen man den Vorhang in weiche Falten raffen kann.

HAARBIESEN
Sehr schmale Biesen.

HEFTEN
Lange mit Hand oder Maschine ausgeführte Stiche, die zwei Stofflagen zusammenhalten, um das Nähen zu erleichtern. Heftstiche werden nach der Fertigstellung der Näharbeit wieder entfernt.

HOHLSAUM
Oberer Abschluss von Vorhang oder Rollo, bei dem der Stoff umgeschlagen und angenäht wird, sodass ein offener Tunnel entsteht, in den eine Stange eingeschoben werden kann.

KELCHFALTEN
siehe Pokalfalten.

KELLERFALTE
Gleichmäßig verteilte Falte mit glatter Front, bei der zwei Falten nach innen geschlagen und festgenäht werden.

LEISTE
Das Holzstück, das in den unteren Saum eines Spring- oder Faltrollos eingeschoben wird, damit der Stoff gerade hängt.

MUSTERWIEDERHOLUNG
Der Abstand, in dem sich ein Motiv und das nächste in einem Muster wiederholen.

NACKENROLLE
Kissen in zylindrischer Form.

NAHTZUGABE
Beim Zusammennähen zweier Stoffteile der Stoff zwischen Naht und Stoffkante.

OBERKANTE
Alle Methoden, mit denen Vorhangstoff an der oberen Kante gerafft oder gefaltet wird, um ihn dann an einer Schiene oder einer Holz- oder Metallstange zu befestigen.

ÖSE
Runder Metallring, der in den Stoff eingearbeitet wird, sodass eine Stange hindurchgeschoben werden kann. Wird für die Aufhängung von Vorhängen verwendet, kann aber auch bei Rollos als Dekoration eingesetzt werden.

PASPEL
Randverzierung aus Stoff, die in eine Naht eingenäht wird.

PILLING
Die Bildung kleiner Faserbällchen auf der Oberfläche einiger Stoffe im Verlaufe der Benutzung. Die kleinen Bällchen können abgezupft oder abgeschnitten werden.

POKALFALTEN
Bei Pokalfalten werden in der Oberkante eines Vorhangs Falten eingearbeitet, die nach oben hin eine kelchartige Form bilden und gefüttert sind.

RAFFHALTER
Besonders geformte und/oder versteifte Stoffbänder, die Vorhänge vom Fenster zurückhalten. Raffhalter können auch aus anderen Materialien und unterschiedlich verziert sein.

RAFFROLLO
Rollo mit Rüschen, das sich in Bögen hochzieht und durch ein Schnursystem bewegt wird.

ROLLO
Alle Fensterbehänge aus Stoff (oder manchmal Vinyl), die direkt vor der Fensterscheibe nach oben und unten gezogen werden können.

RÜSCHE
Ein Streifen gekräuselter Stoff.

SCHABRACKE
Versteifter Stoff, der das obere Ende eines Fensters, die Gardinenstange und die Oberkante eines Vorhangs oder Rollos verdeckt.

SCHALHALTER
Stab oder Bügel aus Metall oder Holz zum Befestigen in der Wand oder im Fensterrahmen, mit dem ein Vorhang zurückgehalten werden kann.

SPRINGROLLO
Flaches Rollo aus Stoff oder Vinyl, das mittels eines Federmechanismus nach oben und unten gezogen und in jeder Höhe eingerastet werden kann.

STEHSAUM
Flacher, aus zwei Stofflagen bestehender Rand eines Kissenbezugs, der über die Maße des Füllkissens hinausragt.

STUHLKISSEN
Kissen aus zwei Stofflagen, zwischen denen für mehr Volumen ein Seitenteil eingesetzt ist.

VERDUNKELUNGSSTOFF
Stoff mit Beschichtung zum Füttern von Rollos oder Vorhängen, der Lichteinfall verhindert. Es gibt auch Verdunkelungsstoffe, die allein für Vorhänge oder Rollos geeignet sind.

VERZIERUNGEN
Dekorative Zierbänder, Fransen oder Quasten für die Verschönerung von Fensterbehängen.

VOLANT
Behang für das obere Fensterende aus Stoff. Dient als Dekoration oder um die Vorhangaufhängung zu verdecken. Ein Volant kann auch um ein Bett herum angebracht werden, um das Bettgestell oder den Raum unterm Bett zu verdecken.

VORHANG
Stoffbahn oder mehrere Bahnen an Ringen, Haken oder Schlaufen zum Verdecken eines Fensters. Vorhänge können oben auf unterschiedlichste Art gerafft oder gefaltet sein.

WATTIERUNG
Flauschiges Baumwoll- oder Polyesterfutter, das für Kissen, Raffhalter und beim Quilten verwendet wird.

WEBKANTE
Ränder eines Stoffes, die so verstärkt sind, dass sie nicht ausfransen.

Register

Danksagungen

Quarto möchte den folgenden Agenturen und Herstellern für die freundliche Überlassung von Dias danken, die in dieses Buch eingeflossen sind:

Blendworth
www.blendworth.co.uk
S. 1, 5

Colefax and Fowler
www.colefax.com
Courtesy of Jane Churchill Fabrics and Wallpapers (© Jane Churchill Fabrics and Wallpapers)
S. 120, 104, 106, 145, 178, 217

Osborne & Little
Tel: +44 (0)20-7352-1456
www.osborneandlittle.com
S. 4, 176, 174, 218

Harlequin
www.harlequin.uk.com
Tel: +44 (0)844 -543-0299
S. 2, 27, 29, 60

The Poles Company
www.thepolescompany.co.uk

Philips
www.philips.com

www.brother.co.uk/sewing

Rufflette
www.rufflette.com

Alamy
S. 10

www.shutterstock.com

Alle anderen Fotos unterliegen dem Copyright von Quarto Publishing plc. Obwohl das Copyright aller Fotos mit größter Sorgfalt überprüft wurde, möchte sich Quarto schon jetzt entschuldigen, falls doch ein Fehler oder Missverständnis aufgetaucht sein sollte, der in folgenden Auflagen selbstverständlich korrigiert wird.

Quarto möchte sich außerdem bei den folgenden Firmen für die Bereitstellung von Stoffen bedanken:

Laura Ashley, für die Stoffe der Projekte auf den Seiten 128, 131, 137, 138, 166, 171, 173, 187, 189, 191, 192
www.lauraashley.com

Alexander Furnishings für die Muster des Stoff-Leitfadens
Tel: +44 (0)20-7935-8664
51–61 Wigmore Street, Marylebone, London W1U 1PU